KB074228

세상 멋져 보이는 것들의 사회학

세상 멋져 보이는 것들의 사회학

오찬호 지음

그래야만 멋지다고 우겨대는 것들의 정체

북트리거

타임머신은, 없다

"진보는 언제나 이겨."(빅터 호스킨스)
"그럼 한 번쯤 진보가 지면 되겠네."(오웬 그래디)

— 영화 〈쥬라기 월드〉에서

〈백 투더 퓨처〉가 예언한 2015년, 그리고 2024년

"가장 좋아하는 영화는 무엇입니까?"

살면서 몇 번은 마주하는 질문이다. 아마 여러 영화가 겹치면서 망설여질 거다. 콕 집어서 말하기 쉽겠는가. 좋아한다는 건 지극히 주관적인 감정이니, 영화 볼 때의 주변 상황과 작품이 묘하게 맞아떨어질 때의 그 느낌은 절대 고정적이지 않다. 과거에 좋아했던 영화가 지금은 아닌 경우도, 또 반대일 수도 있다.

내겐 매우 쉬운 질문이다. 한 번도 망설여 본 적이 없다. 1987년

7월, 그러니까 초등학교 3학년 때부터 답은 같았다. 바로 〈백 투 더 퓨처 Back to the Future〉다. 1985년 작이지만 국내에서는 엄마와 아들이 연애한다는 내용(젊은 시절의 엄마가 그 시절의 아빠 대신 미래에서 온 아들을 사랑하게 된다) 때문에 심의가 늦어져서 2년 후에 개봉했는데, 그해 여름방학 때 흥분하며 일기장에 감상문을 쓰던 내 모습이 아직도 기억난다. 2편과 3편이 개봉한 1990년부터는 '시리즈'라는 단어를 붙여서 말했다. 제일 재밌는 영화, 감명 깊었던 영화, 삶에 영향을 많이 준 영화 등으로 질문이 변주되든 말든 답은 같았다.

어릴 때는 그저 재밌어서 최고였지만, 나이가 들어서까지도 작품에 대한 의리를 지키는 건 볼 때마다 풍성한 이야기가 이어졌던 그 순간을 존중해서다. 이 영화는 반드시 잡담으로 이어진다. '나라면 타임머신을 타고 언제로 가서 무엇을 어떻게 할 텐데' 같은 전혀 현실적이지 않은 이야기를 현실에서 하면서 즐거워할 수 있다는 건, 이성과 감성을 지닌 인간만의 특권 아닌가. 거창하게 들리겠지만, 〈백 투 더 퓨처〉 시리즈는 내게 '살아 있음'을 느끼게 해 주는 영화다. 그건 지금도 다르지 않다. 아이가 열 살이 되었을 때, 나는 '아빠 열 살 때 재밌게 봤던 영화'를 권했다. 아이는 예전의 나처럼 흥분하고 웃고 떠들었다.

1985년 시점에서 30년 후인 2015년의 미래 모습을 상상한 〈백 투 더 퓨처 2〉는 이야깃거리가 더 풍성하다. 지금은 어떤 게 실현되었고 아니고를 따져 보는 재미가 쏠쏠하다. 영상 시청과 전화 통화가 가능한 안경은 이미 만들어졌다. 바퀴 없이 공중에 떠서 움직이는 '호버보드'라는 이름의 스케이드보드, 발 크기에 따라 알아서 사이즈를 조절해 주는 신발, 건조 기능이 있는 옷, 몇 초 만에 초코파이 크기의 피자를 라지 사이즈로 완성시키는 오븐 등은 2024년에도 '저런 물건을 미래에 볼 수 있을까?' 하는 의문과 기대를 갖게 한다. 현실에서 비슷한 걸 마주한다면 또 영화가 생각날 거다. '하늘을 나는 자동차'는 상상력이 지나쳐 보였는데, '플라잉 카'나 '드론 택시'의 실용화·상업화 소식이 뉴스에 심심찮게 들리니 놀랍다.

인간의 오지랖은 끝이 없나니

그 세상, 안 왔으면 좋겠다. 영화 속 주인공이 미래로 가서 처음 보는 광경인 '자동차비행기 여러 대가 하늘에 줄지어 있는' 모습을 나는 보기 싫다. 자동차를 날게 하는 수준의 과학기술은 경탄할 만하지만, 그 기술이 만들어 낸 물건이 '하늘만큼은' 덮지 않았으면 한다. 하늘만이, 내가 태어날 때부터 지금까지 처음 풍경 그대로 존재하는 유일한 것이기 때문이다.

대기오염으로 별이 총총하던 밤하늘의 모습은 이미 달라졌다. 마천루라는 표현 없이 설명하기 어려운 도시에서 하늘은 빌딩과 함께 교차되어 눈에 들어오는 것도 사실이다. 하지만 맑은 날 낮에 두 손바닥을 오목하게 말아 그 사이로 바라보는 하늘의 모습은 색깔도, 구름도 수백 년 전의 누가 느꼈던 풍경과 비슷할 거다. 쳐다보는 것만으로 마음이 정화되는 것도, 하늘의 크기를 상상하며 그 광활함에 겸손해지는 것도 말이다. 현대인은 하늘을 대류권, 성층권 어쩌고 하며 재미없게 분석한다는 게 다르면 다르달까.

시인이 아니라서 하늘을 볼 때의 기분을 정교하게 묘사하지는 못하겠지만, 하늘은 그냥 좋다. 보는 것만으로도. 그대로이기에, 더 좋다. 그런 게 별로 없는 세상 아닌가. 에베레스트산에 몰려드는 사람들이 남기고 간 똥이 악취를 일으켜 문제가 되자, 네팔에서는 방문객의 배변 봉투 지참을 의무화하고 있는 지경이다. 언제나 그대로라고 하는 자연에 사람이 개입하면, 그대로 유지되는 건 아무것도 없다. 그나마 하늘은 인간의 손길이 덜 묻었다. 현대, 벤츠, 테슬라 로고를 단 큰 물체가 파란 하늘을 가로지른다? 나는 이걸 혁신이라고 하기 싫다.

하늘 너머에는 우주 쓰레기라 불리는 죽은 인공위성과 그 파편들이 100조 개나 떠돌아다닌다고 한다. 인간은 위대한 우주도 더럽힐 수 있는 우주 유일의 생명체다. 넓은 우주 어딘가 생명체야 있을 수 있지만, 자신이 사는 곳을 이렇게까지 파괴하는 존재는 아마 없을 거다. 땅도 바다도 그리고 우주까지, 인간의 오지랖은 멈추질 않는다. 이 모든 게 지구의 46억 년 역사를 24시간이라고 할 때 23시 59분 57초까지는 나타나지도 않았던 '인류'의 만행이니 얼마나 씁쓸한가. 그 3초의 인류 역사를 다시 24시간으로 구분하면 문명의 시작은 23시 30분, 산업혁명은 23시 58분이라고 하니 인간이 대단한 존재인 건 분명하다. 우리의 현재는 과거보다 엄청난 속도로 변했다. 빛만 있는 건 아닐 거다.

그것은 정말 혁신적인가?

산업혁명과 정보화혁명을 거치면서 사람들은 기대와 감탄을 반복했다. 우리는 "이런 게 개발되면 좋겠다."라거나 "우와, 별 게 다 있네. 세상 좋아졌다." 하는 말을 수도 없이 뱉으면서 살아간다. 기술 하나로 당장 생활이 편리해지는 걸 느끼니, 짜릿하다. 사람을 이롭게 하는 물건 앞에서 인상을 찌푸리겠는가. 과학기술과 혁신이라는 말이 자연스레 엉켜서 부유하는 이유일 거다. 혁신이란 단어는 어감부터가 긍정적 의지와 궐기가 듬뿍 느껴진다. 영어 단어 '이노베이션(innovation)'에서는 신선함과 경쾌함이 동시에 분출된다.

그래서 쉽사리 고결하게 규정된다. 이는 혁신적인 것에는 비판을 해서는 안 된다는 기운으로 이어진다. 이 공기 아래서 개인들은 그저 편리함에 감사하기만 바쁘다. 정말로 혁신적인가를 따져 묻지 않는다. 편리한 현재에 대한 질문과 고민은 기술 발전을 부정하는 게 아니다. 성찰하고 개선하자는 의도일 뿐이다. 하지만 그렇게 받아들여지지 않는다. "너도 사용하고 있잖아!", "과거가 더 좋았다는 말이냐?" 등의 빈정거림만이 있을 뿐이다. 그러면 우리는 생각하지 말아야 하는 것일까? 사용하고 있으니 따지지 말아야 하나? 과거보다 나아졌으니 모든 걸 긍정만 해야 하나? 아닐 거다. 인간이 지닌 이성의 힘은 결코 그런 수준이 아니다.

이런 문제의식으로 시작된 책이다. 2021년도에 1년간《고교독설평설》에 '세상을 바꾼 것들과 우리'라는 타이틀로 연재한 내용을 키워드만 남기고 다시 작성했다. 분량을 곱절 이상 늘렸고, 청소년과 성인 독자 모두가 공감할 사례를 찾고 다듬었다. '인류의 위대한 발명품', '세상을 놀라게 한 사물' 등의 수식어를 지닌 책이나 글들은 제법 많다. 여기에 '친숙한 것을 낯설게 바라보는' 사회학의 시선을 입혔다. '왜' 그게 혁신인지를 집요하게 따져 물었다(수세식 변기, 플라스틱, 스마트폰, 에어컨, 냉장고, 원자력발전, 비행기). 무엇이 등장하기 전과 후의 사회변화를 짚으면서는 불평등, 차별, 혐오의 맥락을 집중적으로 살폈다(피임약, 화장품, 진통제, CCTV, 플랫폼 노동). 사물로 출발했지만 '살아가는 방식'이 확연하게 달라진 현상 전반에 주목하지 않을 수 없었고, 몇 가지 키워드(프랜차이즈, 아파트, 헬스장)는 그 연장선에서 다루었다. 물건이라고 부르지는 않지만, '사람이 만들어 낸 것'이니 어색하지 않을 거다.

아마 타임머신은 상상 속 물건으로 남을 것 같다. 인간이 아무리 지혜로운들, 시간을 되돌려서 문제를 수습할 수 없다는 것도 분명하다. 그러니 끊임없이 질문을 던져야 한다. 질문의 빈도와 강도, 그리고 농도에 따라 미래의 모습도 달라진다. 좋아지든, 나빠지든 분명한 건 모든 것의 원인이 '사람'이라는 사실이다. 우리는 뿌린 만큼 거둘 뿐이다.

2024년 6월

오찬호

깊게 깔린 칠흑 같은 안개.
눈을 아무리 크게 뜨고 들여다보아도
아무것도 보이지 않았다.

― 단테 알리기에리, 『신곡: 지옥편』에서

사소하지만, 결코 하찮지 않은

몰랐지. 몹쓸 병에 걸렸는데, 아프지 않으니까.

— 영화 〈우상〉에서 중식(설경구 분)의 내레이션

Chapter 1

마려우면 싼다, 마려워도 못 싼다

수세식 변기
없는 세상을
상상할 수
있는가

1,500,000,000 명

제대로 된 화장실을
이용하지 못하는 전 세계 인구

(전 세계 인구의 19%, 2022년 기준)
*출처: 2023 세계보건기구-유니세프 합동 보고서

28%

전 세계 학교 중 제대로 된 화장실이 없는 비율
*출처: 2022 세계보건기구-유니세프 합동 보고서

5%

1960년대 대한민국의 위생적 분뇨 처리 비율
*출처: 환경부, 『한국 하수도 발전사』

2.5%

우리나라에서 집 안에 수세식 화장실 없이 살아가는 인구(2022년 기준)
*출처: 경제협력개발기구OECD, 'Better Life Index'(2023)

INFORMATION

1977년

음식점·유흥업소 설립 허가 조건에 수세식 변소 설치 의무화 도입 년도

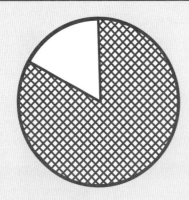

83.1%

화장실 이용이 어려운 직종에 종사하는
여성 노동자 중 근무 중 화장실 문제로
수분 섭취를 제한한 경험이 있는 비율

*출처: 2021년 한국노동안전보건연구소,
「여성 노동자 일터 내 화장실 이용 실태 및
건강 영향 연구」(2021) 내 설문 조사

95%

급성방광염으로 진료를 받은 노동자 중 여성 비율
*출처: 국회 환경노동위원회 강은미 의원이 근로복지공단에서 제출받은 자료

1984년

우리나라에서 장애인용 화장실 관련 규정이 만들어진 해

56%

행정복지센터 장애인 화장실 중 사용 불가한 화장실 비율
(2019년 전국 행정복지센터 3,499개 중 1,794개 대상 조사 결과)
*출처: '행정복지센터 장애인 편의 환경 모니터링 결과 보고회'

DISABLED

☞　2016년, 미국 뉴욕시 구겐하임미술관에 황금으로 만든 수세식 변기가 전시된다. 바나나를 은색 테이프로 붙여 놓은 작품 〈코미디언〉으로도 유명한 이탈리아 설치미술가 마우리치오 카텔란Maurizio Cattelan의 〈아메리카America〉다. 실제로 사용 가능하도록 화장실에 설치돼 누구나 이용할 수 있었다.[1] 넘치는 부를 과시하는 데 황금 변기만 한 것이 또 있을까. 수십 억짜리 초호화 변기를 대중이 맘껏 사용할 수 있도록 한 이 예술 작품의 이름을 '아메리카'라고 한 건, 아메리카 다음에 '드림'이 붙는 게 가당치도 않다는 풍자일 거다. "변기 위에서 모든 인간은 평등한"[2], 이 당연하지만 자주 부정되는 현실에 대해 예술가는 묵직하게 경고한다. "200달러짜리 점심이든, 2달러짜리 핫도그든, 당신이 무엇을 먹든 간에 결과는 같다. 변기의 물을 내려야 한다."[3]

빈부 격차 등 사회 전반적인 불평등을 비판하는 거지만, 변기 자체로 좁혀도 이야깃거리는 넘친다. 집값 비싸기로 유명한 미국 샌프란시스코 길거리에는 '화장실조차 이용할 수 없는' 사람들의 똥이 곳곳에 있다.[4] '아무도 모르게' 배설하고 싶은 욕망과 '가장 빠르고 안전하게' 배설물을 눈앞에서 치워 버리고 싶은 심정은 누구나 동등하다.

현실은, 동등하지 않다. 똥은, 2달러짜리 핫도그 먹는 사람들에게 더 잔인하다.

마우리치오 카텔란의 〈아메리카〉 구경하기

화장실은 인권이다.

— 로즈 조지, 『똥에 대해 이야기해 봅시다, 진지하게
: 화장실과 하수도의 세계로 떠나는 인문 탐사 여행』[5]

똥은, 그런 거다

"백주부가 와도 설사한다면 요리 절대 금지"(《아시아경제》 2019년 5월 1일 자). 수인성전염병이 유행하는 여름에 접어들 때마다 똥의 위험성을 강조하는 기사가 등장한다. 화장실에서 볼일을 보고 손을 깨끗이 씻는다면 이론적으로는 분변으로 인한 감염을 상상할 수 없지만, 설사라면 천하의 백종원일지라도 도리가 없다. 변의 특성상 다른 곳으로 튀었을 수도 있으니 모르게 접촉할 확률도 높다. 변을 닦고 '바지를 올린 다음에' 손을 씻고 우연히 바지를 만지는 식이다. 똥은, 그런 거다. 똥은, 위험하다. 빌 게이츠는 비위생적인 환경에서 사는 사람이 여전히 많고, 그래서 화장실을 보급해야 한다면서 똥이

든 유리병을 들고 이렇게 말했다. "이 안에 로타바이러스 200조 마리와 이질균 200억 마리, 기생충 알 10만 개가 들어 있다."[6]

2023년 여름 새만금에서 열렸던 세계스카우트잼버리 대회가 운영 미흡으로 말이 많았다. 대표적인 게 화장실 관리였다. 다른 건 문화적 차이로 이해할 수도, 스카우트 정신으로 넘어갈 수도, 천재지변 탓으로 돌릴 수도 있지만 화장실은 '단체로 사용'하는 이상 지켜야 할 분명한 기준이 있다. 위생적이지 않으면 사람이 죽을 수도 있기 때문이다. 그래서 보편적인 기준을 충족하지 못하면 올림픽 등의 국제 대회를 유치하기 힘들다. 문도, 칸막이도 없이 서로 인사하면서 용변 본다고 '니하오 화장실'로 불렸던 중국의 악명 높은 공중화장실도 2008년 베이징올림픽을 준비하면서 변화가 시작되었다.[7] 중국이 아무리 오랜 역사를 지녔다 한들, 칸막이 없는 재래식 화장실을 문화라면서 이해해 달라고 하긴 어려웠을 거다. 이건, 설득의 영역이 아니다. 버터냐 김치냐 따위의 문제가 아니라 생과 사의 기로 아닌가. 우리나라도 1988년 서울올림픽 유치와 1994년 한국 방문의 해 선포 등을 기점 삼아 공중화장실 개선 요구가 커졌고, 2002년 월드컵 전에는 '아름다운 화장실 문화 운동'이 생겼을 정도다.[8]

하지만 새만금 잼버리 대회는 2023년도라고는 믿기지 않을 정도로 화장실에 관한 최소한의 기준조차 지키지 못했다. 4만 명이 넘게 모여든 공간에 화장실 개수가 턱없이 부족했고,[9] 그나마 있는 시설에 사람이 몰려 더 빨리 더러워지고 더 많은 문제가 발생했다. 화장실 앞에 "안이 매우 더럽다(very dirty inside)", "극도로 불결한데 아무도 관리하지 않는다(extreme dirty, no one care)"는 메모가 붙을 지경이었다.[10] 구체적으로 어떠했을지는 다 안다. 겨우겨우 공중화장실을 찾아 변기 뚜껑을 열었을 때, 그 충격과 공포는 누구에게나 있다. 글을 쓰면서 슬쩍 생각하는 것만으로도 구토가 나오려고 한다. 똥은, 그런 거다. 우리가 일상에서 '불결하다'고 느끼는 감정은 다분히 문화적인 지점이 있지만, 타인의 분뇨를 마주할 때의 불결함은 사회적으로 학습된 추론이 아니라 내 코와 눈의 생리적 반응이다. 더구나 예상하지 못했다면, 불결함은 분노로 바뀐다.

그 똥이, 설레는 마음으로 입주하는 새 아파트에서 발견된다면 기분이 어떨까? 원인을 알 수 없는 악취로 고생하다가 천장을 뜯어 보니 사람 똥이 가득한 비닐봉지가 들어 있다.[11] 싱크대 아래 하수관 옆에 휴지에 쌓인 똥이 있다.[12] 이게 이슈가 되어 언론사가 취재를 하니, 아파트 건설 현장엔 흔한 일이었다. "지어지고 있는 건물마다 종이봉투 안이나 양동이 속, 헝겊 위 등에 인분이 쌓여" 있다.[13] 이유는, 화장실이 부족하기 때문이다. 자재 운반용 승강기를 겨우겨우 타고 다녀오면 시간만 20~30분이다. 그 화장실도 너무 더럽다. "나무로 만든 간이 화장실, 주변이 다 노출된 소변기를 세워 두고 화장실이라고 부르는 일도 있다."[14] 그곳은 근심과 번뇌가 사라진다는 해

우소가 아니다. 다녀올수록 짜증과 역정만 생길 뿐이다.

4차 산업혁명, 인공지능 등등의 단어가 난무하는 시대에 어떤 노동자는 일하다 똥도 제대로 못 싼다. 이런 곳에서 여성 노동자는 더 힘들 수밖에 없다. 그러니까 이 첨단의 시대에, '이유가 여성이어서' 일터에서 용변을 볼 수 없다. 똥은, 그런 거다. 다른 게 아무리 보장된다 한들, 사람이 '제때' 배설할 수 없다면 그게 인권침해다. 각종 임용 시험에서 부정행위 우려로 화장실 사용을 금지한 것조차 인권침해라는 판결을 받는 이유다.[15] 인간은 기계가 아니기에 방광의 기능이 동일하지 않다. 과민성방광증후군을 앓는 사람은 물을 안 마셔도, 시도 때도 없이 마렵다.

배설만 보장된다고 끝은 아니다. "변기 위에 전자레인지가 올려져 있는"[16] 일터를 상상할 수 있는가. 수많은 아파트 경비원들이 변기 위에 옷을 걸어 놓고 변기 옆에서 식사를 준비한다. 많은 청소 노동자들이 화장실에서 휴식을 취한다.[17] 아무리 밥이 똥이 된다 한들, 밥과 똥을 동시에 상상하지 않을 권리는 누구에게나 있다. 헌법 조항에 있다는 게 아니라, 법의 처음부터 끝까지를 관통하는 인간의 존엄성이란 게 그런 거다. 하지만 식사와 휴식 공간을 별도로 마련하는 걸 '비용'으로 생각하는 사회에서 누군가는 빌어먹을 똥 냄새를 맡으며 먹고 쉬어야 한다.

내가 똥 누는 걸 누가 본다면, 참으로 비참할 거다. 그래서 용변

처리에 있어서 완전한 사생활을 보장해 주지 않는 교정 시설은 인권 침해 논란에서 자유로울 수 없다. 가림막이 없거나 개방형이라 생리 현상을 위해 수치심을 참아야 한다. 그래서 일본에서는 독방에 수용된 사형수가 국가 상대로 소송을 제기하기도 했고,[18] 희대의 탈옥수라 불리는 신창원은 이를 인권침해라며 국가인권위원회에 진정을 내서 인용되기도 했다.[19] 재벌 총수가 독방에 수감되었을 때는 '24시간 감시 카메라에 화장실 칸막이도 없는' 열악한 시설이 언론에 조명받는다.[20] 물론 특수 시설이니 사각지대가 있어서는 안 된다는 입장도 있을 거다. 하지만 인권 역시 사각지대가 있으면 안 되기에 논쟁은 쉽게 사그라지지 않을 거다.

"독립보다 화장실이 더 중요하다"

마려우면 화장실을 간다. 마려워서일까. 아니다, 화장실이 있기 때문이다. 특히 집에서라면 지체 없이 간다. 집에는 화장실이 있으니까. 그래서 조절도 가능하다. 언제든지 갈 수 있으니까. 그러니 집은 편안하다. "모든 희로애락의 근본은 자신의 방광과 괄약근을 조절하는 힘과 기술에 달려 있다"[21]고 하지 않는가.

하지만 모두가 그런 건 아니다. 경제협력개발기구[OECD]는 기초 시설(basic facility)이 실내에 없는 주택에 거주하는 인구 비율을 매년 조사해 '삶의 질 지수(Better Life Index)'에 반영하는데, 이 기초 시설은 '수세식 화장실(flushing toilets)'을 뜻한다. 2023년에 공개된 자료에 따르면 대한민국에서도 집 안에 수세식 화장실 없이 살아가는 사람이 전체 인구의 2.5퍼센트다. 작은 수치처럼 보이지만, 수원시 인구보다 많은 130만 명에 달하는 이들이 '집에서도 화장실을 마음대로 못 가며' 살고 있다. 다른 OECD 가입국들을 살펴보면 멕시코(25.9퍼센트), 콜롬비아(12.3퍼센트), 튀르키예(4.9퍼센트), 헝가리(3.5퍼센트), 폴란드(2.3퍼센트) 등 수세식 변기가 집에 없는 사람은 많다. 가입 '외' 나라도 언급되는데 남아프리카(35.9퍼센트), 러시아(13.8퍼센트)는 수치가 위험하다.[22] 전 세계로 넓히면 더 심각하다. 국제 비영리 환경 단체인 워터에이드WaterAid는 이 문제를 홈페이지에 적극적으로 다루고 있는데, 전 세계 인구 다섯 중 하나꼴인 15억 명이 마음껏 화장실을 이용하지 못하며 학교의 28퍼센트에는 제대로 된 화장실이 없다.[23] 2001년에 세계화장실기구World Toilet Organization, WTO가 설립되고 2013년에 국제연합UN이 11월 19일을 세계 화장실의 날(World Toilet Day)로 지정한 이유다.[24]

중국이나 인도처럼 인구가 많은 곳에서는 화장실 보급이 오랜 숙제였다. 인구가 많다는 건, 이를 감당할 상하수도 시설도 엄청난 규모여야 함을 뜻하니 세계 인구의 3분의 1이 살고 있는 두 나라에선 만만치 않은 일이었을 거다. 시진핑習近平 중국 국가주석은 농촌의 재래식 화장실을 개선하는 '화장실 혁명'을 2015년에 외쳤다. 그 전과 후를 아는 사람은 존엄성이 전혀 없던 곳이 존엄성이 빛나는 곳으로 변했다고 평가한다.[25] "독립보다 화장실이 더 중요하다"고 간디가 말했을 정도로 과거 인도의 상황은 좋지 않았다.[26] 실내에서 배변 활동을 하는 걸 불결하게 여겼던 종교적 관습 때문에 야외 배변이 많았고, 자연스레 오염된 토양과 수질로 인한 여러 질병이 상시적으로 사람들을 괴롭혔다. 특히 영아 사망률이 높았고, 여성들은 성폭력에 쉽게 노출되었다.

2000년대 이후에야 분위기는 달라지는데, 먼저 "화장실 없으면 신부도 없다(No Toilet, No Bride)" 캠페인이 여권신장운동의 혁명으로[27] 주목받았다. 집에 화장실도 없으면서 여자가 시집오길 바라선 안 된다는 단순한 불만이 아니라, 국가가 국민들의 보건 위생에 관심을 가지라는 조직적 저항이었기 때문이다. 그런 목소리가 모여 1억 개가 넘는 신식 화장실을 보급해 노상 배변 근절(Open Defecation Free)을 목표로 하는 '클린 인디아 2.0' 정책이 2014년부터 시작될 수 있었다. 하지만 보급만 되었지 유지 및 보수가 잘 되지 않고, 최하위 계층은 사실상 공중화장실을 이용하지 못하는 등 문제는 여전하다.[28] 유튜브에 '인도 배변'이라고 검색하면 쉽게 알 수 있다.

한국의 변화도 오래되지 않았다. 1960년대까지 분뇨의 위생적 처리 비율은 배출량의 5퍼센트 수준이었다.[29] 1973년 9월 8일 자

《조선일보》4면에 실린 서울대학교 보건대학원 허정 교수의 칼럼 「자가용 차보다 수세식 변소를 갖자」에는 "수세식 변소를 새로 짓는 고급 주택이나 아파트의 사치품으로 여겨서는 안 되겠다"는 내용이 등장한다. 우리나라 최초의 하수처리장인 청계천하수처리장 완공 년도가 1976년이었으니 [30] 보건 의료 전문가의 눈에 비친 50년 전 한국의 모습은 위생적 관점에선 빵점이었을 거다.

많은 이들에게 '변기=수세식 변기'겠지만, 눈앞에서 오물이 순식간에 사라지게 된 건 얼마 되지 않는다. '재래식 화장실'은 흔하디흔했다. 수세식에 빗대어 (저장고가 차면 똥을 퍼내는) '푸세식'이라고도 했다. 1980년대까지 학교 운동장의 야외 화장실은 대부분이 재래식이었다. 엄지와 검지로 코를 막고 온갖 벌레와 싸우며 배변을 해야 했으니 얼마나 성가셨겠는가. 빠지면 큰일 나니, '똥 누다가 죽을' 걱정을 진지하게 했던 시대다.

인류의 건강을 지킨 위대한 발명품

"고대 문명에서는 예외 없이 하수 관련 시설이 존재했던 것으로 확인되고" [31] 있다. 사람이 모인 곳에선, 사람의 배설물을 효율적으로 처리하기 위한 고민이 있었다는 거다. 기원전 2,000년 전의 고대 왕국 궁전으로 유명한 크레타섬 크노소스궁전에도 물 따라 똥이 흘러가는 천연 수세식 화장실이 있었다. 로마가 거쳐 간 곳에는 "물이 흐르면서 오물을 하수도로 흘려"[32]보내는 시설이 있었다. 우리나라에서도 익산 왕궁리 백제 유적지와 경주 동궁의 신라 유적지에서 물을 이용하는 화장실 유적이 발견되어 화제가 된 바 있다.

문명의 흥망성쇠에 따라 분뇨 처리 시스템은 한동안 제자리걸음을 하다가 업그레이드되곤 했다. 사람이 모이니 오물 처리가 큰 문제가 되었고, 그 고민은 집에서 '물을 이용해' 강으로 분뇨를 보내는 기술로 이어졌고, 그러다가 강이 오염되니 하수처리를 덩달아 고민하는 식으로 도시는 성장했다.

산업화로 인구가 밀집하면서 도시의 거리에는 사람들의 분뇨가 가득했다. 굽 높은 신발 하이힐이라든가 큰 망토, 혹은 모자가 오물을 '피하는' 용도로 인기를 끌었다.[33] 프랑스에서는 공공장소에서 용변이 급한 사람을 망토로 가려 주고 양동이에 볼일을 보도록 도와주는 직업까지 있었다. 귀족들은 망토 입은 하인을 데리고 다녔다. 그 망토로부터 토일럿(toliet)이라는 말이 유래했다. 직물을 뜻하는 프랑스어 투알(toile)에 접미사가 붙은 투알레테(toilette)는 '작은 천 조각'을 뜻했다. 옷을 감싸는 덮개, 머리를 손질하거나 면도를 할 때 어깨에 두르는 천을 가리키는 이 말은 화장대, 더 나아가 몸단장, 그다음에는 화장실로 의미가 확장되다가 영어로 넘어오면서 지금의 단어가 되었다.

수세식 변기는 1596년 영국의 귀족 존 해링턴 John Harrington 이 엘리자베스 1세에게 헌정한 이후 300년간 발전을 거듭했다. 해링턴의 변기는 너무 시끄럽고 냄새가 심해 상용화되지는 않았다. 하지만 위에서 내려온 물이 아래로 흐르며 분뇨를 모으는 형태는 지금과 흡사했다. 'Water Closet'(물 있는 작은 방), 즉 W.C의 탄생이었다. 200년이지나 1775년, 런던의 시계공 알렉산더 커밍 Alexander Cumming 은 배수관을 S 자 모양으로 구부려서 아래로부터 올라오는 냄새와 벌레를 차단하고 배수관과 변기통 사이에 밸브를 단 수세식 변기 아이디어로 특허를 낸다. 굴곡 지점에 물이 고이게 하는 지금의 원리와 같다. 그리고 1778년 자물쇠 장인 조지프 브라마 Joseph Bramah 는 밸브 장치를 개선하며 사용의 편리성을 높인다. "수세식 변기는 1851년의 런던만국박람회에서 대대적으로 소개된 후 영국의 도시를 중심으로 엄청난 인기를 얻었다."[34]

수세식 변기는 '위대한', '기발한' 등의 수식어가 붙으며 생활의 질을 바꾼 발명품으로 곧잘 소개된다. 백신, 항생제 등과 함께 인류의 건강을 지킨 대표적인 사물로 평가받는다. 공중위생을 망치고, 목숨을 위협해 온 똥을 통제할 수 있다는 것의 의미는 결코 가볍지 않다. 사람이 '죽지 않을 것이라는 확신'을 하게 되면 보다 긍정적인 미래 전망과 희망을 갖는 것이 가능하니, 변기 하나가 엄청난 일을 한 셈이다. 엄청나니까, 누구나 누려야 하는 거다.

순식간에 깨끗한 물이 더러운 물로

변기에 직접 물을 부어야 하는 순간이 있다. 이때, 대강 이 정도면 되겠지 했다가 물은 내려가지 않고 변기 속 똥물의 수위만 올라오는 아찔한 경험을 했다면 다음부터는 꽤나 많은 물을 준비할 거다. 그제야 우리는 수세식 변기 한 번 내리는 데 10리터 이상의 물이 필요함을 알게 된다. 한 번 물 내리는 데 2리터짜리 생수 다섯 개라니, 4인 가족이라면 하루에 생수 통 100여 개가 오물 치우는 데만 사용되는 거다. 그래서 인류를 구했다는 수세식 변기가 '최악의 발명품'이라는 평가도 받는다.

〈KBS스페셜〉 '변기야, 지구를 부탁해'(2011년 8월 7일 방영)에서 한무영 서울대학교 빗물연구센터 소장은 이렇게 말한다. "수세식 변소는 제일 깨끗한 물을 가져와서 제일 더러운 물을 만드는 시설이고요, 한편에서는 수세식 변소 때문에 인류가 많이 발전했다고는 하지만 물 사용 관점에서는 인류가 만들어 낸 최악의 발명품이 아닌가 생각합니다." 수세식 변기는 물 걱정을 하지 않아야만 원활히 사용할 수 있다는 치명적 한계가 있다. 방송에서는 단수가 된 지역에서 마실 물보다 '화장실에 사용할 물을 구하기 위해' 사람들이 동분서주하는 모습이 등장한다. 큰 통을 들고 가게로 출근하는 사람도 있다. 목마른 건 참을 수 있는데, 화장실 똥을 그대로 두는 건 참을 수 없어서다. 그래서 가뭄 등의 영향으로 물 부족 현상이 발생할 때마다 변기 물통에 벽돌을 넣자는 제안이 오래전부터 있었고[35] 관공서에서는 절수형 벽돌을 무료로 주기도 했다.[36]

방송 시점인 2011년을 기점으로 변화의 물꼬가 트이긴 했다. 우리나라는 2012년 이후부터는 신축 건물에 물 사용량이 기존의 절반인 6리터 정도인 절수형 변기를 의무적으로 설치해야 한다. 하지만 잘 지켜지지 않는다.[37] 2020년부터는 수량이 6리터를 초과할 수 없는 변기만을 제조하도록 했지만 여전히 유명무실이라는 평가를 받고 있다.[38] 결정적인 이유가 있는데, 수도법 시행규칙에 "다만, 변기 막힘 현상이 지속되어 이를 해소하기 위한 경우는 제외한다"고 명시했기 때문이다. 그래서 지금은 1등급(4리터 이하), 2등급(5리터 이하), 3등급(6리터 이하)으로 구분하는[39] 절수 등급 표시 의무화 정도로 물 절약을 '유도하는' 정책이 시행되고 있다.

새 아파트에 입주가 시작되면 입주민들은 이런저런 애로 사항을 공유하는데 이때 절수형 변기의 물이 너무 약하게 내려가서 걱정이라는 하소연은 빠지지 않는다. 그러면 누군가가 해결책을 빠르게 알려 주는데, 그대로 따라 한 사람은 이런 후기를 남긴다. "이제 안심이네요."

화끈하게 물이 쏟아지는 수세식 변기에 길들여진 우리들의 모습 아니겠는가. 변기에 사용되는 물 좀 아끼자는 수도법 시행규칙에

'하지만 변기가 막히면 별수 없죠.'라는 식의 예외 조항이 들어가 있다는 것 자체가 변기 앞에서의 사람들 감정을 잘 말해 준다. 우리는, 볼일을 보고 뚜껑을 닫고 밸브를 내리면서 다음의 과정이 자연스레 이어지기를 간절히 소망한다. 폭포수를 방불케 하는 화끈한 물소리가 들리고 별일 없이 무엇인가가 저 멀리로 빠져나가는 대포 소리가 이어져야 한다. 혹시나 해서 뚜껑을 열어 보고 깨끗해야 최종 안심이다.

그러니 절수 등급은 에어컨이나 냉장고, 세탁기 같은 가전제품에 붙어 있는 에너지소비효율 등급을 확인하는 것과는 느낌이 다르다. 공중화장실을 이용하는데 그 변기가 1등급이라면 불안하다. '절수 변기=물 절약'임을 화장실 밖에서는 알지만, 내 똥이 물 위에 떠 있는 그곳에선 물 아끼다가 혹시나 곤란한 상황을 겪지는 않을지를 걱정한다. 절수와 상관없이 막히는 현상이 발생해도 이게 다 물이 부족해서 나타난 일이라고 생각한다. 그러니 규정을 무시하고 많은 물을 사용하는 변기가 있다 한들 아무도 문제라고 여기지 않는다. 오히려 다행이다. 물을 아껴 써야 한다는 건 알겠지만 똥은, 그런 거다. 깔끔하게 눈앞에서 사라져야 한다. 그래서 최악의 발명품일 거다. 우리는 오물을 물로 흘려보내면 그만이라는 듯 살고 있다. 그 간편함 때문에 다른 걸 상상하지 못한다. 사물의 편안함에 길들여진 사람들은, 생각도 편하게만 한다.

물을 전혀 사용하지 않는 퇴비 변기부터 냉동 변기, 연소 변기를 비롯해 물을 끝없이 재활용하는 무한 무방류 순환 수세식 변기까지* 이런저런 낯설고 새로운 변기의 개발과 등장이 보내는 신호는 하나일 거다. 이제 상상하라고. 수세식 변기 없는 세상을. 똥 치우려고 엄청난 양의 물을 '모으고 흘려보내는' 에너지의 낭비를 줄이라고. 그리고 몇 초 만에 변한 똥물을 다시 정화하기 위해 또 엄청난 돈과 에너지가 필요한 악순환을 끊으라고. 자기가 싼 똥은 자기가 좀 치우라고. 그런 기술, 이미 있다고. 지금보다 약간만 덜 편리하면 된다고.

● 본문에 언급된 '변기야, 지구를 부탁해' 방송에서 소개된 변기들이다.

Chapter 2

(女) 괜찮을까?
(男) 괜찮잖아!

피임약은
여성을
해방시켰는가

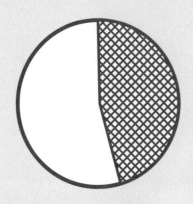

48%

전체 임신 중 의도치 않은 임신 비율

*출처: 유엔인구기금UNFPA,
『2022 세계 인구 현황 보고서: 보이지 않는 사람들』

(이하 출처 동일)

33만 1,000건

하루 평균 의도치 않은 임신 발생 건수
(전 세계 기준, 매년 1억 2,100만)

61%

의도치 않은 임신 중 임신중절로 이어지는 비율

29%

전체 임신 중 임신중절로 이어지는 비율

INFORMATION

1960년

최초의 경구피임약 에노비드가 미국 식품의약국^{FDA}으로부터 승인받은 해

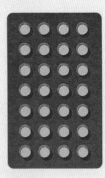

20~30%
VS.
2~3%

미국·영국·독일 대
한국의 경구피임약 복용률
*출처: 대한산부인과의사회 피임생리연구회

17.2%

우리나라 임신 경험 여성 가운데 임신중절을 한 적 있는 여성
*출처: 한국보건사회연구원 '2021년 인공임신중절 실태 조사'

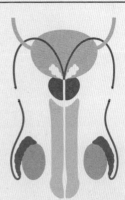

3% 미만

가장 안전한 피임법인 남성의 정관 절제술을
사용하는 커플
*출처: 『2022 세계 인구 현황 보고서: 보이지 않는 사람들』

Vasectomy

☞ 『민낯들: 잊고 또 잃는 사회의 뒷모습』을 출간하고 가톨릭 사제와 신자에게 항의 메일을 받았다. 헌법재판소의 낙태죄 헌법불합치 결정(2019년)을 긍정적으로 분석한 게 불편했다는 거다. 나는 책에서 낙태 찬성이 낙태를 권유하는 게 아니라, 여성의 자기결정권을 존중하자는 뜻임을 친절히 설명했지만, 이런 전개는 늘 겉돈다. 처음에는 태아도 생명이라는 이야기로 시작해 갑자기 피임하지 않은 (주로 여성에 대한) 책임론이 언급된다. 내가 받은 항의 메일에도 "생명을 소중히 여기는 여성이라면" 같은 추임새가 반복적으로 등장했다. 편견의 측면을 떠나, 일단 앞뒤가 안 맞는 논리다.

가톨릭은 생리 주기에 따라 배란일을 피하는 자연피임법을 결혼 전 예비부부들이 필수로 들어야 하는 교육에서 상세히 알려 준다. 하지만 몸은 기계가 아니기에 정확한 주기란 존재할 수 없다. 그래서 '바티칸 룰렛'이라고 놀림을 받는 피임법에[1] '자연'이라는 이름을 붙여 추천하고 설사 피임 실패로 임신하더라도 주님의 뜻이니 낙태 금지라고 하면, 여성에게 남은 건 금욕뿐이다. 이 자연 섭리 운운은 1960년, 세계 최초로 경구 피임약이 등장할 때도 마찬가지였다. 교황 바오로 6세는 1968년 「인간 생명Humanae Vitae」이라는 회칙을 발표하며 인간의 가장 위대한 발명 중 하나라는 경구 피임약을 부정한 것으로 규정했다.[2]

열한 명의 아이를 낳은 내 어머니에게
이 책을 바칩니다.

— 마거릿 생어, 『마거릿 생어의 여성과 새로운 인류
: 피임할 권리와 여성해방의 시작』[3]

아이가 태어나면
죽게 해 달라고 기도하다

17세 여성이 결혼 11개월 후 아이를 출산한다. 여성은 더 이상 아이를 원하지 않지만, 남편은 그렇지 않다. 결국 11개월 후 다시 아이를 출산한다. 23개월이 지나 또 출산한다. 10개월 후에는 임신 7개월 만에 조산하지만 아이는 곧 죽는다. 그리고 11개월 후 아이가 또 태어난다. 17개월 후 또 태어난다. 11개월 후에 여성은 또 임신을 하는데, 몇 개월 뒤 유산한다. 이후 12개월이 지나 또 아이를 출산한다. 3년 6개월 후, 역시나 아이를 출산한다. 다행히 이번이 마지막인데, 두 달 전 남편이 사망해서다.

13년간 아홉 번의 임신. 임신 기간은 13년 중 7년이 넘는다. 아찔하다. 일부러 그러기도 힘들 텐데, 실제 일이다. 이 내용은 피임약의 역사를 언급할 때 반드시 등장하는 미국의 산아제한 운동가 마거릿 생어Margaret Sanger가 피임 방법을 알려 주는 클리닉을 '불법으로' 운영하던 1910년대에 받은 편지에 등장한다. 수많은 여성이 아이를 낳고 기르는 데 삶의 대부분을 바쳤던 시기였다.

생어는 산아제한(birth control)이라는 용어로 피임의 필요성을 알리기 위해 노력했는데[4] 임신과 출산의 'control'을 신의 영역이라고 여겼던 시대정신은 피임 권장을 불손하게 여겼다. 편지를 보낸 저 여성은 아이가 태어날 때마다 죽게 해 달라고 기도했다면서 자신의 무지를 탓했고, 딸에게는 피임 방법을 알려 주고 싶다며 도움을 요청한다. 불법이라는 위험을 무릅쓰고서라도 생어의 도움을 받고 싶어 하는 빈곤층 여성은 하나둘이 아니었다. 비슷한 편지를 수천 통이나 받은 생어는 이렇게 질문한다. "더 많은 아이를 낳는 것보다 '차라리 죽기'를 원하는 엄마가 계속해서 다른 아이들을 낳아 사회에 공헌할 수 있을까?"[5]

가난해서 무지하고, 무지해서 피임을 모르고, 그래서 부모나 자식 모두가 가난한 악순환을 생어는 깨고자 했다. 자신이 잘 알아서다. 생어의 어머니 앤 히긴스Anne Higgins는 "19번의 임신과 11번의 출산으로 49살에 요절했다".[6] 평생을 임신, 출산, 유산을 반복하다가 죽은 거다. 그의 몸은 인큐베이터* 같았다.

생어는 뉴욕에서 간호사로 일하며 "35살 이전에 폐물이 되는"[7] 여성들을 수시로 목격한다. 빈민가에서 "원치 않는 임신을 한 여성들은 값싼 낙태를 위해 여러 곳을 전전"[8]하다 죽어 갔다. 그러다 만난 새디 색스Sadie Sachs는 생어의 삶을 사회운동가로 바꾸어 버린다.[9]

1912년, 생어는 한 여성이 위급하다는 요청에 의사와 함께 집을 방문한다. 20대 여성 색스는 스스로 낙태를 하려다가 의식을 잃은 상태였다. 비좁은 집에는 아이 셋과 남편 제이크가 있었다. 회복한 색스는 어떻게 하면 임신을 안 할 수 있냐고 묻는데 의사는 퉁명스럽게 답한다. "당신이 케이크를 먹고 싶으면 먹잖아요. 그걸 어찌 막겠어요. 남편을 지붕에서 자라고 하든지."[10]

남편의 성관계 요구를 어찌 막냐는 놀라운 말이었다. 의사가 나가고 색스는 생어를 붙들고 말한다. 의사는 남자지만 당신은 여자 아니냐고. 제발 피임하는 법을 알려 달라고. 3개월 후, 위급하다는 소식에 생어는 달려가지만 색스는 곧 사망한다. 이 경험으로 생어는 여성에게 임신이 얼마나 큰 문제인지를 뼈저리게 깨닫고 어머니들의 운명을 바꾸기로 결심한다.

● 다음 표현에서 참조했다. "여성의 역할은 인큐베이터에 불과했다. 아이를 품고 있다가 세상에 내놓을 뿐이다." 마거릿 생어, 『마거릿 생어의 여성과 새로운 인류』 김용준 옮김, 동아시아, 2023, 271~272쪽.

배려를 구걸해야만 했다

산아제한을 통해 여성은 자발적인 모성에 도달할 수 있다. 여기에 도달할 때 기본적인 성적 자유를 찾을 수 있고 자신과 인류의 노예화가 중단될 것이다. 그러고 나서 내재된 본능을 이해함으로써 세상을 끊임없이 치유해 나갈 수 있다.[11]

생어가 1920년에 한 말에 피임약의 의의가 온전히 담겨 있다. 피임약은 여성을 해방, 아니 구원했다. 같은 의미지만 구원이 전과 후의 다름을 더 명료하게 드러낸다. 자발적 모성, 성적 자유, 내재된 본능 이 세 키워드에는 존엄성과 무관했던 여성의 삶이 배어 있다. 계속되는 임신과 출산을 '엄마라서' 받아들여야 한다면 이는 강요된 모성일 뿐이다. 가능한 만큼만 출산해야, 자발적 모성(voluntary motherhood)이 가능하다. 이게 보장되지 않고, 성적 자유는 존재할 수 없다. 성적 자유를 남녀가 동등한 목적으로 성을 향유할 자유라는 측면에서 짚는다면, 한쪽이 임신으로 이어질 수 있다는 공포를 느끼는 순간 그 자유는 평등하지 않다. 쾌락과 불안은 간격이 크다.

임신의 두려움이 사라지면 여성은 인생을 계획할 수 있다. 그때 내재된 본능이 발견된다. 사회적 활동이 지속되면 자신감이 생긴다. 그러면 삶의 목표가 높아지고 숨어 있던 재능이 발견된다. 이를 성장이라 한다. 그 기회로부터 여성은 차단되어 있었다. '임신은 나중에', 이 간단한 결심을 못했다. 여성들은 애써 금욕을 하거나, 단지 임신을 피하기 위해 남편의 배려를 구걸해야 했지만⦁ "육체적 욕구를 충족시켜 줄 여성에게 가정을 제공한다고 생각"하며 아내의 불안에는 무관심하고 자신의 성 충동에만 반응하는 남편을[12] 설득하긴 어렵다. 이 굴레를 알기에 생어는 "한 잔의 차와 같은 간단한 방법으로 피임"을 하는 수단을 찾는다.[13]

1950년, 생어는 70세가 넘은 나이에도 연구 자금을 확보하기 위해 백방으로 뛰어다녔고 재력가 캐서린 매코믹Katherine McCormick을 만난다. 매코믹은 "정신분열증을 앓았던 남편과의 사이에서 아이를 출산하기를 원하지 않았기에"[14] 적극적으로 후원한다. 생어는 호르몬 조절로 토끼의 배란을 막는 원리를 알고 있던 생물학자 그레고리 굿윈 핑커스Gregory Goodwin Pincus를 찾아가 "무해하고, 효과적이며, 간편하고, 누구나 사용할 수 있고, 남편과 부인이 모두 만족할 수 있는 이상적 피임법 개발을 의뢰했다".[15]

핑커스는 함께 일하던 생물학자 장밍쒜張明覺와 가능성을 타진하

⦁ 다음 표현에서 참조했다. "완두콩만 한 알약이 여성들을 임신의 공포에서 해방시켰고, 더 이상 애써 금욕할 필요가 없어졌다. 또 피임 때문에 남편의 배려를 구걸할 필요도 없었다." 김현미 기자·전원경, 「"완두콩만 한 알약이 세상을 바꿨다: 임신 공포에서 해방 새롭게 쓴 여성사 40년…생식 조절 능력 장악으로 모계사회 회귀 가능성도」, 《주간동아》 292호, 2005. 1. 5.

고 여러 연구들의 기반 위에서 '인간이 먹는 피임약' 개발에 착수해 성공한다. 이 과정에는 후대에 '경구피임약의 아버지'라 불리는 화학자 칼 제라시Carl Djerassi, [16] 황체호르몬 프로게스테론 역할을 하는 노르에티스테론(norethisterone) 합성에 성공한 루이스 미라몬테스Luis Miramontes, [17] 스테로이드 연구의 대가로 후에 바이오테크놀로지 헤리티지 어워드(Biotechnology Heritage Award)를 받는 조지 로젠크란츠George Rosenkranz, 그리고 체외수정 연구의 대가이자 피임약 출시 이후에는 가톨릭교회를 상대로 피임약의 필요성을 주장하는 책『때가 왔다: 산아제한 논쟁을 끝내기 위한 가톨릭 의사의 제언The time has come: A Catholic doctor's proposals to end the battle over birth control』(1963)을 출간하는 존 록John Rock이 함께했다.

처음에는 '생리 불순 치료제'로 출시해 부작용으로 배란 억제(피임)를 표기할 정도로 눈치를 보았지만 1960년 5월 9일, 정식 피임약 '에노비드(Enovid)'는 미국 식품의약국FDA의 공식 판매 허가 승인을 받는다. 이후 울림이 얼마나 컸는지 the pill(알약)은 경구피임약을 뜻하게 되었다. [18] 5월 9일만 되면 '역사 속 오늘' 코너에서 에노비드와 생어는 여성해방이라는 단어와 조합되어 반드시 소개된다. 피임약은 호르몬제 용량과 부작용 문제로 청문회도 열리는 등 우여곡절이 많았지만 '여성이 안전해야 한다'는 원칙 안에서 계속 진화했다.

피임의 역사는 투쟁의 역사

피임약은 도깨비방망이로 뚝딱 만들어지지 않았다. 피임'약'은 과학이지만 '피임'약은 사회 변혁의 기운이 있었기에 가능했다. 생어는 피임을 이야기하는 것 자체가 풍기 문란이었던 시대를 우직하게 통과했다. 1910년대 미국에서는 1873년에 제정된 콤스톡법이 여전히 맹위를 떨치고 있었다. 콤스톡법은 목사이던 앤서니 콤스톡Anthony Comstock에 의해 만들어진 음란물 유통을 막는 일종의 검열법이다. 피임법도 외설적이라는 이유로 규제 대상이었다.[19] 생어가 1914년도에 펴낸 잡지 《여성반란The Woman Rebel》도 피임법을 소개했다는 이유로 출판 금지를 당했고, 1916년엔 산아제한 클리닉을 운영한다는 이유로 생어는 개원 열흘 만에 구속되어 한 달이나 수감되었다. 그는 콤스톡법을 "무지와 억압의 법적 기념물"[20]이라고 비판했다.

피임약이 등장하고 모든 여성이 미국 어디서든 피임약을 구할 수 있게 될 때까지는 시간이 더 필요했다. 1960년대 코네티컷주에서는 피임 금지법이 유효했다. 이 문제를 해결하기 위해서는 연방대법원의 위헌판결이 필요했는데, 산아제한 운동가 에스텔 그리즈월드Estelle Griswold는 고의적으로 피임 클리닉을 열어 체포되는 방법을 택한다. 이후 주 법을 위반한 죄로 벌금형이 내려졌지만 대법원에 항소하고 승소한다. '그리즈월드 대 코네티컷(Griswold v. Connecticut)

판결'로 불리는 1965년의 대법원 결정으로 미국에서는 그제야 결혼한 여성의 피임약 복용이 '공식적으로' 허락된다. 피임약 출시 5년 만이었다. 알약 하나가 견고한 고정관념을 깨 버린 것이다.

미혼자의 피임권이 온전히 보장되는 데는 몇 년이 더 걸렸다. 이 결정에는 피임과 낙태에 대한 여성의 권리를 미국 전역에 알리며 감옥을 들락날락했던 활동가 빌 베어드Bill Baird의 공이 컸다.[21] 제약 회사의 임상 책임자였던 그는, 1963년 뉴욕 할렘병원에서 흑인 여성이 옷걸이로 낙태를 시도하다 사망한 사건을 눈앞에서 목격한 이후 강력한 피임 옹호자가 되었다.

이동식 피임 클리닉을 설치하는 등 활발한 캠페인을 벌이던 베어드에게 보스턴대학교의 학생들은 매사추세츠주의 '순결, 품위, 도덕 및 질서에 반하는 죄(Crimes Against Chastity, Decency, Morality and Good Order)'에 대한 이의 제기를 요청한다. 베어드는 1967년 보스턴대학교에서 피임 관련 강의를 하면서 고의적으로 피임 용품을 나눠 준 죄로 체포되어 유죄판결을 받는데, 이는 매사추세츠주의 '순결' 법규에 대한 의도적인 도전이었다. 그는 주 대법원에 항소하여 부분적으로 승소하는데, 베어드를 기소한 매사추세츠주 보안관 토머스 S. 아이젠스타트Thomas S. Eisenstadt는 이게 부당하다며 연방 대법원에 상고한다. 1972년, '아이젠스타트 대 베어드(Eisenstadt v. Baird) 사건'은 미혼자에게 피임약을 나눠 주는 건 불법이 아니라는 결정으로 마무리된다. 그리즈월드와 베어드가 그렇게 용기를 낼 수 있었던 뿌리에는 생어가 있다.

가톨릭교회도 생어의 정신이 넘어야 할 산이었다. 가톨릭에서는 성관계를 임신과 출산으로 연결되는 과정으로 이해하기 때문에 피임은 생명의 절차를 훼손하는 행위가 된다. 그래서 정자를 차단하는 콘돔도, 신이 창조한 인간의 몸을 조절하는 피임약도 비도덕적이다. 이 이유로 "1932년 교황 비오 11세가 자연피임법만을 용인하고 다른 피임법이나 낙태를 금지했었는데, 1960년 경구피임약이 세상에 나온 이후에도 피임에 대한 명백한 반대 의지"[22]를 천명했다.

바티칸 룰렛 피임법이라고 비판받는 가톨릭의 생리 주기 피임법 권장을 미국의 문학평론가 헨리 루이스 멩켄Henry Louis Mencken은 이렇게 꼬집는다. "가톨릭에서는 물리학과 화학이 아니라 수학에 의존해 임신을 피하는 것만이 합법적이다."[23] 임신중지(낙태)를 선택한 여성이 과연 불행하고 비참한지를 추적한 책 『턴어웨이: 임신중지를 거부당한 여자들』 서문에는 코로나19 팬데믹의 상황에 빗대어 이런 표현이 등장한다. "사람들이 마스크를 어떻게 쓰는지를 보니, 이제야 피임이 왜 실패하는지 알겠다. (…) 피임 없이 섹스를 하더라도 임신하지 않는 반면 매번 피임을 하더라도 임신이라는 결과를 마주하기도 한다."[24] 지금 시대에도 '완벽한 피임'이 대단히 어렵다는 것인데, 가톨릭교회는 그저 '날짜 잘 맞춰' 관계를 가지면 문제없다고만 하고 있으니 얼마나 황당한가. 그런 시대적 분위기에서도 생어는 여성에게 '임신에서 자유로운 안전한 기간'이라는 건 없다는 것을 잘 알고 있었기에[25] 앞으로 나아가는 것을 멈추지 않았다. 그래서 피임약은 그냥 약이 아니다. 편견과 혐오에 맞선 오랜 투쟁의 결과물이다.

생어가 인종주의자에 불과했다는 평가도 있다. 가난한 여성들이 피임에 무지했던 것에 생어가 분노한 시기는 미국에서 우생학에 기반한 불임 시술이 강제로 이루어졌던 시기와 겹친다. 여기에 감명받은 히틀러가 인종 '말살'을 어떻게 했는지는 다 알기에, 생어는 "'선택적 생식으로 인류를 개선한다'는 명목의 우생학을 지원했다는 비판"[26]을 받는다. 생어의 산아제한(birth control)이 인종 제한(race control)을 정당화하는 연료로 사용된 거 아니냐는 거다. 미국에선 낙태죄 논쟁이 있을 때마다 보수 진영은 낙태는 곧 우생학이고, 그 뿌리에 생어가 있다는 주장을 자주 제기한다.[27]

무엇보다 생어는 니그로 프로젝트(Negro Project)에 참여한 사실이 있다. 니그로 프로젝트는 미국 정부 주도로 이루어진 최초의 산아제한 프로그램으로 1939년 노스캐롤라이나주에서 3년간 진행되다가 중지되었지만 그 유산은 오래 유지되었다. 히틀러의 만행으로 미국에서는 우생학을 반성하는 분위기가 일었지만 노스캐롤라이나주에서는 1940년대 말에도 여전히 '출산에 부적절한 자들'을 선별했고 1960년대까지 흑인 여성은 자유롭지 못했다.[28] 그 뿌리에 니그로 프로젝트가 있었고, 이 프로젝트에는 우생학을 신뢰하는 재력가들의 후원이 있었다. 그러니 이들과 연결된 생어에게는 '인종주의자'라는 비난이 따라붙는다.

하지만 이러한 평가는 생어의 삶을 오독한 거라는 생어 연구자들의 반론이 많다. 나도 생어가 히틀러의 '그' 우생학을 지지했다고 생각하지 않는다. 생어는 일관되게 "학대받은 모성은 저급한 인류를 낳는다"[29]는 입장을 고수했다. 저급한 인류라는 표현이 괜한 상상력을 자극하지만, 저 문장은 '의도치 않은 임신과 출산의 반복은 비극이다. 가난한 여성은 더 그렇다. 아이도 불행하다.'라는 뜻이다. 그러니까, '덮어놓고 낳다 보면 거지꼴을 못 면한다'는 거다. 니그로 프로젝트에 참여한 생어의 처음 계획도 가난한 흑인들의 원치 않는 임신을 줄여 궁극적으로 흑인의 삶을 좋아지게 하는 거였다. 프로젝트가 3년 만에 종료된 이유는, 생어가 기획한 교육 프로그램이 반영되지 않으면서 흑인들의 적극적인 반응을 끌어내지 못했기 때문이다. 생어는 '인종'이 아닌 '공중위생'의 관점에서 이 프로젝트에 참여했고 가난한 흑인들의 상황을 내버려두는 게 더 인종차별이라 여겼을 거다.[30]

"슬라브계, 라틴계, 히브리계 이민자들은 인간 잡초들이고 무거운 쓰레기 같은 존재다. 흑인, 군인 그리고 유대인들은 인종을 위협한다."[31] 인터넷에 떠도는 생어가 한 말이다. 미국의 팩트 체크 언론

폴리티팩트(PolitiFact)는 이를 '새빨간 거짓말(Pants on Fire)'로 분류했다.[32] 영국의 로이터 통신사는 '팩트 체크' 코너에서 생어가 '잡초'라는 표현을 한 적은 있지만 이를 '인종'에 연결해서 해석하는 건 무리라고 언급한다.[33] 정리하면, 생어는 한평생 '임신과 출산을 조절해야 미래가 행복하다'는 입장이었고 이게 당시 유행하던 우생학의 넓은 스펙트럼과 연결되어서 각종 오해로 이어졌다고 볼 수 있다.

생어의 업적은 피임 자체의 맥락에서 평가되어야 한다. 피임의 역사를 살펴보면 기상천외한 방법들이 등장한다. 수천 년 전부터 무엇을 먹어라, 무엇을 발라라 등등의 정보가 돌아다녔고 임신 사실을 안 어머니가 간장을 들이켜고 언덕 위에서 몇 번이나 굴렀다는 이야기는 불과 육칠십 년 전 한국 사회 어딘가의 모습이다. 이유가 무엇이든 간에, 임신할 수 있는 몸을 지닌 여성의 삶은 공포의 삶이었던 거다.

낙태를 허용해야 한다는 주장을 펼치는 시위 현장에는 '옷걸이'가 등장한다. 낙태가 금지되면 불법 시술 선택이 많아지고 여성은 더 위험해진다. 이 상황에서는 '간장 마시고 데굴데굴 구르는 것처럼' 혼자서 낙태를 시도하면서 여러 도구를 동원하는 끔찍한 일이 발생하는데, "철제 옷걸이는 자가 낙태 도구 중 가장 악명이 높았다."[34] 그러니 여성들은 옷걸이를 들고 '결코 과거로 돌아가지 않겠다'고 외친다.[35] 앞서 소개된 빌 베어드도 이를 목격한 충격으로 피임과 낙태를 찬성하는 활동가가 되었다.

생어는 갓난아이를 죽여 버리는 영아 살해가 여성에 의해 더 많이 저질러졌던 점, 중세 시대에는 매우 흔한 범죄였다는 점, 이걸 막으려고 끔찍한 처벌을 내려도 좀처럼 막을 수 없었다는 점을 언급하며[36] 여성에게 임신과 출산의 문제가 얼마나 무거웠는지를 지적한다. 영아 살해가 낯설게 느껴지겠지만 지금도 마트 화장실에서 출산하고 쓰레기통에 '아기를 유기했다'는 식의 보도는 종종 들려온다. 여성이 임신을 스스로 선택할 수 있으면 결국 '자발적인 모성'으로 좋은 양육이 가능해지고 그렇게 성장한 아이는 공동체에 도움이 된다는 것, 이게 생어의 처음과 끝이었다.

콘돔 없어서? 콘돔 싫어서!

피임약 덕분에 여성은 성에서 자유로워졌다. 하지만 피임약 때문에 여전히 성에서 자유롭지 않다. '약만 먹으면 걱정 없다'는 표현이 당연해지니, 여성이라면 꼬박꼬박 피임약을 챙겨 먹으며 임신을 스스로 예방해야 하는 것도 당연해졌다. 여성이 계획에 없던 임신으로 걱정하면 상대 남자는 누구이고, 그 남자는 피임을 왜 안 했냐, 가임기라 불안하다고 말했는데도 관계를 원한 것 아니냐 등등의 질문이 나와야 하는데 "피임약 왜 안 먹었어?"라는 추궁이 등장한다.

하지만 "여성은 당연히 스스로 임신할 수 없다".[37]

　피임약 광고는 준비된 여성이라면 임신 따위를 걱정하지 않는다는 인상을 강하게 풍긴다. 2006년 피임약 광고에서 대학생 모델은 이렇게 말한다. "사랑하려면 진짜 똑똑해야 한다고 생각하잖아요. 바보같이 울고 짜고 그러는 거 다 싫어해요." 약 안 먹고 임신한 주제에 징징거리지 말라는 거다. 2017년 광고에는 '걸스데이'의 유라가 등장해 말한다. "그 사람과 어떤 사랑을 할지, 난 내가 선택해. 사랑도 완벽해야 하니까."[38] 현명한 여성이라면 준비가 철저하다는 거다. 2020년 광고에는 손담비가 이렇게 외친다. "피임약 먹는 거 나만 손해라 생각해?"[39] 상대가 비교적 사용법이 간단한 콘돔을 사용하지 않아서 부작용을 동반하는 피임약을 자신이 먹어야 하더라도, 그러니까 약의 위험성이 온전히 여자의 몫이라 해도 불공평하게 생각하지 말라는 거다. 피임약 광고에서 여성의 임신 이유는 다 핑계일 뿐이다. 성공한 여성의 자기 계발 스토리에 '피임약을 먹어 가며' 임신과 생리를 조절하면서 일을 했다는 무용담이 심심찮게 등장하는 배경이다. 그러니 약을 먹어도 혹시나 해서 불안한 여성에게, 남성은 약 먹으면 괜찮은데 무슨 걱정이냐고 대수롭지 않게 말한다.

　사후 피임약은 어떠한가. 성폭력 같은 상황에 대처하는 응급한 용도로만 여성들이 찾는 게 아니다. 인터넷에는, 특히 주말이 지나면 임신 걱정 글들이 수없이 올라온다. 생리 주기가 이러한데 피임

안 했으면 임신 가능성이 있냐, 약 처방받으면 괜찮냐는 문의가 넘쳐 난다. 한쪽이 콘돔을 사용하지 않으니 한쪽은 호르몬 용량이 일반 피임약의 수 배에 이르는 약을 먹어야 하는 거다.

인류는 정자가 질로 들어가지 않으면 임신이 불가하다는 걸 오래전부터 알았다. 정자 이동을 막고자 동물의 가죽이나 창자 껍질을 사용하는 등 역사도 길다. 콘돔은 1800년대 말에 대량생산이 이루어졌고 지금과 같은 재질을 갖춘 것은 무려 100년 전이다. 그러니 '콘돔 없어서'라는 말은 성립 불가다. '콘돔 싫어서'라는 욕망만 존재할 뿐이다. 콘돔을 사용하니 느낌이 별로라며 빼고 하자는[40] 상대 때문에 괴로워하는 이들은 지금도 넘쳐 난다. 남성은 오르가즘을 위해 무책임하게 사정하고, 여성은 사후 피임약을 찾는다. 이게 용인되는 이유는 "임신을 '초래한' 남성은 고려하지 않기" 때문일 거다.●

'스텔싱(stealthing)'은 성관계 중 상대의 동의 없이 콘돔을 빼 버리는 행위를 말한다. 레이더에 잡히지 않는 스텔스 전투기에서 '은밀하고 비밀스러운'이라는 뜻이 확장되어 지금에 이르렀다.[41] 나는 이 표현이 마음에 들지 않는데, '몰래 빼 버려도 여자들은 몰라.'라는

● 다음 표현을 참조했다. "남성이 무책임하게 오르가즘을 느끼고 있을 때만, 원하지 않은 임신이 일어날 수 있다. (…) 남성이 무책임하게 사정해서 원하지 않은 임신을 초래하지만 그런 건 안중에도 없다. 아직도 그렇다. (…) 원하지 않은 임신을 '초래한' 남성은 고려하지 않는다." 다이애나 그린 포스터, 『턴어웨이: 임신중지를 거부당한 여자들』, 김보영 옮김, 동녘, 2021, 92쪽.

남성의 그릇된 시각이 듬뿍 들어가 있기 때문이다. 스텔스 전투기가 적진에 침투해 폭격에 성공하듯이, 커뮤니티에는 스텔싱 성공 사례가 공유되기도 한다. 이게 성범죄일 수 있는지, 어떻게 처벌해야 하는지 우리나라에서도 관련 법안의 발의되었고 전 세계에서 논쟁 중이다. 갑론을박을 여기서 하진 않겠다. 분명한 것은, '이러니' 여성들이 피임약을 먹는다는 거다. 프로페셔널해서도 아니고 콘돔 없는 성관계가 좋아서도 아니다. 불안해서다.

Chapter 3

본성일까,
예속일까

화장품
강국이면
마냥 좋은가

93%

기업 인사 담당자 중
"입사 지원서 사진이
당락에 직접적인 영향을
준다"는 데 동의한 비율

*출처: 2013년 취업 포털 인크루트 조사

17% vs. 22.8%

직장인 중 외모 비하를 경험한 남성 대 여성 비율

*출처: 2022년 직장갑질119 조사

전 세계 1위

남성 1인당 연간 스킨케어 소비액 대한민국 순위
(2022년 기준 9.6달러)
*출처: 유로모니터

89%

2030 직장인 중 "외모도 경쟁력이다"에
동의하는 비율

*출처: 2019년 잡코리아·알바몬 조사

INFORMATION

86%

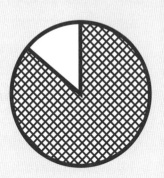

"당신은 인생에서 외모가 얼마나 중요하다고 생각하십니까"라는 물음에 '매우 또는 어느 정도 필요하다'라고 응답한 비율

*출처: 2015년 한국갤럽 '외모와 성형수술에 대한 인식 조사'

11.1% vs. 27.2%

청소년 중 얼굴 생김새로 스트레스받는 남성 대 여성 비율

*출처: 서울시여성가족재단 '2019년 서울특별시 아동 종합실태조사'

20.1%

외모 차별 경험한 초등학생 비율

*출처: 2019년 한국방정환재단·연세대학교 사회발전연구소 조사

8.9건

우리나라 인구 1,000명당 성형수술 받은 횟수

(2021년 기준 세계 1위)

*출처: 인사이더몽키

PLASTIC SURGERY

☞　　코로나19 팬데믹 기간, 텔레비전 홈쇼핑에서 마스크를 판매 중이다. 쇼호스트들은 주변에 흔하디흔한 마스크를 들고 미세먼지가 어쩌고, KF가 어쩌고를 반복해서 말했다. 전자 제품처럼 신기한 성능이 있는 것도 아니니 소개하기가 힘들었을 거다.

그런데 갑자기 목소리가 커진다. 남자 쇼호스트는 "이 마스크를 쓰면 얼굴이 작아집니다!"라고 외치면서 몸소 시범을 보인다. 여자 쇼호스트는 한술 더 떠 마스크로 가릴 수 없는 게 눈과 눈썹이다, 지금은 눈이 도드라진 시대 아니냐, 그러니 눈과 눈썹을 돋보이게 하는 마스크가 중요하지 않냐, 상대가 마스크 쓴 내 얼굴을 보았을 때 마스크 '안'을 궁금하게 만들어야 하지 않겠냐면서 흥분한다.

카메라가 얼굴을 클로즈업하자, 이들은 첫인상에 관한 잡다한 이론들을 줄줄 읊는다. 첫인상은 안 변한다, 첫인상이 좋은 사람이 성공한다, 첫인상이 안 좋으면 손해가 많다 등등의 말을 거침없이 내뱉는다.

인도인과 아프리카인 혈통을 지닌 사람이
K팝 아이돌이 될 가능성에 대한 질문에 달린
답변은 다음과 같다. "유감이지만 안 된다."

— 박소정, 「K-뷰티 산업의 피부색주의」[1]

마기꾼, 참을 수 없는
표현의 가벼움

'사회적 거리두기'가 해제되고 마스크 의무 착용이 사라지자 재미난 뉴스가 등장한다. 마스크를 벗어도 되는데, 벗질 않는 사람이 많다는 거다. 적응기가 필요하니 그럴 수 있다. 아직 안전하지 못하다고 판단해 자신과 다른 사람에게 피해를 주기 싫어서일 수도 있다. 그런데 젊은 세대들에게는 "얼굴 하관 보여 주기 싫어서"[2]가 이유랍시고 등장한다. 학교에는 마스크 벗기가 무서워 식사도 거르는 학생이 있다.[3] 일부겠지만, '마기꾼'이란 말이 꽤나 넓게 사용된 것을 보면 저 일부는 사회와 무관한 게 아니라 우리의 자화상이다.

마기꾼, 마스크를 쓴 사기꾼이라니 너무 무례한 표현이다. 마스크를 벗은 상대의 외모에 실망은 왜 하며, 실망했다고 '지금껏 마스크로 감췄냐' 따위의 빈정거림은 왜 등장할까. 누가 장난스럽게 단어를 만들었을지라도, 상식적인 사회라면 이리저리 부유하면 안 될 말이다. 그런데 한국 사회가 그러한가. 다음은 언론에 보도된 사례다.

> 초등학교 1학년생 박 모 양은 (⋯) "눈이 예쁜 친구가 있는데, 그 친구가 마스크를 벗자 다른 친구들이 '마기꾼'이라고 놀렸다"며 "마스크를 벗기 무섭다"고 말했다.[4]

이것도 일부의 반응이겠지만 많은 '사회적 결'이 내포되어 있다. 첫째, 어린이다. 외모의 중요성이 현대사회에서, 자본주의사회에서, 자신이 남보다 나아야 하는 경쟁 사회에서 존재할 수밖에 없다 하더라도 그 압박을 어린이가 받는다는 건 다른 문제다. 둘째, 마기꾼은 웃자고 하는 농담일 수 없다. 예능 프로에서는 연예인들이 자조적으로도 사용하지만, 그건 연예인이니까 가능한 것이다. 어른들의 지나친 농담은, '못생겼다고 놀림받으면 큰일' 난다는 어린이의 인식을 구축한다. 장난이 장난 그 이상의 힘으로 사회를 떠돌면 멈춰야 한다. 마지막으로, 아이들도 이미 "눈이 예쁜" 게 무엇인지 그 개념을 또렷하게 알고 있다. 마기꾼이라는 희롱 이전에 '드러난 눈과 눈썹으로' 외모가 평가되고 우열이 가려지는 어른들 세계의 색안경이 아이들 사이에도 존재한다. 설마, 태어날 때부터 지닌 기질이겠는가. '눈과 눈썹'을 강조하며 마스크를 판매하는 세상의 힘 아니겠는가. 그러니 저런 반응은 일부겠지만, 우리가 어떤 사회를 희망하는지에 따라 존재하지 않을지도 모를 일부다.

문제는 일곱 살 어린이도 느낄 정도로 외모 지상주의가 사회 전체에 깊숙이 침투하면, 사람들은 '그래서 더' 적응하는 방법을 택할 수밖에 없다는 것이다. 이때, 스스로를 피해자로서가 아니라 당당한 주체로 인식하면[5] 적응은 빨라진다. 그 순간부터 화장은, 요람에서 무덤까지 '당연히' 해야 하는 것이 된다. 젊은 여성이라면 토 달지 말고 해야 한다. 남성이라면 남성에게 어울리는, 노인이라면 노인에게 적합한, 미성년자라면 미성년자가 사용해도 괜찮은, 임신부라면 임신부 전용의 화장품을 사용한다. 말 그대로 남녀노소 불문이다. 불문이니, 질문은 필요 없는 것일까?

화장은 천 개의 얼굴을 가능하게 한다는 말이 있다. 무엇을 얼굴에 그려 개성을 표출할 수 있으니 '화장하는 사람의 수=화장으로 표현 가능한 얼굴의 수'일 거다. 세상 물정 전혀 모르는 아기들에게 화장품을 던져 주면 가지각색의 스타일이 등장할 거다. 매우 개성 있게. 하지만 아기가 아니라면 그런 개성은 허락되지 않는다. 화장은, 천 개의 얼굴을 십여 개의 타입으로 단순화한다.

일반적으로 화장은 기초 화장과 색조 화장으로 나뉜다. 피부 결을 정돈하는 기초 화장을 먼저 한 뒤 얼굴에 색을 입히는 색조 화장을 하는데, 이것은 또 피부색을 보정하는 베이스 메이크업과 립스틱 등을 바르는 포인트 메이크업의 순서로 이어진다. 단계마다 사용되는 화장품의 수는 사람마다 달라서 두세 개로 화장이 끝나는 사람도 있지만, 그 열 배가 되는 경우도 있다. 그럴수록, 그러니까 단계가 촘촘해지고 화장품이 많아지고 화장 시간이 길어질수록 사람들은 결점 없는 균질한 얼굴로 거듭난다. 화장은 목표가 뚜렷하다. 그래서 화장이 보편화될수록 사람들의 얼굴이 비슷해진다. 그러니 화장하고 싶은 욕망을 지닌 개인을 비난할 순 없지만, 그 욕망이 개성을 표현하고자 하는 본능으로 포장되는 건 경계해야 한다. 그 욕망, 화장 안 하면 욕먹는 세상이 아니라면 없었을 욕망이기에.

그 자유는 무슨 자유요?

점점 화장에 집착하는 학생들이 많아지는 현재 상황이 과연 자유를 찾아가는 적극적 개인의 모습인지에 대해서는 회의적이다. 냉정하게 말해 초등학생까지 화장에 관심을 보인다는 건 예쁘지 않다는 이유로 부끄러움을 느끼는 시점이 과거보다 빨라진 시대의 결과물이다.[6]

책 『하나도 괜찮지 않습니다: 감정 오작동 사회에서 나를 지키는 실천 인문학』에서 나는 학생들이 교칙을 문제 삼으며 '화장하게 해 달라는' 것에 쉽사리 찬성 입장을 취할 수 없는 딜레마를 위와 같이 말했다. 교칙의 문제점을 다양한 각도로 뜯어보고 토론하는 건 그 자체로 충분히 의미 있다. 무엇을 문제로 제시하느냐에 따라 여러 논쟁이 따라붙겠지만, 그 과정을 무작정 봉쇄할 이유는 없다. 과거에 학교는 두발이 길다고, 화장했다고 사람에게 '불량'이란 딱지를 붙였다. 이 괴상한 상상력에 딴지를 걸지 않았다면 어찌 세상이 좋아졌겠는가.

하지만 그 과정에서 제기된 문제가 '화장의 자유를 허하라!'라고 좁혀진다면, 복잡하다. 초등학생도 화장한다는 기사가 2000년에도 있었으니[7] 요즘 세상에 학생이 화장하는 것 자체가 낯선 일도 아니고 그걸 반대할 이유는 없다. 그러면 찬성이라는 건데, 보충 설명이 필요하다. 금지를 철폐하라는 것과 자유를 달라는 것은 같은 말처럼 들리지만, 화장 '규제'를 반대한다고 해서 화장 '욕망'을 찬성할 순 없다. 찬성하는 이유에 등장하는 '단지 아름다움을 추구하는 자유'는, '남의 눈에 추하게 보일지도 모른다'는 불안함과 두려움이 과연 상식적인가 하는 의문을 삭제한다. 그러니 그 자유는, 화장 안 할 자유에 돌아오는 곱지 않은 시선에 대한 반응이고 적응이다. 일종의 생존 전략인 거다. 그러니 쉽사리 개성으로, 섣불리 본성으로 해석될 성질이 아니다. 화장 안 하는 사람이 타인의 평가에 신경 쓰지 않을 순 있지만, 하는 사람이 그러진 못한다.

화장(化粧)의 粧은 '단장하다'라는 뜻이다. 화장품의 영어 단어 cosmetic은 우주, 질서를 뜻하는 cosmos에서 출발하는데, 코스모스의 어원 그리스어 kosmetikos(코스메티코스)는 '조화롭게 정리하다'라는 의미다. 얼굴을 전보다 괜찮은 상태로 조화롭게 변화시키는 화장은 오래된 인간의 행위다. 그래서 화장품은 다른 사물과 달리 '최초'를 찾기가 쉽지 않다. 인간이 공동체를 꾸리며 살아갈 때부터 화장이 존재했기 때문이다. 기원전 3500년 고대 이집트에서도 부와 계급을 상징하는 별도의 화장품이 있었고[8] 붉은 빛깔의 '연지'를 바른 여성은 고구려 고분벽화에서도 발견된다. 이후 시대 상황에 따라 정도의 차이와 목적의 다름은 있었겠지만 '무엇을 발라' 얼굴을 특별하게 보이게 하는 행위가 소멸된 적은 없다.

인류 공동체 역사에서 화장의 시작은 단순히 얼굴을 아름답게 치장하는 데 있지 않았다. 고대의 화장은 주로 공동체 의식을 다지거나 사회적 지위를 드러내는 수단이었다. 특히 화장은 공동체 안에서 누군가를 특별하게 해 주는 기능이 있었다. 공동체가 형성되고 커지면 지도자가 등장한다. 상황에 따라 종교적 의례를 담당하는 사람도 나타난다. 화장은 이들의 권위를 드러내는 중요한 수단이었다. 태초부터 화장은 약점은 가리고 장점은 돋보이게 하는,[9] 목표가 분명한 사회적 행위였다. '그냥' 하는 게 아니다.

"화장 별로 안 한 것 같네"는 칭찬인가, 욕인가

화장이라는 '드러내는 행위'는 철저히 사회의 통제 안에서 이루어졌다. '어릴 때는 화장했다고 욕먹고, 어른이 되면 화장 안 했다고 욕먹는 게 여자'라는 표현은 여성의 외모가 지독히도 사회와 얽혀 있음을 잘 드러낸다. 영어 단어 cosmetic이 명사로는 화장품이지만 형용사로는 '겉치레에 불과한'이라는 부정적인 수식어로 사용되고 있지 않은가. 외모가 누구에게나 중요하겠지만, 여성에게는 중요한 걸 넘어 복합적인 의미를 지닌다.

여성은 '화장을 너무 한다'와 '너무 안 한다' 사이에서 줄타기를 하며 살아야 한다. 예전에나 그랬지 지금은 그런 압박이 없다고 여길지 모르겠으나, 그 유산은 여전하다. 예를 들어 직장에서 "화장 별로 안 한 것 같다."라는 말을 상사로부터 슬쩍 듣게 되면 여성들은 그 의미가 칭찬인지, 욕인지 고민이 깊어진다. '여자들이 너무 꾸미고 그러는 거 별로야. 부담스러워. 하지만 자넨 아니군.'이라는 건지, '여자라면 관리해야지. 자네도 노력 좀 하지.'라는 건지 헷갈린다. 그러니 '화장 안 한 듯한 화장'(내츄럴 메이크업)은 화장품 세계에선 하나의 기술이고 기능이겠지만, 그 안에 배어 있는 문화의 결을 추적하다 보면 사회가 강요하는 틀에 여성이 아슬아슬하게 매달려 아등바등 적응하고 있다는 증거이기도 하다.

남자와 화장을 결합시켜도 이야깃거리는 넘친다. "남자가 무슨 화장이야?"는 오랫동안 부유한 말이다. 남자는, 얼굴까지 경쟁할 필요는 없었다는 거다. 이게 '그래서 다행', 나아가 '그러지 못하는 여성은 불행'으로 해석되고 발전하여 여자도 화장의 부담에서 벗어나는 세상을 꿈꾸는 시작이었어야 했지만 아름답게 흘러가지 않았다. '남자가 무슨' 다음에는 '그런 건 여자나'로 이어졌고, 또 그다음에는 여자들은 성격상 겉치레에 목숨을 건다 등등의 성별 고정관념만 덕지덕지 나열되었다. 요즘 세상에 '여자가 화장을 안 하면 예의에 어긋난다'는 말 같지도 않은 말을 과거처럼 자유롭게 뱉는 남자는 많이 줄었겠지만, 그 말 같지도 않은 말에 완전히 자유로운 여성은 없다. 그렇기에 지금이 '남자도 화장하고 관리받는 시대'라는 건, 여자는 말 다했다는 거다. 정말 스스로가 관리하는 것일까? 사회로부터 관리를 지시받는 것일까? 본성일까? 예속일까?

스스로 좋아서 화장하는 거라고 시원하게 말할 수 없기에 나는 'K-뷰티'이니 '화장품 강국'이니 하는 말들을 마냥 긍정하지 않는다. K-뷰티는 드라마나 아이돌 가수가 주도한 한류의 물결과 함께 성장했다. "K-뷰티의 'K'는 단순히 그 원산지로서의 한국을 표기하는 것이 아니라 한국 문화 산업이 생산한 K-드라마나 K-팝의 'K'가 의미하는 바를 항상 공유한다."[10] 그래서 화장의 목적 자체가 "흠결 없이 하얗게 빛나는 피부를 갖고"[11] 있는 한국의 연예인'처럼' 되는 것이다. 이미 국내 화장품 시장에 넘치는 미백 기능 제품들은 그런 욕망을 충족시키는 탁월한 도구다.

한국인의 미백 욕망은 오래되었다. "깨끗하고 흰 얼굴 원하세요"라는 제목으로 미백 제품을 소개하는 2001년도 기사의 첫 줄은 당당하다. "뽀얗고 흰 얼굴에 대한 여성들의 욕망은 끝이 없다."[12] 최근에는 '미백'에 대한 환상이 사라졌다고도 하지만, 여전히 방송에서는 "하얗고 순백의 느낌이다.", "원래 피부가 하얀 톤의 사람을 좋아한다." 등의 말이 오가며 논란을 야기한다.[13] '화이트닝'이 '브라이트닝'으로 대체되고 '피부 장벽 강화'라는, 전문용어 느낌을 물씬 풍기는 표현이 사용되면서 특정한 색깔을 추종하는 게 아닌 그저 자신의 피부를 건강하게 하는 게 요즘 추세처럼 언급되지만, 목적은 크게 다르지 않다. 『미백: 피부색의 문화 정치』의 저자 박소정은 서문에서 이렇게 말한다. "한국의 이상적인 아름다움의 재현은 늘 하얗고 맑은 피부를 기본으로 한다."[14] 이 기준, 무시해도 되지만 여기저기서 '피부가 푸석하네, 아파 보이네.' 따위로 말하는 걸 직간접으로 듣게 될 거다. 진짜 아파 보여서 하는 걱정이겠는가. 특정한 목표의 화장이 기본값이 되면 다른 얼굴은 단순히 다른 얼굴이 아니라, 아파 보이는 얼굴이 된다. 그러니 화장 할 수밖에 없다. 개성껏이 아니라, 틀에 맞춰서.

이 정서가 없다면 '화장품 강국'이 가능하겠는가. 화장 덕택에 무기력에서 탈출해 당당해졌고, 자존감이 높아졌고, 자신을 신뢰하고 사랑하게 되었고, 무엇이든 할 수 있다는 희망을 얻었다는 등 '구세주' 화장품을 칭송하는 영상과 간증들은 인터넷에 넘쳐 난다. 지옥이 없었다면, 아니 지옥 불의 온도가 지금만큼이 아니었다면 '한국의 대단한 화장품'도 없었다는 것 아니겠는가.

첫인상 3초 만에
모든 걸 결정하면 안 되지

첫인상 3초면 모든 것이 결정된다는 말이 한 치의 부끄러움도 없이 부유하는 세상의 모습은 기괴하다. 그게 사실이라면 한탄해야 할 게 아닌가. 자신이 그리 생각한다면 반성해야 한다. 하지만 '첫인상이 마지막 인상이다.' 따위의 말이 무슨 인생 진리인 것처럼 떠도니 모두들 노화를 막으려고 안간힘이다. 빠지는 머리카락에 한숨만 커진다. 탈모 관리를 안 했다고 '매력 없다'는 소리를, 연예인도 아닌 평범한 사람들이 듣는다. 발버둥 치는 이가 많아질 수밖에 없다. 빠질 머리는 빠지겠지만 처음엔 탈모 샴푸, 다음은 모발 영양제, 그리고 결국엔 피부과 시술에 의지해 버티고 또 버틴다. 결과가 안 좋으면 스스로를 비하한다.

첫인상에 대한 과학적 증명은 많다. 실험적으론 맞는 말이다. 큰 눈, 얼굴의 좌우대칭 등 일반적으로 이목구비가 훤칠하고 예쁜 사람들을 접한 이들에게서 객관적인 심리 변화가 관찰되는가 하면, 뇌의 특정 지점이 활성화되는 현상이 확인된다. 그런데 이런 반응이야말로 사회적 결과물 아닌가. 현대인들은 배가 고프지 않아도 음식 광고를 보다가 야식을 주문한다. 저녁을 먹고도 드라마에 라면 끓이는 장면이 나오면 냄비에 물을 받는다. 그 본능 같은 식욕, 과연 태어날 때부터 있었던 것일까? 아닐 거다. 노출되는 만큼, 경험이 반복되는 만큼 나의 뇌는 누가 라면을 먹는 걸 보는 것만으로도 배고픔을 느끼도록 반응할 뿐이다.

마찬가지로 3초 만에 사람의 모든 것을 알아볼 수 있다는 착각은, 그래도 되는 문화 속에서 무럭무럭 자란 촉이다. 처음엔 3일이었을 거고, 그게 3시간이 되었다가 30분, 3분, 3초가 되는 거다. 0.3초라고 해도 놀랍지 않다. '외모도 경쟁력'이라는 표현 뒤에는 외모조차 그리 된 것에 대한 안타까움이 이어져야 마땅하다. 머리라도 긁적거리면서, 한숨이라도 뱉으면서 우리 사회가 그러하니 어쩔 도리가 없더라는 최소한의 시늉이라도 해야 한다. 하지만 한국 사회는 그렇게 문장을 완성하지 않았다. 외모도 경쟁력이니, '가꾸자'로 끝

난다. 여기에 '별 게 다 경쟁력이네'라는 짜증이 들어올 틈은 없다. 인정해야 욕먹지 않는다. 그러니 '보이는 이미지가 중요하니 관리하라'는 말만 나부낀다. 왜 그게 중요해야 하는지에 대한 의문은 어디에도 없다.

질문이 사라진 현실에서 답은 정해져 있다. 대기업 면접장에 안경 쓰고 나타나는 여성은 잘 없다. 안 쓰는 게 그냥 답이니, 대학 캠퍼스 곳곳에는 라식·라섹 수술을 할인해 준다는 포스터가 붙어 있다. 렌즈 착용 시 눈이 예쁜 사람에게 장학금을 준다는 기이한 공모전도 있다. 초등학생이 읽는 교육 잡지에도 '여름방학 때 몸짱 되는 법'이 소개되는데, 줄넘기 열심히 하자는 수준이 아니다. 치과에서는 '외모 때문에 놀림받는다'면서 교정을 권하고, 피부과에서는 '인상이 나빠 보이는 결정적인 흉터'라면서 제거 시술을 재촉한다. 그게 현대사회에서 살아가는 법이니까.

우리가 싫어해야 할 유일한 첫인상이 하나 있다. 덥수룩한 머리, 깔끔하지 않은 수염, 단정하지 못한 옷차림, 표준에 벗어난 체형 이런 게 아니라, 그걸로 '사람의 전부'를 알 수 있다는 확신에 찬 태도 말이다. 그런 인상을 풍기며 타인을 멋대로 재단해도 아무렇지 않은 곳에서, 화장은 결코 본성과 자유의 단어로 설명될 수 없다. 외모의 변화를 통해 세상에 적응하려는 행위에 '인간 본성'이라는 꼬리표가 붙으면, 외모에 대한 편견으로 힘들어하는 사람들의 문제는 그저

'개인이 못난 탓'에 불과해진다. 그런데 이 본성이라는 게 실제는 본상(像), 즉 원래 생김새를 부정하는 것 아닌가. 그러니 본성이라고만 하지 않았으면 좋겠다.

'탈코르셋'이라는 말이 있다. 보정 속옷인 코르셋을 벗는다는 의미로, 특정한 기준을 의식해 신체를 '보정해야만' 했던 여성들이 이를 벗어나려는 움직임을 뜻한다. 사용하던 화장품을 버리고 사진을 인증하면서 이 운동에 참여하는 이들이 있다. 페미니즘의 대한 입장은 사람마다 다르고, 또 탈코르셋 운동이 성차별을 해소하는 데 효과가 있는지에 대한 의문도 많다. 그러니 찬성이든 반대든 각자의 자유다. 하지만 '왜 이런 퍼포먼스'가 등장하게 되었는지는 왜곡 없이 이해해야 하지 않을까? 우리는 여전히, "같은 말을 해도 예쁜 사람이 하면 더 신뢰가 가지."라는 말이 인생 진리라면서 떠돌아다니는 세상에 살고 있단 말이다.

Chapter 4

편리해졌고,
끔찍해졌다

지금처럼 일하면
플라스틱
못 줄인다

500년

플라스틱 칫솔이 분해되는 시간

(전 세계 연간 칫솔 사용량은 230억 개)
*출처: 세계야생동물기금

12억 3,100만 톤

2060년에 예측되는 전 세계 플라스틱 사용량

*출처: 경제협력개발기구OECD, 『전 세계 플라스틱 전망 보고서』(2022)

225톤

2020년 국내 하루 평균 폐의류 발생량

*출처: 환경부·한국환경공단, 「2020년 전국 폐기물 발생 및 처리 현황」

70만 개

옷 한 벌 세탁할 때 배출되는 미세 플라스틱 수

*출처: 영국 플리머스대학 리처트 톰슨 연구 팀(2016)

INFORMATION

1조 8,000억 개

태평양 쓰레기 섬에 있는
플라스틱 쓰레기 수

53억 개

2020년 팬데믹 당시 사용된
국내 플라스틱 컵 개수
*출처: 그린피스, 「플라스틱 대한민국 2.0 - 코로나19 시대,
플라스틱 소비의 늪에 빠지다」

3억 5,300만 톤

2019년 전 세계 플라스틱 폐기물 발생량
(2000년 1억 5,600만 톤에 비해 두 배 이상 증가)
*출처: 『전 세계 플라스틱 전망 보고서』(2022)

약 306배

지난 70년간 전 세계 연간 플라스틱 생산량 증가 수치
(1950년 150만 톤→2019년 4억 6,000만 톤)
*출처: 『전 세계 플라스틱 전망 보고서』(2022)

9%

전 세계 플라스틱 쓰레기 중 재활용되는 비율
*출처: 『전 세계 플라스틱 전망 보고서』(2022)

RECYCLE

☞　　　2022년 9월 26일, 미국 항공우주국[NASA]은 소행성이 지구로 접근하면 궤도를 바꿀 수 있는지를 실험하고자 1,100만 킬로미터 떨어져 있던 소행성 디모르포스에 무게 570킬로그램인 우주선을 시속 2만 2,000킬로미터로 충돌시켰다.[1] 놀랍지 아니한가. 저 먼 곳의 소행성 위치를 아는 것도 신기한데, 거기로 우주선을 보내, 마하 18의 속도로 충돌시킬 수 있는 인류란 정말 대단하다. 만약 30년 후에 거대한 소행성이 지구와 충돌한다고 해도, 우리는 공룡처럼 당하지 않을 거다. 다 죽는 걸 아는데도, 인간이 30년 동안 가만 있겠는가.

"플라스틱 제품은 (…) 사용이 끝나면 분해가 어렵고, 처리 과정에서 유독 물질이 나오는 골칫덩이로 바뀐다." 1990년 8월의 기사다.[2] 40대 중반인 내가 초등학교 6학년 때다. 1999년에는 인류의 생존을 위협하는 수준이라고 경고 수위가 강해진다.[3] 왈가왈부 찬반 토론도 없었다. 온난화는 과장이라든가, 지구는 평평하다든가 하는 이들도 있지만 플라스틱 쓰레기 문제가 지구촌 숙제라는 걸 부정하는 사람은 없다.

해법은 찾았을까? "1950년부터 2017년까지 전 세계 플라스틱 생산량은 174배 증가했으며 2040년에는 다시 2017년의 두 배에 육박하는 플라스틱이 배출될 것으로 전망된다."[4] 차라리, 모두가 화성으로 이주하는 게 더 빠른 해법일지 모르겠다.

호모사피엔스는 플라스틱으로
특별하게 이득을 본 유일한 종족이다.

— 미힐 로스캄 아빙, 『플라스틱 수프: 해양 오염의 현주소』[5]

플라스틱 사용하더니,
플라스틱 인간이 되었네

알람이 울린다. 나는 플라스틱 케이스에 끼워진 휴대폰을 집으며 눈도 뜨기 전에 플라스틱과 접촉한다. 메시지를 확인하는 내 눈과 액정 사이에는 플라스틱으로 만든 보호 필름이 있다. 플라스틱 리모컨을 들고 텔레비전을 켜 뉴스 채널을 맞춘 후 씻는다. 분해되는 데 500년이 걸린다는 플라스틱 칫솔을 들고[6] 플라스틱 컵을 이용해 양치를 한다. 그러니까, "1930년대에 첫 등장한 플라스틱 칫솔은 지금도 썩지 않았다."[7] 전 세계에서 1년에 230억 개의 칫솔이 사용된다고 하니[8] 지구 땅속에 묻혀 있는 칫솔의 개수는 '조' 단위일 거다. 변기에 앉는다. 엉덩이와 물 사이에는 플라스틱으로 만든 변기 덮개가 있다. 플라스틱 통에 담긴 샴푸, 린스, 바디 워시를 이용해 샤워를 한다. 플라스틱 수납장에서 속옷을 꺼낸다. 플라스틱 재질의 드라이기, 플라스틱으로 감싼 플러그, 역시나 플라스틱으로 덮은 콘센트. 머리 말리는 데만 플라스틱을 세 번 만난다.

아침 식사를 준비한다. 재료를 하나 꺼내면 그게 포장지이든 무엇이든 플라스틱 쓰레기 하나가 발생한다. 플라스틱 반찬 통에서 이것저것 꺼낸다. 먹고 남은 상추는 영어로 'plastic bag'인 비닐봉지에 넣는다. 서재로 와서 앉는다. 의자의 플라스틱 팔걸이에 팔을 올린다. 플라스틱 없이는 만들 수 없는 컴퓨터, 키보드, 마우스를 만진다. 키보드를 빤히 쳐다본다. 플라스틱이 없으면 한 글자도 쓸 수가 없다. 선풍기의 플라스틱 버튼을 누르며 선풍기를 빤히 쳐다본다. 플라스틱 재질을 떼어 내면 무엇이 남을까 상상한다. 나사 몇 개와 모터, 그리고 피복이 벗겨진 전선 몇 가닥뿐이다. 점심 식사는 플라스틱 통에 담겨서 배달된 죽으로 했다. 플라스틱 작은 용기에 포장된 젓갈 맛이 일품이다. 사용하지 않은 플라스틱 수저는 모아 둔다. 결국에는 야외 활동을 하면서 쓰거나 버린다. 이사 때마다, '환경을 생각해서 쓰지 않은' 수저를 왕창 버리곤 했다.

플라스틱 옷걸이에 걸린, 한 번 세탁할 때마다 70만 개의 미세 플라스틱이 배출된다는[9] 옷을 입고 집을 나선다. 플라스틱으로 만든 카드를 이용해 버스를 타고 플라스틱 버스 손잡이를 잡는다. 플라스틱 재질로 감싼 하차 버튼을 누르고 내린다. 버스든, 승용차든, 기차든, 비행기든 당신이 무엇을 타든 플라스틱이 없었다면 지금보다 중량이 많이 나갔을 테니 훨씬 늦게 목적지에 도착했을 것이다. 편의점에서는 수백 개의 플라스틱 용기 사이에서 플라스틱 생수병을 고른다. 바코드 찍는 기계, 결제기 등 플라스틱을 거치지 않고 물건은 계산되지 않는다. 마트에 간다. 비닐 없이, 플라스틱 용기 없이, 여기서 나올 수 없다. 계산 금액에 비례해 그 양도 늘어난다. 플라스틱은 1,000가지 용도의 물질이라고 불리는데, 실제는 더 많이 사용된다. 누구나 하루에 1,000번은 접촉할 거다. 플라스틱 없는 삶이란 존재하지 않는다. "플라스틱은 처음 등장한 때로부터 약 1세기, 인류 사회 전반에 사용되기 시작한 때로부터는 반세기 정도 만에 인류 전체를 중독시키는 데 성공했다."[10]

이 중독은 진짜 중독이기도 하다. 사람 혈액에서 플라스틱에 첨가하는 프탈레이트가 검출되었다는 게 1972년이다.[11] 그런데 지금도 프탈레이트는 이렇게 뉴스를 장식한다. 조산 위험을 높인다,[12] 자궁근종 위험을 높인다,[13] 당뇨병을 유발한다[14] 등등. 아마 사용되는 한 논란은 끊이지 않을 것이다. 미세 플라스틱을 혈액 속에서 발견했다는 연구[15]는 놀랍지도 않다. 우리는 '플라스틱 없이는 살아갈 수 없는 인간'을 뜻하는 호모 플라스티쿠스(Homo plasticus)가 되었다.

악(惡)이 된 신의 선물[16]

1863년, 당구공 재료인 상아를 대체할 물질을 알려 주는 사람에게 상금 1만 달러를 주겠다는 광고가 《뉴욕타임스》에 등장한다. 여기저기서 과학 좀 한다는 사람들이 새로운 소재를 발명하고자 고군분투했는데, 인쇄공이었던 존 하이엇John Hyatt은 열을 가하면 다양한 모양을 빚을 수 있고 열이 식으면 견고해지는 물질 '셀룰로이드(Celluloid)'를 선보인다. 충격 시 폭발 위험 때문에 당구공으로는 사용되지 않았지만 안경, 단추, 만년필, 주사위 등에 쓰이면서 인기를 얻었다. 특히 획기적인 필름 재질로 인정받으며 영화계 발전에 큰 영향을 미쳤다. 이 물질의 특허가 인정된 1869년은 플라스틱이 처음 등장한 연도로 종종 소개된다.

상업용 플라스틱의 탄생은 1907년으로 언급되는데, 이는 천연수지인 셀룰로이드를 대체하기 위한 최초의 합성수지가 이때 등장해서다. 화학자 리오 베이클랜드Leo Baekeland는 페놀과 포름알데히드를 합성하여 폴리옥시벤자일메틸렌글리콜란하이드리드(polyoxy-benzylmethylenglycolanhydride)라는 인공 플라스틱을 발명한다. 이 긴 화학명은 베이클랜드가 '제너럴 베이클라이트'라는 회사를 만들어 플라스틱의 상용화를 추진하면서 '베이클라이트(Bakelite)'라 불리게 되는데, 절연성과 내열성이 우수해 전자 제품에 널리 사용되었다. 그 덕에 많은 물건들이 가벼워졌다. 또 저렴해졌다. 인류의 삶은 그 전과 같을 수가 없었다.

'생각한 대로 만들 수 있다'는 뜻인 그리스어 플라스티코스(plas-tikos)와 라틴어 플라스티쿠스(plasticus)에서 유래한 단어 플라스틱은 인류의 공통어가 되었고, 20세기의 선물이자 최고의 발명품이란 찬사를 받는다. PS, PVC, PET, PC, POM 등등의 무궁무진한 플라스틱 종류에서 알 수 있듯이 지난 100여 년 동안 과학자들은 더 효율적인 합성 물질을 만들고자 노력했다. 1963년에는 폴리에틸렌(PE) 개발에 크게 공헌한 이유로 이탈리아와 독일의 과학자가, 2000년에는 전도성 플라스틱을 개발한 미국과 일본의 과학자 세 명이 동시에 노벨 화학상을 수상했다. 전도성 플라스틱 덕택에 현재 유기발광다이오드(OLED) 분야의 개발이 한창이다. '구부러지는' 스마트폰도 이 기술로 가능하다. 가까운 미래에는 전자 제품 속 금속이 사라질지도 모른다. 얼마나 가벼워지겠는가.

이 가벼움은 정말로 가벼워서이기도 하고, 번거로움을 단번에 해결하는 가벼움이기도 했다. 그래서 사람들은 좋아했다. 미국의 보도사진 전문 잡지 《라이프Life》는 1955년 8월 1일 자 표지를 이렇게 장식한다. "쓰고 버리는 삶: 일회용품이 가사의 허드렛일을 줄여 준다(Throwaway living: Disposable Items Cut Down Household Chores)" 쓰고 즉시 버리려면, 손쉽게 쓸 수 있는 수준이어야 하고 돈 걱정으로 버리는 걸 망설여서도 안 된다. 싸고 좋아야 한다. 플라스틱이 이를 가능하게 했다. 플라스틱으로 접시도, 포크도 다 만들었고 가격도 저렴했다.* 플라스틱이 어찌 사람들의 일상 안으로 들어오지 않을 수 있었겠는가. 당시 라이프지의 표지를 보면 묘한 기분이 든다. 하늘에서 일회용 접시, 포크, 컵 등이 비 오듯 쏟아지고 네 명의 가족이 이를 두 팔 벌려 환영한다. 아래엔 쓰레기통이 있는데 떨어지는 물건들이 가득 담겨 있다. 지금 시점에 이 사진을 주고 무엇을 의미하는지를 묻는다면 십중팔구 (플라스틱의 무분별한 사용을) '경고하는', '풍자하는', '비판하는' 등등의 해석이 붙었을 것이다. 하지만 1955년엔, 그렇지 않았다. 던져야 될 질문을 빠트린 이후 세상이 어떻게 변했는지는 다 안다. 뒤늦게 질문은 던졌지만 답 찾기를 미뤘던 이후, 지구가 어떻게 변했는지는 다 안다.

'플라스틱의 역습'이 무엇을 뜻하는지 설명할 필요는 없다. 플라스틱과 공존하는 인간들이, 플라스틱이 필요 없는 동물들까지 '플라스틱화' 시킨 사진은 누구에게나 익숙하다. 비닐봉지를 뜯고 있는 북극곰, 코에 빨대가 박힌 거북이, 향유고래의 몸속에서 나온 엄청난 플라스틱 쓰레기 사진 등등. 미세 플라스틱은 에베레스트 정상에

●   당시 라이프지의 기사는 플라스틱 일회용품을 애용하자는 캠페인성 광고로서의 의미도 지니고 있다. 제2차 세계대전 이후, 물자 절약의 분위기 속에 사람들은 일회용품마저도 재사용하곤 했다. 에이미 레더, 「자본주의는 왜 플라스틱과 비닐을 좋아할까」, 《노동자 연대》 343호, 2020. 11. 11.

서도, 남극의 눈 속에서도 발견된다.[17] 태평양 한가운데 있다는 거대한 쓰레기 섬을 뜻하는 Great Pacific Garbage Patch(태평양 거대 쓰레기 지대)는 아예 줄여서 'GPGP'로 통용된다. 이 사진을 보고 '무슨 상관인데.'라고 반응하는 냉혈 인간은 없다. 그곳에 플라스틱 쓰레기가 약 1조 8,000억 개가 있단다.[18] 이걸 듣고 '어찌 되겠지.'라고 중얼거리는 용감한 사람은 없다. "2050년 바닷속에 물고기보다 플라스틱이 더 많을 것",[19] "최고 심해 마리아나해구에서도 비닐봉지 쓰레기 발견"[20] 등의 표현은 환경 포럼에서 인사말처럼 등장한다. 저 두 사실은 플라스틱의 비극을 선명하게 말해 준다. 플라스틱은 너무 견고해 심해에서도 멀쩡하다. 그래서 재활용을 수십 년 전부터 외쳐 왔지만, 바다를 보라. 그렇게 해결될 문제인지.

삶이 피곤하면 플라스틱이 편리하다

많은 이들이 분리수거를 잘하면 되는 것 아니냐고 하겠지만, "우리는 쓰레기가 어디로 가는지에 전혀 관심이 없"다.[21] 분리수거했다고 재활용되는 게 아니다. 실제 재활용률은 20퍼센트 정도에 불과하다.[22] 10퍼센트대로 추정하는 전문가들도 있다.[23] 즉석밥이나 다회용 플라스틱 용기처럼 OTHER 표기가 있는 플라스틱은 복합 재질이기에 재활용되지 않는다. 비닐이 혼합되어도 마찬가지다. 색이 들어간

샴푸 용기 등도 어렵다.[24] 화장품의 경우 분리수거한들 90퍼센트가 소각된다.[25] 사람들은 자신들이 분리수거를 잘하면서 종량제 봉투 사용도 절약하고 환경오염도 줄인다고 생각하겠지만, 냉정하게 말해 '돈을 지불하고' 종량제 봉투에 버려야 할 것들을 무단으로 투기하고 있는 셈이다.

OECD 보고서에 따르면, 전 세계 플라스틱 쓰레기 중 재활용되는 비율은 고작 17퍼센트다. 그런데 이 수치는 지금이 아니라 2060년 예상치다. 2019년도 상황은 이렇다. 재활용 9퍼센트, 소각 19퍼센트, 매립 49퍼센트, 잘못된 관리(해양투기 등) 22퍼센트.[26] 이 수치에 대해서 재활용 기술이 생겨나기 이전에 배출된 플라스틱까지 포함되었다는 의문도 있다. 또한 애초에 수명이 길게 설계되어, 버리지 않고 오랫동안 사용 중인 플라스틱 제품을 단순히 재활용되지 않았다고 보기에는 무리가 있다는 지적도 있다.[27] 그렇다 하더라도 원래의 엄청난 쓰레기에 다시 쓰레기가 추가된다는 사실은 변하지 않는다. 어떤 이야기든 오염 속도가 과거보다 약간 느려지는 것이지, 지구는 계속 더러워진다.

기술이 천지개벽하여 모든 플라스틱이 재활용되어도, 지구는 계속 더러워진다. 플라스틱을 재활용하는 과정에서 미세 플라스틱이 발생하기 때문이다. 한 연구에 따르면 처리되는 플라스틱의 13퍼센트에 달하는 무게의 미세 플라스틱이 강과 바다로 흘러간다. 처리장 근처 공기에서도 미세 플라스틱이 검출된다.[28] 재사용(reuse)과 재활용(recycle)도 중요하지만 생산량 감소(reduce)로 문제를 풀어야 하는 이유다. 쉬울까? 수요가 있는 곳이라면 반드시 공급이 발생하는 자본주의의 속성을 고려할 때 '플라스틱을 필요로 하지 않는 삶'이 우리에게 가능할까?

"오늘은 식사 준비 하기 싫다.", "오늘은 더 이상 설거지 못하겠다." 등등의 푸념은 살면서 누구나 뱉거나 들었을 말이다. 개개인의 사정으로 피곤한 일이 이어지다 보면 제일 귀찮은 게 요리하고 치우는 것 아니겠는가. 그러니 플라스틱이 배출된다. 여기서 중요한 질문이 등장한다. 우리는 '힘들어서' 플라스틱이 '편안'하다. 그런데 이 힘듦이 우리네 삶이라면? 이 사회에서 살아남기 위해 매일을 전투적으로 살아가야 하는 게 당연하다면?

노동시간 단축의 중요성을 다루는 책 『오버타임: 팬데믹과 기후위기의 시대, 더 적게 일하는 것이 바꿀 미래』에서는 노동시간이 긴 사람은 탄소 배출량도 많다는 연구를 소개하며 환경문제의 본질을 짚는다. 노동시간을 4분의 1로 줄이면 탄소 배출도 30퍼센트 준다. 이는 플라스틱 안 쓰기 캠페인보다 더 중요한 게 있음을 알려 준다. 그 바람직한 캠페인에 왜 사람들이 적극적으로 참여를 못 하는지에 관심을 가져야 한다는 말이다. 휴식이 늘고, 그래서 꼼꼼하게 장볼 여유가 생기고, 요리 후 뒷정리를 천천히 해도 아무런 지장이 없는 삶이라면 쓰레기는 저절로 준다. 힘들면, 만사가 귀찮다. "새벽같이 출근하고 늦은 밤에야 퇴근해서 요리를 하기에는 너무 피곤한 나머지 배달 음식이나 전자레인지에 넣고 돌리기만 하면 되는 간편식, 혹은 비닐에 겹겹이 싸인 포장 음식으로 끼니를 때우"는 게 일상이 된다.[29] 당신은 안 그런가? 안 그럴 수 있다고 생각하는가?

일상이 지치면, 일상 안에 '기후'라는 단어를 무게감 있는 준거점으로 설정할 수가 없다. 대학에서 십수 년간 강의했던 나는 시험 기간만 되면 '엉망이 되는' 캠퍼스를 자주 보았다. 평소였으면 안 먹을 음식도 그땐 더 먹고, 평소였으면 잘했을 분리수거도 그때는 귀찮아지지 않았겠는가. 나 역시, 하루가 어찌 가는지 모를 때에는 설거지를 제때 못한다. 그러니 곳곳에 종이컵과 플라스틱 용기가 돌아다닌다. 우리는 일시적인 편리함으로 상시적인 힘듦을 겨우겨우 버티고 있다. 자본주의가 플라스틱을 어찌 좋아하지 않을 수 있겠는가.

세계 곳곳에는 저렴한 가격으로 생필품을 구매할 수 있는 할인 매장이 있다. 유럽에는 1유로 샵, 일본에는 100엔 샵, 미국에는 달러트리가 있다. 그리고 한국에는 안 가 본 사람이 없다는 '다이소'라는 매장이 있다. 그곳은 플라스틱 천국이라고 할 수 있을 정도로 대량의 일회용품들이 즐비하다. 사람들이 찾기 때문일 거다. 그러니 플라스틱을 사용하지 '않는' 사람들이 많아지길 기대한다면, 사용하지 '않아도' 괜찮은 사람들이 많은 사회를 희망해야 한다.

아마존의 환경 파괴를 세상에 알리다가 농장 지주에게 암살당한 노동자이자 환경 운동가 시쿠 멘지스Chico Mendes가 말하지 않았던가. 계급투쟁 없는 환경 운동은 단지 정원 가꾸기에 불과하다고(Environmentalism without class struggle is just gardening). 과격한가? 계급, 투쟁이란 단어를 붙들고 해석하진 않겠다. 중요한 건, 불평등에 찬성하고 경쟁을 찬양하면서 환경을 걱정해 봤자 효과가 없다는 거다. 불편한 자본주의와 싸우는 게 불편하다면, 차라리 이 모든 환경 걱정은 음모론에 불과하다고 믿는 게 솔직하다. 능력 없는 사람은 도태되어도 마땅하다고 여기면서 본인이 종이컵 사용을 자제할 순 있지만, '그러면서' 일회용품 없는 세상을 꿈꾸는 건 망상이다.

환경을 생각한다는 착각

환경을 지독히도 생각한다는 카페에서 개최한 친환경 물품을 파는 장터 행사에 자원봉사로 참여한 적이 있었다. 곳곳에 '제로 웨이스트'라는 문구가 나부꼈다. 일회용품은 없었다. 뒤풀이 자리에서 돌아가며 소감을 주고받는데, 모두가 플라스틱 배출을 하지 않는 비법을 말하기 바빴다. 내 차례가 되었다. 앞으로 잘하겠다고 머리만 긁적거리면 혼날 것 같아서, 소심하게 실천하고 있는 평소의 노력을 말했다. "저는 옷을 거의 사지 않아요."

진짜다. 사질 않으니 버리는 옷도 별로 없다. 심지어 잘 빨지도 않는다. 대단한 이유가 있어서가 아니다. 어디에 소속되지 않은 채 주로 집에서 글만 쓰고 살다 보니 그렇게 되었지만 결과적으로 난 환경을 아꼈다. 선진국에서 버려진 옷이 다른 나라에서 쓰레기 산이 되어[30] 토양과 수질을 오염시키는 사실을 보자. 잘 버리지 못해서인가? 아니다. 옷을 너무 많이 사서다. 우리나라에서 발생하는 폐의류가 하루 225톤이다. 공장에서 버려지는 폐섬유가 하루 1,089톤이다. 하루가 저 정도다.[31] 그런데 이 빌어먹을 세상에서 무시 안 당하려면 옷을 많이 사야 한다. "옷 입은 것만 보면 그 사람을 알 수 있다"는 무례한 말은 얼마나 흔한가. 그러니 산다. 비슷한 옷이 있어도 산다. 유행이니까, 신상이니까, 어울리니까, 열심히 살았으니까, 기분 전환이 필요하니까, 중요한 날이니까, 무시당할까 봐, 괜한 오해받기 싫으니까 등등 이유는 차고 넘친다. 요약하자면, 옷이 문제가 아니라 옷 하나에 기분이 달라지는 현대인의 시선과 태도, 그리고 그걸 유도하는 이 자본주의 시스템을 의심하지 않고서 환경은 개선될 수 없다. 이런 맥락들을 압축해서 전하면서 마무리 발언을 했다. "환경을 살리려면, 자본주의는 어쩔 수 없다는 그 선을 확 넘어야 합니다!"

분위기는 일순간 썰렁해졌다. 어이없다는 신호의 숨소리가 공기를 파고든다. 눈빛들이 보내는 바는 명확했다. 왜 이상한 소릴 하냐. 그때, 날카로운 말이 튀어나온다. "네~, 그래서 작가님은 항상 같은 옷만 입고 다니셨구나. 하하하."[32]

초면인 사람에게, 게다가 도움을 주러 온 사람에게 이런 면박을 줄 수 있는 건 환경과 자본주의의 결합을 황당하다고 여기기 때문일 거다. 현대사회의 환경문제는 그 원인이 현대사회에 있지만, 이를 건드리면 선을 넘은 사람이 된다. 그래서 늘 겉만 핥는다. 우리는 자본주의에 익숙해진 결과로써 환경 재앙을 목격하고 흥분하면서도, 자본주의를 붙들고 흔들지 않는다.

그 결과, 인류는 새로운 지질시대를 '스스로' 만들었다. 지구의 46억 년은 '누대(eon)-대(era)-기(period)-세(epoch)-절(age)'로 구분되는데, 지금은 '현생누대 신생대 제4기 홀로세 메갈라야절'에 해당하고 1만 1,700년 전부터 홀로세(Holocene)가 이어지고 있다. 그런데 이 홀로세가 끝나고 인류세(Anthropocene)에 접어들었다는 이야기가 심심찮게 나온다. 언제 공식 인정 해야 하는지 과학자들의 토론이 한창이다. 인류세는, 인간의 행위가 지질구조 형성에 깊숙하게 개입했음을 뜻한다. 처음에는 그만큼 환경오염이 심각하다는 것을 알리고자 언급되었는데, 지질학계는 2009년부터 여러 지역을 표본으로 정해 연구를 진행 중이다. 2024년 3월 5일, 국제지질과학연맹International Union of Geological Sciences, IUGS은 6주간의 논의 끝에 66퍼센트의 반대로 인류세 도입을 부결했다.[33] 이는 아직 논의가 더 필요하다는 것이지, 인간의 욕심이 야기한 지질 변화를 부정하는 게 아니다.

어느 순간, 퇴적물에서 콘크리트와 방사능 물질이 유의미하게 발견되고 있다. 심지어 닭 뼈도 새 시대를 대변한다. 1년에 650억 마리가 전 세계에서 도계되어 그 뼈가 땅속에 묻히니, "공룡 뼈가 트라이아스기부터 백악기를 대표하는 화석이 된 것처럼, 닭 뼈는 인류세를 대표하는 화석이"[34] 될지도 모른다.

"인류세의 가장 확실한 특징은 플라스틱이다."[35] 지난 2014년, 캐나다 연구진들은 '플라스틱 암석'에 관한 내용을 학술지에 게재했다.[36] 여러 플라스틱이 녹고 썩거나 소각된 잔재가 다른 돌, 흙, 모래와 엉키면서 하나의 돌덩어리가 되었는데, 이 암석을 '플라스티글로머릿'이라고 부른다. 먼 훗날엔 지금 이 시대가 '플라스틱기(plastic age)'로 기록될 수도 있지 않겠는가.[37] 인류세의 시작이 1950년 전후부터라는 것에 많은 과학자들이 동의하는 것도[38] 핵무기 사용 등의 이유와 더불어 플라스틱 대량생산, 대량소비가 이때부터이기 때문이다. 조만간 '칫솔 암석'도 발견될 거다. 그만큼 뿌렸으니 말이다. 앞서 1955년에 라이프지가 '쓰고 버리는 삶'을 위해 플라스틱을 찬양했는데, 우리는 '지구를' 쓰고 버릴 직전에 이르렀다. "임박한 세상의 종말에 대한 경종"[39]은 매해 울리고 있다.

1950년대 이후 가장 승승장구하고 있는 무적의 논리가 무엇인가? 바로 자본주의 경제체제다. 플라스틱으로 사람들은 하루를 좀 더 편하게 보내고, 그 덕에 미친 듯이 일하며 버틴다. 그러다 피곤해지니, 다시 편하고 싶다. 이 악순환의 고리를 끊으려면, 우리의 문제 제기가 플라스틱에서 벗어나야만 한다. 대나무 칫솔과 나무 도마를 사용하고, 용기를 이용해 음식을 직접 받아서 집으로 오는 등등의 실천을 하는 이들도 많음을 잘 안다. 하지만 플라스틱 문제에서 '누가' 더 환경적인지는 중요하지 않다. '누구나' 환경적이어야 한다. 하지만 이 세상에서는 '누구만' 환경적일 수밖에 없다.

Chapter 5

약 주고,
병 주고

진통제를
먹었는데,
왜 마약에
중독되나

1,652%

6년간 미국 LA 카운티 지역의 펜타닐 과다 복용 사망자 수 증가율

(2016명 109명→2022년 1,910명)
*출처: LA카운티 보건국

42만 2,605명

2011~2021년 미국에서 오피오이드 독성으로 인한 비의도적 사망자 수
*출처: 미국 질병통제예방센터

220명

2021년 미국의 하루 평균 오피오이드 관련 사망자 수
*출처: 미국 국립약물남용연구소

45조 9,500억 원

옥시콘틴 판매로 제약 회사 퍼듀파마가 20년간 올린 수익

13조 1,200억 원

퍼듀파마 오너가(家)인 새클러 가문의 재산

INFORMATION

62년
아편과 모르핀을 재료로 만든 '윈슬로 부인의 진정 시럽'이 판매된 기간 (1849~1911년)

295만 명
우리나라에서 1년간
마약류 진통제를 한 번이라도
투여받은 환자 수
(2020년 3월~2021년 2월)
*출처: 식품의약품안전처, 「마약류 진통제
'안전 사용 도우미 서한' 온라인 제공」(2021)

7,655매
국내 환자 A 씨가 3년간 혼자 병원에서 처방받은 펜타닐 패치의 양
*출처: 서울중앙지검 마약범죄특별수사팀

16만 정
국내 의사 B 씨가 자신에게 1년간 '셀프처방'한 마약성 진통제
옥시코돈의 양
*출처: KBS 단독 취재(2023)

0.002그램
펜타닐 치사량

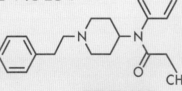

FENTANYL

☞   영화 〈벤 이즈 백〉(2018)은 약물중독자 아들과 어머니의 이야기다. 아들은 어릴 때 스노보드를 타다가 다쳐 의사로부터 처방받은 진통제를 먹고 중독자가 되었다. 우연히 만난 의사에게 어머니가 "비참하게 죽길 바란다"면서 악담을 퍼붓는 장면은 '아파서 병원 갔다가' 약물에 중독된다는 것의 황망함을 짐작케 한다.

미국 드라마 〈돕식〉(2021)과 〈페인킬러〉(2023)는 제약 회사 퍼듀파마가 마약성 진통제 옥시콘틴을 허가받고, 유통시키고, 광고하는 모든 과정에 얼마나 큰 부정을 저질렀는지를 사실에 기반해 드러낸다. 모두 동명의 논픽션 책에 기반했다. 돕식(dopesick)은 약물(dope) 중단 시 겪는 고통(sick), 그러니까 금단증상을 뜻한다. 페인킬러(painkiller)는 말 그대로 통증을 죽여버리는 것, 즉 진통제를 뜻한다.

같은 소재, 같은 주제의 다큐멘터리도 많다. 〈죽음의 진통제The Pharmacist〉(2020), 〈세기의 범죄The Crime of the Century〉(2021), 〈낸 골딘, 모든 아름다움과 유혈 사태All the Beauty and the Bloodshed〉(2022)는 마약성 진통제 중독과 이로 인한 끔찍한 일상이 어디서부터 시작되었는지를 선명하게 짚는다. 모두가 아파서 병원에 갔고, 의사가 처방한 알약을 먹었을 뿐이다. 만병통치약인 줄 알고.

오늘날 우리는 인간이 만든 두 가지 유행병 때문에
죽어 가고 있다. 바로 담배와 처방약이다.

— 피터 괴체, 『위험한 제약 회사: 거대 제약 회사들의 살인적인 조직범죄』[1]

괜찮다고 했잖아!

마약성 진통제인 오피오이드(opioid)는 아편(opium)에서 유래한 단어다. 극심한 고통을 겪는 말기 암 환자, 절단 환자에게 처방된다. 몇 년 사이 오피오이드 계열의 모르핀, 옥시코돈, 하이드로코돈, 펜타닐 등을 소재로 한 작품들이 많아졌다. 작가 정보라의 SF 스릴러 소설 『고통에 관하여』(다산책방, 2023)는 부작용 없고, 중독성 없는 진통제 'NSTRA-14'가 등장하면서 가능해진 '고통이 소멸된 사회'에서 어떤 일들이 벌어지는지 철학적 질문을 던진다. 언론 인터뷰에서 저자는 소설에 영감을 준 현실을 이렇게 짚는다. "1980년대는 길거리 마약이 미국의 골칫거리였지만 지금은 환자들이 의사로부터 처방받은 마약성 진통제 때문에 고통받고 있다."[2] 이라크전쟁 참전으로 얻은 외상 후 스트레스 때문에 간 정신과에서 옥시코돈을 처방받아 약물에 중독되고, 그 이후 헤로인에 빠져들어 나중에는 빚을 갚고자 은행 강도까지 되는 (톰 홀랜드 주연의 영화로도 제작된) 니코 워커의 자전적 소설 『체리Cherry』(Knopf, 2018)[3]에 대한 《뉴욕타임스》의 평은 이렇다. "오피오이드 확산을 그린 단 하나의 초상화."

'오피오이드 에피데믹(opioid epidemic)'이라는 말까지 등장했다. 마약성 진통제가 전염병처럼 퍼져 나가기 때문이다. 그렇다면 우리는 다음의 이해할 수 없는 광경을 어떻게 이해해야 하는가. 필라델피아 켄싱턴 거리의 마약 중독자들 모습이라는 영상을 보았을 때, 나는 공포 영화 촬영 중인 줄 알았다. 좀비처럼 걷고 있거나 너부러져 있는 수십 수백 명의 마약 중독자들은 지금껏 보아 왔던 장면에 비해 훨씬 집단적이고 공개적이었다. 몇 명이 골방 소파에서 흐느적거리는 수준이 아니었다. 필라델피아만의 문제가 아니다. LA, 시애틀 등 미국 전역에서 "몸을 90도로 앞으로 숙인 채 비틀거리는 사람이"[4] 넘쳐 난다. 마약은 음지에서 돌고 도는데, 오피오이드 남용 문제는 양지에서 시작되었다. 저 "심각한 약물은 불법적 경로가 아니고 의사 처방이라는 합법적 경로로 유통되었다".[5]

의사가 나쁜 마음으로 처방한 것도 아니다. "의사들은 환자의 통증을 치료하기 위해 자신들이 최선을 다하고 있다고 진심으로 믿었다."[6] 의사들은 제약 회사가 후원해서 만들어 의사들에게 공짜로 배포하는 잡지의, 중독성이 없다는 정보를 의심하지 않고 "경미한 통증과 고통에도 오피오이드를 처방"했다.[7] 양지에서 싹튼 수요가 넘쳐 나니, 음지에서 불법 약물 '헤로인'이 공급되는 악순환이 이어졌다. 그런데 '영웅적'이란 뜻인 독일어 '헤로이슈(heroisch)'를 끌고 와 '약 중의 영웅'이란 뜻으로 작명한[8] 이 헤로인(heroin)도 제약 회사 바이엘이 '중독 없고 안전하다'며 1898년에 정식으로 출시해, 논란이 생기고 퇴출될 때까지 30년 가까이 유통된 오피오이드다. 심지어 초기에는 기침약으로 누구나 살 수 있었다. 판매가 금지되었을 땐, 이미 수많은 의존자들이 생긴 뒤였다. 중독 효과가 검증된 "이 시장은 현재까지 유지되고 있다".[9] 마치 마약 중의 영웅처럼.

헤로인은 모르핀보다 안전하다고 해서 인기를 얻었다. 1800년대 초에 등장한 이 모르핀도 처음에는 아편이 지닌 부작용은 없이 장점만을 지녔다는 이유로, 역시나 신의 선물이란 소릴 들었다. 1860년대 미국 남북전쟁에서 "병사들의 필수품"[10]이었던 모르핀의 어원은 그리스신화에서 꿈의 신으로 알려진 '모르페우스(Morpheus)'다. "고통을 줄이며 꿈꾸는 듯한 기분을 준다"고 해서다.[11] 하지만 꿈에서 깨어나면 원래의 고통보다 더한 고통이 찾아오기에, 계속 약을 먹고 꿈만 꿔야 하는 악순환이 발생했다.

정말 꿈나라에 들게 해 주면서 유행한 약도 있다. '윈슬로 부인의 진정 시럽(Mrs. Winslow's Soothing Syrup)'이라고 알려진 인기 의약품이 초래한 의학 사고 역시 '허가받은' 약을 사 먹고 벌어진 일이다. 1849년 미국의 샬럿 윈슬로Charlotte Winslow 부인이 만든 이 시럽은 이 앓이에 힘들어하는 아이들을 편안하게 잠들게 해 주는 약으로 엄청난 화제가 되었다. 쉽게 말해, 아이가 밤에 숙면을 하도록 도와주는 약이다. 힘들게 살아가는 부모 입장에선 아이가 잠이라도 푹 자주는 게 얼마나 고마워겠는가. 하지만 순식간에 아이들이 꿈나라로 갔던 건, 이 시럽의 재료가 모르핀이었기 때문이다. 그 부작용을 모르니 간호사였던 윈슬로 부인도 마약 성분의 약물을 쉽게 구해서 이 시럽을 개발했고, 의사도 자주 처방했으며, 나아가 여러 문제가 발생해도 그 약이 원인인 줄 몰랐다. 이게 알려져서 퇴출될 때까지 진정 시럽은 60년간 약국에 전시되었다.

제약 회사가 길거리 마약상이었다

기적의 진통제가 알고 보니 사람 죽이는 진통제가 되는 이 반복적인 시행착오가 인류가 달에 다녀온 지 수십 년이 지나서도 여전하다니 놀랍다. 21세기가 시작된 지 한참 되었지만, 같은 이유로 많은 이들이 죽었다. 미국 질병통제예방센터Centers for Disease Control and Prevention, CDC에 따르면 "2011년에서 2021년 사이에 오피오이드 독성으로 인한 비의도적 사망자는 42만 2,605명"에 이르렀다. 10년 사이 3.8배 증가한 수치다.[12] 오피오이드 오남용이 시작된 1990년대 말부터 추적하면 숫자는 더 끔찍할 거다. 미국의 국립약물남용연구소National Institute of Drug Abuse, NIDA의 자료에 따르면 미국에서는 2021년에만 10만 6,669명이 약물 오남용으로 사망하는데, 이 중 무려 75퍼센트인 8만 411명이 오피오이드 관련 사망자다.[13] 매일 220명이 목숨을 잃었다. 단지 의지 부족한 개인의 문제겠는가. 미국 사회에서 총기 사고가 고질적인 문제라는 건 다들 알 거다. 그 숫자가 1년에 4만 8,000명(2022년), 하루 평균 133명이다. 참고로 교통사고 사망자 수가 4만 5,000명(2022년)이다.[14] 오피오이드 문제가 왜 '사회적'인지는 선명하다.

2017년 도널드 트럼프Donald Trump 미국 대통령은 '오피오이드와의 전쟁'을 선포하고 강력한 정책을 펼쳤다. 당시 오피오이드 남용으로 인한 사망자 수는 4만 명이 넘었는데, 이는 2010년의 2만 명에 비해 두 배가 넘는 수치였다. 이후 몇 년간은 증가 폭을 이전보다 완만하게 억제했다. 하지만 2021년 수치에서 알 수 있듯이 코로나19 바이러스로 인한 팬데믹 현상이 발생하자 사망자 수는 급증한다. 경제적으로 힘들어지고, 심리적으로 무너지니 유혹의 벽은 일순간에 낮아진다.[15] 중독은, 그전의 단계로 돌아가는 게 너무 어렵다. 더구나 그게 명백히 사회적인 이유로 형성된 것이라면 개인의 굳은 결심만을 강조해서는 답을 찾기 어려울 거다.

오피오이드 남용은 심지어 미국인들의 기대수명조차 앞당겼다. 2014년 78.9세였던 기대수명은 2016년 78.6세로 0.3세 낮아졌고 이후 회복세를 보이며 2019년 78.8세까지 올라갔는데 2020년 77세, 2021년 76.4세로 다시 낮아졌다. 코로나 바이러스로 인한 사망자가 증가해서이기도 하겠지만, 언급한 것처럼 이 시기 오피오이드 관련 사망자가 급증한 것도 고스란히 반영되었다.[16] 안 아프려고 먹는 약이, 사람들의 수명을 앞당겼다는 거다. 그것도 21세기에.

오피오이드와의 전쟁이 실패한 건 아니다. 미국의 주와 카운티에서는 여러 제약 회사와 의약품 유통 업체, 약국 체인 등을 상대로 수천 건의 소송을 걸었고 현재까지도 대규모 손해배상 소송이 진행 중이다. 피고 기업들은 수백 억 원에서 수조 원의 합의금을 지불하기로 약속했다.[17] 이 과정에서, '옥시콘틴'(옥시코돈을 주성분으로 하는 약 이름)을 유통시킨 제약 회사 퍼듀파마는 합의금 낼 능력이 안 된다며 파산 결정을 한다. 60억 달러(약 8조 2,700억 원)를 내는 대신 다른 소송을 면제받는 조건이었다. 이를 법원이 수락했는데, "60억 달러짜리 면죄부"[18]라는 비판이 일자 법무부의 요청에 따라 연방 대법원은 결정을 보류했다(2024년 중 최종 판결 예정).[19] 퍼듀파마는 옥시콘틴의 위험성을 축소한 혐의로 이미 2007년에 6억 달러가 넘는 벌금형을 받은 전적이 있지만 이후에도 거짓말과 로비를 멈추지 않았다.

이 기업을 향해 미국의 국립중독및약물남용센터^{National Center on Addiction} and Substance Abuse 대표는 이렇게 말했다. "거리의 마약상과 똑같다."[20]

퍼듀파마는 새클러^{Sackler}가(家) 소유였는데, 이들 일가는 전 세계의 유명한 미술관이나 박물관에 막대한 후원을 하며 이미지 세탁을 해 왔다. 그래서 새클러 박물관, 새클러관, 새클러 윙, 새클러 갤러리 등은[21] 예술 좋아하는 사람들에겐 익숙한 이름이다. 다큐멘터리 〈낸 골딘, 모든 아름다움과 유혈 사태〉는 손목 수술 후 옥시콘틴 처방을 받고 마약까지 흡입하다 재활원에 들어가서야 겨우 중독에서 벗어난 사진작가 낸 골딘^{Nan Goldin}이 새클러 가문의 비리를 알리며 미술계의 각성을 촉구하는 투쟁기다. 골딘은 미술관을 돌아다니며 기습 시위를 벌여서 이 문제를 널리 알렸다.[22] 지금껏 나쁜 돈을 받아서, 나쁜 사람이 좋은 일 하는 것처럼 포장해 준 미술관과 박물관은 최근에야 그 흔적을 지우고 있다.[23]

한 사람이 펜타닐 패치 7,655매를 처방받다

그러나 오피오이드의 흔적은 지워지지 않는다. 구하던 게 안 구해지면, 사람들은 포기하지 않고 다른 것을 찾는다. 얀센제약의 창업자 폴 얀센^{Paul Janssen}이 1959년에 개발한 펜타닐이 '새로운' 약 중의 왕이 되었다. 영화 〈헤어질 결심〉(2022)에서 송서래(탕웨이 분)가 고통스러워하는 자신의 어머니를 살해했음을 밝히며 "원하던 방식으로 보내 드렸어요. 펜타닐 캡슐 네 개면 되죠."라고 말할 때 그 펜타닐이다. 기적의 진통제라며 칭송받았던 이 약은 의사의 손을 벗어나면 마약이 된다. 식물성 원료를 추출할 필요도 없기에 식물 재배에 필요한 시간을 단축시킬 수 있고, 화학물질 조합만으로도 대량생산이 가능하기에 '합성 마약의 끝판왕'이라고 불린다. 펜타닐 이전의 왕인 헤로인의 진통 효과가 이전 오피오이드인 모르핀의 수십 배 수준인데, 펜타닐의 효과는 이 헤로인의 수십 배 수준이다. 그래서 뾰족한 연필심 위에 겨우 올릴 정도의 2밀리그램 양으로도 사람이 죽으니 '치명적인 마약'이다. 미국에선 청장년층 사망 원인 1위가 바로 펜타닐 복용이라는 주장이 심심찮게 등장한다. 중독이 원인이 되어 자살이나 추락 등의 각종 사고로도 이어지기에 정확한 집계가 어렵다는 걸 감안하면 단정할 순 없지만, 이게 중대한 위험 신호라는 걸 어떤 전문가도 부정하지 않는다.[24]

미국에서 펜타닐은 주로 중국에서 몰래 들여온 연료로 만들어지기에 첨예한 외교 문제이기도 하다. '신 아편전쟁'이라고 할 정도다. 실제로 펜타닐은 거리에서 중국 소녀(China girl), 하얀 중국(China white) 등의 은어로 거래되기도 한다.[25] 중국만이 아니라 멕시코에서도 제조되어 마약 카르텔을 통해 유통된다.[26] 미국은 늘 중국과 멕시코 탓을 하지만, 그보다 미국 내 '수요'가 엄청나다는 게 모든 것의 시작일 거다.

펜타닐은 한국에서도 부상 중이다. 세 측면으로 짚을 수 있다.

첫째, 약 자체의 중독성이다. 약이 미국 사람, 한국 사람 가려 가며 중독성이 생기는 게 아니니 당연하다. 병원에서 의사의 진단과 처방에 따라 오피오이드를 복용하다가 내성이 생겨 "자신도 모르는 사이 중독된 '비자발적 마약 중독자'들"[27]이 되는 경우가 한국에도 있다. 이는 고령화로 인해 말기 암 환자가 많아졌고, 오피오이드 자체가 질병의 "완치가 아니라 연명 치료 등 환자가 편하게 지낼 수 있도록 도와주는 게 목적"[28]이기에 사용량 증가에 따른 피할 수 없는 부작용이다.

둘째, 마약 대용으로 펜타닐이 인기를 끄는 경우다. 펜타닐을 다른 용도로 사용하는 외국의 사례가 한국에서도 모방된다. 2021년 5월, 경남 창원에서 10대 청소년 40여 명이 펜타닐을 상습적으로 흡입하다가 적발된 일이 있었다.[29] (펜타닐 패치에 열을 가해 발생하는 연기를 흡입하는 식이다.) 이들은 병원을 돌아다니며 "허리가 아프다"거나 "곧 수술을 한다"면서 펜타닐을 처방받고 이를 마약용으로 사용하거나 거래했다.[30] 2023년에는 "3년간 16개 병원에서 펜타닐 패치 7,655매를 처방받아 다른 사람에게 판매"[31]한 사람이 구속되기도 했다. 이 사람 한 명에게만 304회에 걸쳐 펜타닐 패치 4,800매를 처방한 의사도 기소되었다. 미국과 흡사하다. 미국에서 오피오이드가 남용될 때, 병원 들어갈 때는 아픈 척하다가 병원 나와서는 약 구했다고 좋아하는 사람들이 수두룩했다. 이들은 약을 복용하고 좀비가 되고, 깨어나서 다시 처방받는 걸 반복하다가 죽어 갔다.

마지막 셋째로, 한국 사회에 마약 사범이 증가하는 것은 '오피오이드 접근성'이 달라진 것과 무관하지 않다. 대검찰청이 발행한 『2022 마약류 범죄 백서』에 따르면 우리나라의 마약 사범은 2022년 기준 1만 8,395명인데 이는 2018년 1만 2,613명에 비해 45퍼센트나 급증한 숫자다. 2010년도 초에는 1만 명을 조금 상회하는 수준이었다. 실제 마약류 압수 현황에서 펜타닐은 모르핀, 옥시코돈, 양귀비 종자와 함께 기타로 분류되어 있는데, 이 기타 수치는 헤로인이나 코카인보다 훨씬 높다.[32]

당신은, 아닐까?

마지막으로 한국 사회가 오피오이드가 남용될 토대를 충분히 갖췄다는 점을 말하고 싶다. 물론, 많은 이들이 우리나라가 미국처럼은 되지 않을 거라고 생각할 거다. 미국은 인구수가 전 세계의 5퍼센트 미만임에도 전 세계 처방 약품 시장을 50퍼센트 가까이 차지하고 있을 정도로[33] '약을 쉽게 구할 수 있는' 구조지만, 한국은 그 정도는 아니니 말이다. 편의점에서 가정상비약 수준의 일반 의약품을 판매하게 되는 과정에서 '남용을 우려한' 의사와 약사들의 반대가 많았을 정도로 우리나라의 의료 시스템은 상당히 보수적인 것이 사실이다.

하지만 오피오이드가 앞에 없으니 지나친 걱정이라고 할 수 있을 뿐, 구하기 쉬워도 한국인들은 불굴의 의지가 있으니 저리 되지 않을 거라고는 말하기 어렵다. 다음 두 조건을 경험해 봤다면 이해될 거다. 지독히도 아파 보았다면, 그리고 아픈들 일상을 잠시라도 멈출 수 없다면.

내가 그랬다. 내게, 진통제는 빛과 소금이다. 휴대폰을 깜빡하고 집을 나설 때는 있지만 진통제 챙기는 건 잊지 않는다. 2019년 이후, 진통제를 먹은 날이 먹지 않은 날보다 훨씬 많다. 여기저기 많이, 계속 아프다. 그날의 아침은 생생하게 기억난다. 응급실을 가도 전혀 이상하지 않을 아픔이었다. 하지만 일을 취소할 수는 없어서 당장 진통제를 찾았다. 아니 골랐다. 나는 통증의 강도와 결에 따라 적절한 진통제를 얼마나 먹어야 최대 효과를 내는지 무수한 경험으로 잘 안다. 괜히 적게 먹었다가 안 먹으니만 못한 효과에 고통스러웠던 날들이 얼마나 많았던가. 그래서 권장량 경계선을 아슬아슬하게 지키며 최대치를 먹는다. 역시나, 진통제는 배신하지 않는다. 이 약발, 짜릿하다. 아플 때의 몸도 내 몸이 아닌 것 같지만, 진통제 효과가 잘 들 때의 몸도 내 몸이 아닌 것 같다. 따뜻한 모래 위에서 찜질을 하는 기분이다. 참고 버틸 수 있겠다는 생각이 든다. 그래서 이동했고, 강연했다. 아는 독자가 말한다. "작가님, 오늘 기분이 되게 좋아 보여요." 역시나다. 그리고 언제나다. 진통제는 배신하지 않는다.

진통제가 무슨 환각 증세로 이어져 기분이 좋아 보였던 게 아니다. 나는 내성도 없고 중독성도 없는 평범한 진통제를 약간 과하게 집중적으로 먹었을 뿐이다. 그렇다고 죽는 거 아닌가 했던 통증이 온전히 사라진 것도 아니다. 단지 지옥 같은 고통이 완화되는 그 순간이 너무 좋았다. 아침에는 '이러다가 일도 못하는 거 아닌가.'라고 걱정했지만, 진통제 몇 알에 '이렇게 일하면서 살면 되겠네.'라고 안심하게 되니 표정 관리를 할 수 없었다. 통증이 1에서 2가 되고 3이 되고 4가 되다가 약 먹고 3이 되고 2로 줄어드는 이 경험이 긍정적으로 기억되면서 나는 질병을 대하는 태도가 달라졌다. 하루하루 살아가는 게 급한 나는 통증의 원인을 정확히 진단하기 위해 몇 주씩 낭비할 수 없다. 수술이라도 해서 몇 개월을 허비할까 봐 두렵다. 그러니 약으로 버틴다. 하지만 시간이 지나면 아픔의 강도와 빈도는 높아지고 잦아진다. 그때는 더 강한 진통제를 처방받기 위해 병원을 간다. 이런 내게, 의사인 친구가 말한다. "너, 미국에 살았으면 죽었을 거다."

농담이 아니다. 나의 상태는 미국 사회에서 오피오이드가 퍼져 나갔던 원인과 겹친다. 옥시콘틴은 '힐빌리 헤로인(hillbilly heroin)'이라고 불렀다.[34] 힐빌리는 시골에 사는 가난한 백인 사람을 가리킨다. 헤로인과 마찬가지의 효능을 내는 진통제를 찾는 '급한' 사람이 시골에 많았다는 거다. 나처럼, 원인을 정확하게 찾아서 꼼꼼하게 치료하는 것보다 일단 '통증 감소' 효과에 급급한 이들이 오피오이드에 중독되었다. 오피오이드는 고통을 어떻게든 참으려는 '사회적 버릇'이 존재하는 곳에 쉽게 침투했다. 그 버릇, 한국에 많으면 많았지 적진 않을 거다.

미국의 병원에서는 아픈 사람에게 통증이 숫자로 어느 정도인지를 집요하게 물었다. 1990년대 초 미국 제약 회사들이 '통증은 중요한 생명 신호(Pain is a Vital Sign)'라는 캠페인을 벌인 결과다.[35] 기존에는 호흡, 체온, 심장박동이 활력징후를 대표했는데 여기에 '통증'을 추가한 거다. 열이 나면 체온을 회복하는 게 중요하듯이 통증이 있으면 무조건 줄이는 게 의료 지침이 되면서 오피오이드는 여기저기서 처방된다. 환자들은 어제 느꼈던 통증 5가 오늘 3으로 줄어들었으니 '잘 회복되는 줄' 알았다. 이 '통증의 수치화'는 나에게 너무 익숙하다. 나는 내가 설정한 통증 수치에 따라 진통제를 복용한다. 그래서 어제 1이 오늘 2가 되면 3이 되기 전에 약을 먹는다. 3이 2로 되지 않으면 약을 바꾼다. 그리고 2가 되면 안심한다. 이 통증 수치는 개인이 느끼는 고통의 주관성을 이해하기 위함이겠지만, 나는 그 수치에 일희일비하면서 진통제를 더 빨리 찾는 습관을 가지게 되었다. 일이 있다면 반드시 해야만 하는 내게, 잠시 멈추고 천천히 인생을 걷는 게 너무나 불안한 내게, 진통제는 동반자가 되었다. 미국에 안 사는 게 천만다행 아닌가.

굳이 끄집어낼 필요 없는 개인적 이야기를 구구절절 하는 이유는 오피오이드 문제를 보다 사회적인 차원에서 바라보자는 거다. 우리는 약물중독자를 비난하는 문화 속에 살고 있다. 그런 문화를 '이용한' 제약 회사 때문에 미국에서 오피오이드 남용은 제때 제어되지 못했다. 오피오이드의 중독성이 하나둘 알려지자 제약 회사는 '중독성 성격(addictive personality)'이라는 용어를 적극적으로 사용한다.[36] 중독이 될 사람만 중독된다는 신호를 퍼트리기 위해서였다. 그러면 중독자는 '나는 그럴 사람이었지…'라고 스스로를 탓하고, 그 중독자를 향해 다른 이들은 '저럴 사람이었지!'라며 욕만 하기에 문제의 사회적 공론화는 어려워진다.

노벨 경제학상 수상자 앵거스 디턴Angus Deaton과 프린스턴대학교 명예교수 앤 케이스Anne Case가 제시한 절망사(deaths of despair) 개념은 한국 사회가 오피오이드 문제를 어떻게 고민해야 하는지 실마리를 준다. '절망사'는 사람들이 죽는 선택, 혹은 죽을 수도 있는 나쁜 선택을 하는 원인에 무엇이 있는지를 보고자 한다. 저자들은 저학력 백인 하층 노동자의 생애에 주목한다. 이들은 제조업이 버텨 줄 때는 그럭저럭 먹고살지만, 경제 위기가 닥쳐오면 속수무책으로 무너진다. 당연한 소리겠지만, 이 당연함 다음에 '오피오이드 중독'이 이어진다. 중독에 휩쓸리지 않는 것은 일차적으로 개인 의지의 문제지만, 그 의지는 절망의 크기에 반비례하여 쪼그라든다. 그래서 사회적이다. 저자들은 절망사를 다룬 책『절망의 죽음과 자본주의의 미래』한국어판에서 한국의 자살률과 미국의 절망사는 배경이 비슷하다며 이렇게 묻는다. 한국인들이 '사회적 안식처(social mooring)'로부터 단절되지는 않았는지.[37] 그런데 나는 이렇게 묻고 싶다. 그런 게 존재는 하냐고. 당신에겐 있는가?

은밀하게
위대하게,
일상을
파고든

두 번째 이야기

결코 과소평가하지 마라. 큰 집단 속 바보들의 힘을.

Never underestimate the power of stupid people
in large groups.

— 코미디언 조지 칼린George Carlin

Chapter 6

찍혀서
안심이고,
찍히니
불안하다

CCTV,
그다음은
무엇일까

1,023%

**2008년 대비 2022년
공공기관 CCTV 설치 대수 증가 폭**

(2008년 15만 7,197대→2022년 160만 7,388대)
*출처: 통계청

1971년

**우리나라 최초의 공공 CCTV를 설치한 서울시 경찰국
교통정보센터가 만들어진 해**

10만 8,000건

**2014년부터 2018년까지 CCTV를 활용한
실시간 범인 검거 수**

*출처: 경찰청, 「2014년 CCTV 활용 실시간 범인 검거 현황」

3년 이하의 징역 또는
3,000만 원 이하의 벌금

CCTV를 다른 목적으로 사용 시
개인정보보호법 72조에 따라 받게 되는 처벌

CCTV CRIME

INFORMATION

618대

서울 지역 1제곱마일(2.6km²)당 공공 CCTV 대수
(중국 제외 세계 2위)
*출처: 컴패리텍

59.4%

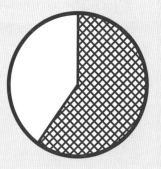

'직장에서 CCTV를 이용해 작업장이나 생활 공간 등을 촬영하고 있다'고 답변한 노동자 비율
*출처: 진보네트워크센터, 「디지털 노동 감시 실태 조사 및 법 제도 개선 방안」(2021) 내 설문 조사

2015년

영유아법 개정으로 어린이집에 CCTV 설치가 의무화된 해

67.2%

유치원 CCTV 설치에 반대하는 교사의 비율
*출처: 「아동 학대 예방을 위한 유치원 및 어린이집 환경 조성 방안」(2022) 내 설문 조사

☞　　인터넷에는 "점장이 CCTV로 근무 태도 지적하는 거 불법 아닌가요?"라는 질문이 넘쳐 난다. 혼자 있는데, 점장으로부터 온 문자에는 "짝다리 짚지 마라.", "휴대폰 볼 시간에 청소나 해라." 등이 찍혀 있다. 요약하자면 '다 보고 있다' 아니겠는가. 명백한 불법이다. 물론 관리자가 노동자에게 충분히 요구할 수 있는 것들이다. 문제는 '어떻게'다. 혼자 있는데 누가, 그것도 공중에서 지켜본다는 걸 알면서도 능동적으로 일하는 건 불가능하다. 우연적인 행동 하나하나가 어떻게 해석될지 모르기에 불안하다. 관리자가 간수가 되고 노동자가 죄수가 되면, 노동의 가치는 사라진다. 하지만 이게 왜 문제냐면서 "CCTV로 근태 살펴보는 게 불법이냐"는 관리자들의 하소연 역시 많다. 이들도 처음엔 그런 목적으로 설치하지 않았음을 잘 안다. 하지만 '카메라가 있으면' 보고 싶어진다. 불법인 줄 알지만, 있으면 보고 싶다. 아니 '감시하고' 싶다.

감시는 기술에 의존한다.

— 로빈 터지, 『감시 사회: 안전장치인가, 통제 도구인가?』

양날의 검

한 어린이집에서 아이의 손가락이 현관문 아래에 끼이는 사고가 발생한다. 순식간이었다. 바깥 놀이 외출을 준비하던 중, 교사는 한 명씩 차례대로 신발을 신기고 현관에서 한 줄로 기다리게 했는데 어느 아이의 목도리를 누가 잡아당긴다. 교사가 제재하는 순간, 그 옆의 다른 아이는 호주머니에서 사탕을 꺼내다가 떨어트린다. 아이가 몸을 숙이는 순간 문이 열린다. 모든 게 1초 사이에 벌어졌다. 갑자기 열린 문틈에 꼼짝없이 손가락이 끼인 아이는 울고, 문을 움직이려니 손가락이 절단될 것 같다. 119 구급차가 바로 왔고 아이는 응급실로 갔다. 신경을 다치진 않았다. 천만다행이었다.

교사는 심장이 두근거려 일을 할 수가 없었다. 좀 전까지 함께 놀던 아이에게 위험한 일이 발생했으니 당연했다. 부모에게 연락을 해 '죄송하고 미안한 일'이라고 말하는 것도 감정적으로 고된 일이다. 다행히 다른 교사들이 안심시킨다. CCTV를 확인하니, 교사 부주의가 아닌 게 분명하니까 자책 말라며 위로한다. 원장은 문 관리를 느슨하게 한 책임은 자신에게 있다면서 교사의 짐을 덜어 준다.

부모 중 A는 CCTV 확인 후 이 사고가 말 그대로 안타까운 사고였다고 받아들였다. 따지자면 교사 수가 부족한 것이었는데, 그렇다고 어린이집이 기준을 지키지 않은 것도 아니었다. 규정대로 해도 교사가 모두의 1초까지 책임지기에는 무리가 있었다. CCTV에 찍힌 교사는 조금도 딴짓을 하지 않았다. 사고를 인지하고 119를 부르고 부모에게 연락하기까지 주저함이 없었다. 정신이 없는 가운데도 교사는 교육받은 대로 움직였다. 구급차가 올 때까지 바닥에 누워 아이와 눈을 마주치고 계속 말을 걸었다. 평소 아이와 잘 놀아 주는 교사의 진정성을 알기에, A는 더 이상 문제 제기를 하지 않았다. CCTV 덕분에 교사는 안심했고 부모도 속상함을 괜한 오해로 분출시키지 않았다. CCTV 안 봤으면, 죽을 때까지 '저들이 무엇을 감추고 있는 게 분명하다'면서 의심하고 교사를 싫어했을지도 모른다.

하지만 B는 욕을 했다. 관리가 왜 이 모양이냐면서 고함을 질렀다. CCTV로 그날 전체를 보겠다고 우겼다. 이 경우 그럴 필요성에 관한 심의와 다른 보호자들의 동의를 받고 열람 날짜를 서로 협의하는 등 상당한 절차가 필요하지만 법적 조치를 하겠다, 구청에 신고하겠다고 말하는 B를 더 이상 자극할 수 없어서 어린이집은 열람을 결정한다.

'내 눈은 못 속여!'라면서 어떻게든 교사의 흠결을 잡아내겠다는 B의 눈에는 많은 것들이 거슬렸다. 일반적인 어린이집의 평범한 모습도 다 문제였다. 미끄럼틀 앞에서 자기 아이 순서가 얼떨결에 뒤로 밀리자, 이는 교사가 아이에게 관심 없다는 증거가 되었다. 식사 시간에 남은 브로콜리 한쪽을 마저 먹으라며 교사가 다시 수저를 쥐어 주는 장면은 '싫다는데 강제로'라는 추임새가 붙으며 '학대 아닌가?' 하는 억지 상상력으로 이어졌다. 아이들의 취침 시간에 교사는 휴대폰 알림장 앱을 통해 약을 언제 먹였고 오늘 변 상태가 안 좋으니 체크 바란다 등의 정보를 작성하는데 이 모습은, '폰만 보고 있음'이라면서 납작하게 정의되었다. 그러면서 사고의 원인을 자의적으로 찾았다. 영상에서 교사는 사고 순간 0.1초 정도 웃고 있었다. 다른 아이에게, 이런저런 주의를 주던 순간이었다. 이게 '사고 순간에도 웃고 있는 교사'로 둔갑한다.

말도 안 되는 주장이지만 놀라운 건, B가 기어코 이 CCTV 화면을 멋대로 편집해 자신이 주도적으로 활동하는 인터넷 커뮤니티에 '아이 손가락이 절단 날 뻔했는데도 책임이 없다는 어린이집과 뻔뻔

한 교사'라는 자극적인 제목으로 공유하니 그걸 본 사람들도 비슷하게 생각한다는 거였다. 앞뒤 없이, 맥락 없이, 그리고 고의적 해석이 들어간 단어가 조합되어 사진이든 영상이든 전달된다는 건 이토록 무서운 일이다. 화면이 전부가 아닌데 화면이 전부가 되면, 사람의 진정성 따위를 이해하려 하는 건 쓸데기 없다. 게다가 자신이 무조건 피해자라고 생각하면, 지켜야 할 규정들을 무시한다. CCTV 영상을 마음껏 보는 것, 불특정 다수에게 공유하는 것은 다 불법이다. 하지만 본인을 가장 억울한 존재라 확신하면, 배 째라식으로 행동한다. 어떻게든 가해자를 찾아 망신 주고 응징하는 걸 정의라 착각한다.

CCTV가 당신을 보살피겠어요!

1993년 2월 12일 오후, 영국 리버풀의 대형 쇼핑몰. 정육점 앞에서 엄마는 2분 남짓 아이의 손을 놓는다. 그사이 아이는 연기처럼 사라졌다. 엄마는 주변에서 아이가 놀고 있을 거라 생각하고 보안 요원과 함께 찾아다녔다. 두어 시간 샅샅이 수색을 하고 근처 미아 보호소까지 확인을 했지만 아무런 소득이 없자 엄마는 경찰에 신고한다. 아이의 이름은 제임스 벌저 James Bulger, 1990년 3월생이었으니 아직 세 번째 생일이 지나지도 않았다.

경찰은 CCTV를 확인하고 깜짝 놀란다. 단순 실종인 줄 알았는데, 화면에 등장한 아이는 누군가의 손을 잡고 외부로 나가는 것 아닌가. 납치라면 한시가 급하다. 그런데 놀랍게도 아이 곁에 슬쩍 다가와 살갑게 말을 건네며 손을 잡는 이는 열 살 남짓 된 소년이었다. 아이가 아이를 납치했단 말인가? 배후가 있을까? 아이가 멋모르고 누군가를 데려가 다정하게 노는 경우도 있기에 벌저의 부모는 최악의 일은 발생하지 않을 거라는 희망을 가졌다. 하지만 이틀 후 벌저는 실종 장소로부터 4킬로미터 떨어진 기찻길에서 몸이 절단된 채 발견된다. 열차에 치여서 사망한 것처럼 보였지만 부검 결과 원인은 외부 충격으로 인한 두개골 골절이었다. 가해자들은 벌저를 죽인 후 열차 사고로 위장했다.

영국이 들썩였다. 모든 신문의 1면에는 납치범들의 모습이 담긴 CCTV 화면이 등장했다. 당시 CCTV는 화질이 좋지 않아 대략적인 윤곽만이 드러났지만 제보가 쏟아졌다. 전문가들은 의상, 걸음걸이 등을 분석했다. 며칠 후 범인들은 체포된다. 배후는 없었다. 끔찍한 살인을 저지른 이들은 갓 열 살을 넘긴 동갑내기 존 베너블스Jon Venables와 로버트 톰프슨Robert Thompson이었다.

제임스 벌저 사망 사건은 영국 사회에 CCTV가 널리 보급되는 결정적인 계기가 되었다.[2] 영국은 1994년부터 범죄 예방용 CCTV를 대거 설치한다. 그전까지 교통관제용 외에는 축구장 훌리건 난동 같은 '위험이 예상되는' 장소 위주로 설치되던 CCTV가 '모든 곳'으로 확대된다. 당시 정책 슬로건이 'CCTV: Looking out for you'였는데, 'CCTV가 (나쁜 일이 생기지 않도록) 당신을 보살피겠어요!'라는 메시지는 CCTV를 둘러싼 오래된 논쟁인 개인 사생활 노출에 대한 우려를 긍정적으로 전환시켰다.

1996년 영국 던블레인의 한 초등학교에서 무장 괴한이 난입해 총기를 난사한 사건 이후에도,[3] 2005년 7월 런던 지하철·버스 자살 폭탄 테러 이후에도[4] CCTV 설치가 확대된다. 끔찍한 사고의 용의자가 CCTV를 통해 추정되고, 추적되는 여러 번의 과정을 통해 영국 국민들은 "사실상 일거수일투족을 감시받는 셈이지만 사생활 침해에 대한 우려보다는 거리의 안전을 우선시"[5]하게 되었다.

영국은 CCTV가 많기로 유명하다. CCTV 집계는 민간에서 설치한 개수를 파악하기 힘들고 공공기관의 범위가 나라마다 달라 정확하다고는 할 수 없지만, 언론이 주로 인용하는 보안 업체 컴패리테크의 데이터에 따르면 영국은 늘 상위권에 이름을 올린다. 2020년 통계에 따르면[6] 1,000명당 CCTV 수가 영국 런던은 세계 3위였다. 20위 안의 도시 중 두 곳만이 중국이 아닌데, 영국이 그중 하나다.[7] 중국을 제외한 2023년 자료에서도 런던은 인구 1,000명당 및 단위면적당 CCTV가 많은 도시 열 곳 중 하나에 이름을 올렸다. 유럽에서 영국 말고는 러시아만이 순위에 있으니 영국의 상황은 분

명 특별하다.[8]

중국이 CCTV가 많은 이유에는 영국처럼 '탁월한 범죄 해결'에 대한 국민적 신뢰가 존재한다. 물론 열네 개의 나라와 국경을 마주하고 있는 지리적 특성, 그리고 소수민족들을 감시해 온 역사 및 오래된 공산당 지배 체제의 강압성으로 인해 CCTV가 다른 사회에 비해 큰 논쟁 없이 확대된 측면이 크다. 하지만 범죄자를 '잡아 주는' 효능이 입증되지 않았다면 불가능했을 거다. 제목에서부터 현대인과 CCTV의 관계를 잘 압축하고 있는 책『행복한 감시 국가, 중국: 디지털 기술과 선택 설계로 만든 '멋진 신세계'』를 보면 중국인들이 감시의 위험성보다 유용성에 크게 의미를 두게 된 결정적인 계기로, 2017년 선전시 룽강구에서 벌어진 유괴 사건 당시 최첨단 AI 감시 카메라를 활용해 아이를 하루도 되지 않아 찾아낸 것이 언급된다. 중국은 2015년부터 첨단 CCTV 2,000만 대를 구축했다.[9] 과거처럼 경찰이 CCTV 화면을 하나하나 직접 보면서 증거를 찾는 게 아니라, AI가 사전에 인식한 용의자와 닮은 사람을 화면에서 알아서 '빠르고도 정확하게' 찾아내니 이는 더 늘려야 하는 도구이지 논쟁할 게 아니었다. 직접 체험에 나선 영국 BBC 기자가 옷도 바꿔 입고 마스크도 쓰면서 교란작전을 펼쳤지만 체포되는 데 걸린 시간은 고작 7분이었다.

무서우니, 무서울 수 있으니

그와 같은 이유로 CCTV는 우리 일상의 기본값이 되었다. 미국 뉴욕 맨해튼 지역에서 2001년 발생한 9·11 테러 이후 CCTV가 세 배나 증가한 것처럼,[10] 사람들의 두려움이 커지면서 CCTV가 촬영하는 면적도 커졌다. 논문 「공공 안전이냐? 사생활 보호냐? CCTV 선호도와 관련된 요인 연구」에서는 이를 인지적 두려움과 감정적 두려움으로 설명한다.[11] 우범지대에 거주하면 '객관적으로는 무섭기에' CCTV 설치를 선호하게 되고, 치안이 좋은 곳에 살아도 '혹시나 무서운 일이 있을까 봐' CCTV의 필요성을 크게 느낀다. '○○동에서 길 가던 여성이 묻지 마 폭행에 당하는' 사건이 있으면 ○○동 사람들은 '직접적인 무서움이 커지기에' CCTV가 곳곳에 있어야 한다고 생각한다. ○○동에 살지 않아도, 대다수의 여성들은 자신에게도 일어날 수 있기에 CCTV가 '곳곳에 있는' 주거 시설을 찾는다. 그렇게 CCTV는 없어서는 안 될 사물이 되었다.

제2차 세계대전 당시 독일은 로켓 시험 발사를 관리하면서 사람이 가까이 갈 수 없는 발사대 근처에 카메라를 설치하는데, 이게 CCTV(closed-circuit television)의 최초로 알려져 있다.[12] 일반적인 TV는 불특정 다수가 볼 수 있어서 개방형(open)이고 CCTV는 특정한 목적으로만 녹화가 되고, 보고 싶다고 누구든지 볼 수 있는 게 아니라서 '폐쇄(closed)'다. 하지만 지금은 "CCTV를 유튜브로 소비하는 시대"[13]다. 개인용 CCTV를 보란 듯이 공개하는 건 물론이고 뉴스에도 CCTV 화면은 방송국 카메라가 촬영한 경우만큼이나 자주 등장한다. 사람들은 사건을 '최대한 가까이서 찍힌 영상'으로 보는 게 익숙해졌다. 그러니 기자들에게 특종은 CCTV나 블랙박스에 '당시 상황이 고스란히 찍힌 영상'을 구하는 것이 되었다. 먼저 구하면 기사 앞에 '단독'이 붙는다.

CCTV 활약상은 실시간이다. 택배 기사가 아파트 복도에 소변을 보다가, 배달원이 배달 음식을 몰래 먹다가 CCTV에 딱 걸렸다는 식의 뉴스는 매일 등장한다. CCTV 때문에 억울한 누명을 벗을 수 있었다는 이야기도 낯설지 않다. "없었으면 큰일 날 뻔했다."라는 말이 많다는 건, "여기엔 왜 CCTV가 없냐!"는 다그침도 많음을 뜻한다.

2021년 7월 25일, 서울 지하철 1호선 객실 안에서 흉기를 든 50대 남성이 20대 여성을 성추행하고 폭행한 일이 있었는데 당시 기사는 이렇다. 「"살려 주세요"…피해자가 외쳐도 지하철엔 CCTV가 없다」(《이데일리》 7월 30일 자), 「'지하철 성범죄' 하루 3.5건…3호선 객실엔 CCTV 한 대도 없다」(《한겨레》 7월 28일 자), 「CCTV 없는 지하철…범죄 사각지대 우려」(연합뉴스 7월 30일 자) 등등. 그러다가 딱 두 달 후, 「내년까지 모든 지하철 내부에 CCTV 설치…도시철도 범죄 막는다」(《아주경제》 9월 22일 자)라는 뉴스가 등장한다. 범죄가 있고,

그 범죄 현장에 'CCTV가 없으면' 즉각 문제 제기가 이루어지고 빠르게 개선되는 식이다.

골목길은 으슥하니까, 버스 정류장에는 혹시 모르니까, 학교 정문에는 위험한 사람이 들어올 수도 있다는 이유로 카메라가 설치되었다. 국가 통계 지표인 'e-나라지표'에 따르면 우리나라의 공공기관 CCTV 대수는 통계가 작성된 2008년 이후 한 번의 예외도 없이 매년 증가했다. 2008년 15만 7,000대에서 2022년 160만 7,000대로 증가 폭도 엄청나게 가파르다.[14] 중국을 제외한 조사에서 서울은 단위면적당 CCTV 수가 세계 2위 도시다.[15] 민간에서 설치한 CCTV는 정확한 숫자조차 파악이 안 되는데, 공공의 열 배는 되리라 추정된다. 여기에 움직이는 CCTV라 할 수 있는 차량용 블랙박스까지 포함하면 우리들은 어딘가에서 늘 찍히고 있다. 〈맨헌트Manhunt〉(원제는 Lone Target, 2014~2015년 방영)는 미 해군 특수부대 출신이 특정 지역으로 들어가서 자신을 추적하는 이들의 수색을 피해 지정된 탈출 지점까지 와야 하는 리얼리티 프로그램이다. 제주도가 배경인 적도 있는데, 주인공은 사방에 깔린 CCTV의 감시를 뚫지 못하고 경찰 특공대에게 체포된다. 한국에서는 카페에서 스마트폰이나 노트북을 두고 화장실을 가도 도난 사고가 드문 이유이기도 하다.

문제없는 행동을 해도, 괜찮지 않다

"The system is perfect. It's never wrong.

Until it comes after you."

(시스템은 완벽하고 결코 오류는 없다. 당신에게 적용되기 전까지는)

2002년에 개봉한 스티븐 스필버그 감독의 영화 〈마이너리티 리포트〉의 홍보 문구다.[16] 2054년, 미국 워싱턴에서는 범죄가 일어나기 전에 범죄를 예상하는 '프리크라임(pre-crime)' 시스템으로 치안을 관리한다. 예지자의 지시에 따라 범죄자를 미리 체포하는 경찰 존 앤더튼(톰 크루즈 분)은 자신이 체포 대상이 되자 누명을 벗기 위해 고군분투한다. 인간의 자유의지를 무시하는 '미리 예측한다는 것'의 폭력성이 증명되면서 시스템은 사라진다.

영화는 기술의 진보가 인류의 진보인지는 의문이라는 메시지를 던지지만, 이미 세상은 '감시 효과가 좋다'는 이유로 사람들의 일거수일투족을 지켜본다. 그런데 이 사람들은 지위 고하를 막론한 만인이 아니다. '범죄를 저지를 가능성이 있다'고 짐작되는 특정 집단이다. "과연 범죄를 예측하는 게 가능할까요?"라는 질문으로 시작하는 다큐멘터리 영화 〈프리 크라임Pre-Crime〉(2017)에는 미국, 영국, 독일

등의 치안 예측 시스템이 알고리즘의 판단에 따라 '누가 더' 잠재적 범죄자이고 '어떤 동네가' 더 위험한지를 가려내고 있는 실태가 드러난다.[17] 미국 시카고는 SSL 시스템을 통해 치안을 관리하는데, SSL은 Strategic Subject List의 약자로 전략적 대상 명단이란 뜻이다. '공원에 앉아 있는 남자, 범죄 확률 67.92퍼센트', 이런 수치가 뜨면 경찰은 주변을 배회하며 감시를 더 철저히 한다. '그럴 가능성이 있으니, 더 감시받을 때'의 기분이 어찌 유쾌하겠는가.

혹시나 해서 누군가를 더 의심하는 게 어쨌든 최대 다수의 최대 행복 아니냐고 한다면, 남는 건 "문제가 되지 않을 행동을 하면 될 것 아닌가?"라는 질문뿐이다. 하지만 이미 누군가를 더 의심한다면, 그 누군가는 더 감시된다. 미국에서는 공공 주택에 설치한 안전용 CCTV가 주민들의 경범죄를 발각해 쫓아내는 용도로 사용되어 문제가 되곤 한다. 복도에 침을 뱉고 세탁실의 카트를 마음대로 치우는 CCTV 영상이 법정에서 '퇴거 조치에 충분한' 증거로 제시된다.[18] 분명, 당사자와 관리자 사이에 갈등이 먼저 있었을 거다. 그래서 한쪽에서 괘씸한 저 인간을 쫓아내겠다고 마음을 먹었을 것이고 CCTV를 샅샅이 뒤졌을 거다.

'잘못을 했는데 무엇이 문제냐'고 하겠지만 그 CCTV가 애초에 설치될 때의 목적은 그게 아니었다. 처음엔 화재 등의 위험으로부터 입주민을 보호하는 것이었으나, 점점 특정한 사람들의 태도를 살피는 용도가 된 것이다. CCTV를 보는 사람의 시선은 결코 평등하지 않다. 특정 인종, 특정 지역, 특정 연령대, 특정 생김새에 더 주목한다. 이미 존재하는 사회적차별에 기초해 '더' 감시한다.[19] "초고도 감시 세계에서는 후드 티만 입으면 누구나 극악무도한 범죄자 취급을 받을 수 있다."[20]

　문제없는 행동을 한다는 건, 불가능하다. 편의점의 아르바이트 노동자가 어떤 일들을 순차적으로 하다가 1분간 잠시 숨을 돌렸다고 치자. 이게 CCTV를 통해서는 '일도 안 끝내고 쉬는' 모습이 된다. 특히 그 노동자에게 여러모로 불만이 많았던 점장의 시선이라면 말이다. 직장 내 CCTV를 이용해 관리자가 노동자들을 감시하는 건 어제오늘의 일이 아니다. 기사 몇 개만 보자. 「'쉬면 바로 연락 와 화내더라' 알바생 옥죄는 CCTV 감시」(《일요신문》 2019년 11월 27일 자), 「CCTV가 감시·협박 도구로…대책 시급」(MBC 2018년 3월 27일 자), 「CCTV로 약점 잡아 해고…' 신종 갑질 호소하는 직장인들」(쿠키뉴스 2020년 7월 7일 자) 등등. 이 모든 게 '문제가 될 만한 행동이' 있었기에 발생했을까? 아니면 '어떻게든 문제를 찾겠다는' 누군가의 집요함 때문일까? 분명한 건, 문제없는 행동을 하면 된다는 처방은 너무 공허하다는 거다.

　이제는 환자 요청에 따라 수술실에서도 CCTV 촬영이 가능해졌지만, 과연 좋은 현상인지는 고민이 필요하다. 물론 그 요구가 의료 사고 후 의료 행위의 부적절성을 환자 쪽에서 입증해야 하는 어려움에서 등장했다는 것은 잘 알고 있다. 하지만 이게 수술실 CCTV 설치를 반대하는 의료계의 주장을 무조건 이기주의로 폄훼할 이유는 되지 않는다.

일하는 모든 순간이 촬영되면 사람은 위축된다. 예를 들어 어떤 사람이 수술 도중 사망 시 유가족들은 의사가 '표준 매뉴얼대로 제대로 했는지'를 확인하고 싶을 거다. 그러니 의사는 '표준대로' 해야 한다는 강박을 지닌다. 하지만 사람 일은 모른다. 평범한 수술 중에도 환자의 상태가 급격히 나빠질 수 있다. 이때, 의사는 '환자를 살리기 위해' 다른 시도를 할 수 있다. 위험한 방법일지라도, 내버려둘 경우 어차피 죽는 상황이라면 일단 무엇이라도 한 다음 하늘에 맡겨야 하는 것 아니겠는가. 하지만 '촬영되면' 움츠러든다. 이 시도가 환자 사망의 결정적 이유로 해석될 수도 있기에 어쩌면 환자를 살릴지도 모를 마지막 시도를 포기한다. 그러니까, 아무것도 하지 않는 게 적절한 행동이 되는 거다. 의사 55.7퍼센트가 CCTV 설치에 반대해 '수술실 폐쇄 의향이 있다'고 답한 것도[21] 이런 소극적 행위가 가져올 회의감이 커서일 거다. 다른 직업도 아니고 '의사'가, 다른 상황도 아니고 '사람 죽어 가는' 순간에 CCTV에 찍힐 자신의 모습이 어떻게 왜곡될지를 걱정한다면 그게 어찌 대수롭지 않겠는가.

논문 「은유 분석을 통한 영유아 교사의 CCTV에 대한 인식 고찰」을 보면 어린이집 교사들은 CCTV를 보호자들에게 오해받지 않을 유일한 비상구로 인식함과 동시에 색안경으로 느낀다. 아이를 안아 주는 행위조차 CCTV 각도에 따라서는 '아이를 못 움직이게 하는' 학대의 정황이 되기도 하기 때문이다.[22] 오해받지 않으려고 어떤 아이도 안아 주지 않는 기가 막힌 태도가 형성될 수도 있다. 설마 그럴까가 아니다. 당신이 한 번이라도 오해를 받았다면 결코 예전처럼 행동할 수 없다. 누가 지켜보고 있다는 걸 아는 이상, 별수 없다.

다음은 무엇일까? 영상만으로는 부족하다고 할 것이다. 지금은 CCTV로 녹음하는 게 금지되어 있지만, 범인 잡는 데 도움이 된다면 사람 목소리 녹음하는 게 문제가 되겠는가. 이미 그런 세상이다. 사적 통화 내용이 막무가내로 공개되는 건 얼마나 흔한가. 사람들은 녹음된 말이 무엇인지에만 관심을 가지고 흥분할 뿐이다. 모를 일이다. 탈의실에도 '모자이크 처리 되면 문제 될 거 없다'면서 CCTV가 생길지. 폐쇄 회로의 '폐쇄'는 기계를 제한적으로 사용한다는 뜻인데, 실제로는 사람의 삶이 매우 제한되어 버렸다.

Chapter 7

진화해서,
퇴보하다

스마트폰이
인간의 생각 회로를
바꾸다

53.4% → 97.4%

대한민국 성인 스마트폰 사용률 변화

(2012년 1월 → 2023년 7월)
*출처: 한국갤럽조사연구소 갤럽리포트

65초

대학생들이 하던 일을 다른 일로 전환하는 평균 시간

19초

대학생들이 하나에 집중하는 시간의 중간값

3분

직장인의 평균 집중 시간

*출처: 요한 하리, 『도둑맞은 집중력』

18.5분

대한민국 성인의 하루 평균 독서 시간(평일 기준)
*출처: 문화체육관광부, '2023 국민 독서 실태 조사'

INFORMATION

40.1% .ıiII

우리나라 청소년(10~19세) 가운데
스마트폰 과의존 위험군 비율
*출처: 과학기술정보통신부, '스마트폰 과의존 실태 조사'(2022)

25.3%

스마트폰 과의존 위험군 청소년 가운데 '하루 평균 스마트폰 이용 시간이
과도하다고 생각하십니까?'에 '그렇지 않다'고 응답한 비율
*출처: 과학기술정보통신부, '스마트폰 과의존 실태 조사'(2022)

297GWh (기가와트시)

〈강남스타일〉이 유튜브에서 17억 회 조회되는 데 필요한 에너지
= 인구 6만 명 내외가 사는 도시의 1년 전력량
*출처: 기욤 피트롱, 『"좋아요"는 어떻게 지구를 파괴하는가』

30조 900억 원

전체 뉴스의 1%가 가짜 뉴스라고 가정했을 시 발생하는 연간 경제적 비용 추정치
*출처: 현대경제연구원, 「가짜 뉴스(Fake News)의 경제적 비용 추정과 시사점」(2017)

54개

스마트폰에 들어가는 원자재 수
(1990년대 휴대폰에는 29개, 1960년대 전화기에는 10개)

☞　　2023년 5월, 미국 할리우드 작가들은 처우 개선을 요구하는 파업에 돌입하면서 "AI를 활용한 대본 작성과 수정 및 재작성을 금지하고, 작가의 작업물을 AI 학습 훈련에 사용할 수 없다는 조건"[1]을 내세웠다. 7월에는 미국의 영화배우 노동조합이 배우들의 "외모나 목소리가 AI가 생성하는 이미지에 무단으로 사용될 것을 우려하면서"[2] 파업에 돌입했다. 인공지능은 성격도, 감정도 없다. 시키면, 다 한다. 영화 제작사가 좋아할 수밖에 없다. 제작비 절감은 두말하면 잔소리다.

하지만 그렇게 만들어진 영화를 보고 느끼는 감정은 무엇일까? 이건, 도로의 차가 인공지능 자율주행 자동차로 대체되는 것과는 다르다. 인간이 운전대를 잡지 않는 건, 누구나 도로 규범을 지키면서 운전해야 한다는 약속된 행위를 기계에 맡기는 것이다. 대중 예술도 그런가? 영화 〈기생충〉(2019)이 놀라운 건, 불평등의 속성을 잘 꼬집어서만이 아니라 그게 봉준호라는 사람의 머리에서 나온 생각이기 때문이다. 기술의 도움으로 창작자의 의도가 잘 표현될 수는 있겠지만 언제나 그 시작은 시나리오 한 줄 생각하려고 끙끙거리던 인간의 행위다. 그것조차 '대체되니' 좋은 것일까?

누구도 이런 일이 일어나게 하려 하지 않았다.
모든 것이 더 좋아지기를 바랐지,
나빠지게 하려던 게 아니었다.

— 찰스 아서, 『소셜온난화: 더 많은 사람이 연결될수록 세상이 나아진다는 착각』[3]

빨라지고 둔감해졌다

이강인 선수가 슈퍼스타 리오넬 메시가 떠난 공백을 메울 적임자로 평가받으며 프랑스 축구 명문 '파리 생제르맹 FC(PSG)'로 이적한다는 소문이 무성할 때였다. 한 인터넷 영상에서, 일본 기자는 PSG의 슈퍼스타 킬리안 음바페에게 "이강인이 과대평가된 거 아니냐"는 무례한 질문을 한다. 음바페는 황당한 표정을 지으며 "검증되었으니 이곳에 오는 것"이라고 차분히 대답한다. 이 영상을 본 한국 사람들은 음바페를 치켜세우고 일본은 왜 저러냐면서 분노했다.

영상은 여기저기 공유되며 화제가 되었는데, 알고 보니 가짜뉴스였다. 한국 사회의 이 황당한 풍경은 프랑스 뉴스에서 다뤄지기도 했다.[4] 현대사회는 묘하다. 이 가짜뉴스는 과거 인터뷰를 짜깁기한 화면에 "AI 기술로 문장을 음성으로 바꿔서 가짜 영어 질문을 덮어 씌운 것"[5]이었다. 그러니까 우리는, 진보한 기술로 퇴보한 정보를 접하고 있다.

'이강인 무시하는 중국 인터뷰에서 불쾌하다는 메시'라는 영상도 화제였다. 가짜였다.[6] '있는 사실'을 묘하게 뒤틀어 버리는 오보나 왜곡이 아니라, 실체 자체가 없었다. 그 바보 같은 내용을 누구나 본다. 나도 음바페 인터뷰 내용을 무의식적으로 '쇼츠 영상'으로 접했다. 조회 수가 무려 1,100만 회가 넘는단다. 장담하는데, 그중 1,000만 명은 스마트폰으로 보았을 거다. 나처럼. 그리고 의심하지 않았을 거다. 나처럼. 화장실에서 볼일 보는 와중에도 보는 '멍 때리기 좋은 영상'을 의심하긴 힘들다. 나처럼.

'스마트하다'는 기계로 전혀 스마트하지 않은 정보를 보는 세상이 되었다. 스마트하다면서 엉터리 뉴스 하나 못 거른다. 인간을 현혹시키는 재주만 스마트하다. 사람이 꼼꼼하다면 문제가 없을 거다. 하지만 스마트폰의 '빠른' 정보 도출에 익숙해지면서 사람들은 그 정보에 고개 한번 갸우뚱거리는 것조차 둔감해졌다. 진짜인지 기사의 전문을 찾아본다거나 인용이 있다면 그 출처를 확인하는 최소한의 의심조차 귀찮다. 그저 "정보를 재빨리 훑어서 필요한 내용을 뽑아내려 한다".[7] 똑똑한 전화기 안에는 누군가가 간추린, 그러니까 앞뒤 다 잘린, 그러다가 맥락도 사라진 정보가 떠돈다. 조회 수와 '좋아요'가 진위 여부보다 더 중요해지니 가짜뉴스가 범람한다. 가짜뉴스는 독재자의 통치 수단이었다. 하지만 지금은 개인이 스마트폰을 사용하는 데 어떤 권력도 개입하지 않는다. 우리는 '자유롭게' 중독되어 있다. 『포노 사피엔스: 스마트폰이 낳은 신인류』의 저자 최재붕은 이렇게 표현한다. "어떤 교육기관에서도, 방송사에서도, 스마트폰을 사용하라고 교육하거나 계몽하지 않았습니다. 그 많은 인구가 스스로 선택해 그 어려운 걸 굳이 배우고 익혔습니다."[8] 이 노력 끝에, 우리는 가짜뉴스를 본다.

없으면 불편하니 모두가 사용하게 되었을 거다. 나 역시도 그랬다. 서류를 메일로 보낸다는 건 책상에 앉아 PC를 통해서만 하는 작업이었다. 그런 줄 알고, '급히 필요하다'는 연락에 지하철 안이라서 어쩔 수 없다고 대수롭지 않게 답했는데 상대는 쉽게 이해하지 못했다. 스마트폰 위로 손가락 몇 번 움직이면 가능한 것을 '몇 시간 후'에 처리하겠다고 했으니 얼마나 답답했을까.

인터넷의 놀라움이 전화기 안으로 들어왔다. 문제는 정보의 바다에 풍덩 뛰어드는 놀라움에만 취해, 그 정보를 꼼꼼하게 살펴보지 않는 나쁜 습관이 생겼다는 거다. 표절을 찾아내는 카피킬러(Copy-Killer) 프로그램은 대학생들이 인터넷 자료에 의존해 리포트를 작성하는 게 빈번해지면서 등장했다. 검색해서 누군가의 글을 통으로 옮겨 자기 글처럼 위장하는 게 '구조적으로' 증가했다. 시간강사를 할 때, 나는 이걸 걸러 내는 작업이 너무나 싫었다. 글을 읽고 진심으로 첨삭해야 하는 시간에, '표절 아닌가?' 하는 의심만 하면서 검색하기 바빴으니 말이다.

전에도 표절은 있었다. 인터넷을 모르던 시절, 학생들은 책의 해제나 옮긴이의 서평을 자신의 글처럼 도용했다. 이걸 두둔하는 게 아니라, 그나마 도서관에서 책을 찾고, 어딜 그대로 옮길까 고민도 하고, 눈으로 보고 입으로 중얼거리면서 손으로 타자를 두드리는 최소한의 생각 회로 작동은 있었다는 거다. 어려운 문장이 있으면 '이게 무슨 말이지?'라는 원초적인 반응은 했다.

하지만 도서관이 아니라 인터넷부터 검색하는 시대가 되면서 이런 반응조차 사라진다. 읽지 않기에, 어려운 문장인지 아닌지 자체를 고민하지 않는다. 어떤 학생은 나의, 그러니까 그 과목 담당 강사의 블로그에 있는 글을 그대로 가져오기도 했다. 그 정도로 둔감해진다. 정보 습득에 필요한 시간과 노력이 줄어들면서, 끊임없이 고민하고 질문을 던져야 한다는 생각도 줄어들었다. 인터넷 안에서 마우스를 이리저리 옮기며 무엇을 빨리 찾는 게 스마트해 보여서 자신이 얼마나 스마트하지 않은지를 모른다. 스마트폰 이후에는 더.

챗지피티의 시대가 될 수밖에 없는
최적의 토양

강연을 하다 보면 집중해서 듣다가도 중간중간 '급히' 검색하고, 확인하고, 옆 사람에게 보여 주고, 이러쿵저러쿵 자기들끼리 신호를 주고받으며 고개를 끄덕거리거나 절레절레하는 사람들을 본다. 몰라도 1~2분만 더 듣다 보면 자연스럽게 알 수 있는 내용이지만 조금이라도 궁금하면 빨리 확인해야 한다. '스마트폰을 손에 들고 있는' 사람에게 1~2분은 과거의 1~2분이 아니다. 어떤 국회의원은 기자들이 득실거리는데도 이상한 사진을 보다가 걸린다. 누구는 국정 질의를 하는 도중에도 가상 화폐를 거래한다. 스마트폰이 없었다면 그런 일은 없었을 거다.

스마트폰은 보통 사물이 아니다. 만지고 싶어서 죽겠는 사물이다. 『노모포비아 스마트폰이 없는 공포: 스마트폰은 어떻게 우리의 뇌를 망가뜨리는가』의 저자 만프레드 슈피처Manfred Spitzer는 이렇게 말했다. "스마트폰이 단순히 곁에 있는 것만으로도 일에 대한 집중력이 떨어질 수 있다. 스마트폰에 신경 쓰지 않겠다는 생각 자체가 이미 계속해서 신경을 건드리기 때문이다."[9] 노모포비아(Nomophobia)는 'No mobile-phone phobia'의 줄임말이다. 전화기가 없으면 불안해 죽는 현상을 뜻한다. 휴대전화 금단현상이다.[10]

빨리 '제대로' 확인하면 문제가 아닐 거다. 하지만 그냥 '빨리' 이 것저것을 알고 싶어 한다. 그래서 '느려지는' 것이 싫다. 언젠가부터 '세 줄 요약'이라는 말이 유행처럼 떠돌아다닌다. 긴 글의 댓글에 꼭 등장한다. 예전에는 장문을 읽지 못하면, 자신의 독서 능력이 부족한 건 아닌지를 자책했는데 요즘에는 '쓸데없이 길기만 한 글'이라면서 작성자를 비난한다. 기사의 중요한 내용 몇 가지만 간추리는 '요약봇'도 익숙한 시대다. 3~4분 읽을 내용이 3~4초 안에 파악이 가능하도록 압축된다.

3~4초라도 세상 다양한 관심에 발을 걸친다면 다행일 거다. 하지만 사람들은 '자기 좋아하는 것'만 끊임없이 접속한다. 기업은 "사람들의 주목을 끄는 것이 뭔지 알아내서 이를 증폭할 수 있기 때문에 더 자주 로그인하게 하고 더 오래 그 상태에 머물게 한다".[11] 그러니 사람들은 자기가 좋아하는 걸 계속 본다. 의심은 없다. 인터넷이 더 친근해진 스마트폰 세상에서 사람들은 빠른 속도로 앞으로만 달린다. 시간이든, 생각의 다름이든 걸리적거리는 게 있으면 안 된다.

대화형 인공지능 서비스 챗지피티(ChatGPT)는 이런 우리들의 심리를 연료로 새로운 트렌드가 되었다. 챗지피티의 챗은 대화, 지피티는 'generative pre-trained transformer'의 약자로 '사전 훈련된 생성 변환기' 정도로 풀이된다.[12] 무엇이든 물어보면 인공지능이 답해 주는 거다. 무엇을 알기까지 필요한 시간을 '낭비'로 여기는 사람들에겐 최고의 도우미다. 하지만 인공지능은 완벽하지 않다. 틀린 답을 진지하게 제시하는 '할루시네이션(hallucination)'이 많다. 단어의 뜻 그대로 환각, 환영 같은 순간을 검색자에게 제공한다. 물론 걸러 내면 되겠지만, 사람들은 '사색해서' 결론을 내리지 않고 '검색해서' 얻은 정보가 곧 정답이라고 여긴다. 이런 의식의 흐름이 너무 자연스러워졌다.

오류가 제로가 된다고 문제가 사라지는 게 아니다. 챗지피티는 사람들의 귀찮음을, 번거로움을 단번에 해결한다. 하지만 지식이 자신의 의식 회로에서 정리 정돈 되려면 이 귀찮음과 번거로움은 반드시 필요하다. 도서관에 일단 가고, 무언가를 일단 고르고, 무작정 읽으며 키워드를 넓히고 좁히는 건 최종 결과물의 상태와 상관없이 매우 중요한 인간만의 지적 노동이자 성장 과정이다. 종일 책만 보다가 고작 서너 줄 정도의 글을 쓰는 건, 종일 책을 보았기에 가능하다. 고민이 깊어질수록 확신, 확답, 확정은 느려지기 때문이다. 이게 없다면, 내가 어찌 '인간' 작가인가. 하지만 요즘 시대엔 바보스러워 보인다. 인공지능에 물어보면 몇 분이면 알 수 있는 내용을 이리 오랫동안 고민하는 게 미련해 보인다. 예전에는 종일 도서관에서 이책, 저 책 찾아보는 게 성장이라고 여겼는데 이제는 '비효율'로 느껴진다. '한심하다'는 생각까지 든다. 20시간을 20분으로 단축시켜 주는 시대에 우리는 무엇을 잃고 있는 것일까?

오늘, 애플이 휴대폰을 재발명합니다!

1997년 3월 대학에 입학했을 때, 캠퍼스 곳곳에서는 '워드 대행'이라는 쪽지가 곳곳에 붙어 있었다. 원고지에 리포트를 손으로 써오면 장당 얼마로 계산해 컴퓨터로 작성해 출력해 주는 거였다. 무선호출기(삐삐)로 온 메시지를 확인하기 위해, 2008년에 태어난 나의 첫째 아이는 단 한 번도 사용한 적 없는 '공중전화' 앞에 긴 줄이 있었던 시대다. 인터넷이란 말도 낯설었다. 1990년대 중반에 PC통신이라는 새로운 기술이 등장했지만 커뮤니티 게시판을 실시간으로 접속하여 확인하는 정도였다. 1997년의 어느 날 교양 강의를 담당하던 교수는 "인터넷을 검색해서" 어떤 자료를 찾으라는 과제를 냈는데, 대부분이 그게 무슨 말인지 몰랐다. 좀 안다는 친구들은 "그럼 과제를 위해서 집에 모뎀을 깔아야 하냐"면서 따졌는데, 그 모습도 신기했다. w를 세 번 입력하면 새로운 세계가 있음을 그날 처음으로 알았다. 강의실에서 노트북으로 필기를 하는 사람은 단 한 명도 없던 1997년이었다.

그해 3월 14일 자 신문에는 독일 하노버의 정보통신 박람회 소식이 실렸다. 휴대폰과 노트북이 결합하여 이동 중에도 무선으로 데이터통신이 가능한 시대가 왔다는 내용이었다. 1992년에 미국 IBM사가 선보인 '사이먼'의 한 단계 위 버전이었다. 사이먼은 최초의 스마트폰으로 알려졌지만, 배터리 사용 시간은 짧고 가격은 비싸 시장에서 금세 사라졌는데 [13] 인간은 결코 기술 발전을 포기하지 않았던 거다. 이 집착 덕에, 세상을 뒤바꿔 버리는 한 천재 기업가가 등장할 수 있었다.

"Today, Apple reinvents the phone." 2007년 1월 9일 애플의 최고경영자(CEO) 스티브 잡스Steve Jobs는 전화기를 '재발명'한다는 표현과 함께 '아이폰'을 소개한다. 터치 스크린 방식의 고성능 스마트폰이 전 세계를 강타한 첫날이었다. 스마트폰은 그날 이후 "역변 없는 진화" [14]를 했다. 예전엔 가정에 컴퓨터가 한 대 정도 있었는데, 불과 20년 만에 4인 가족 모두가 손에 컴퓨터를 들고 있다. 디지털카메라도, 전자사전도, 녹음기도, 팩스도 전화기 하나로 다 되니 과거에 나온 여러 전자 제품이 사용가치를 잃었다.

사람들에게 스마트폰은 영화관이고, 시장이고, 오락실이다. 친구이자 스승, 상담사다. "충분히 발달한 과학기술은 마법과 구별할 수 없다(Any sufficiently advanced technology is indistinguishable from magic)."라는 영국 작가 아서 C. 클라크Arthur C. Clarke의 말처럼 사람들은 마법의 지팡이를 들고 하루하루를 살아간다. 스마트폰이 신체 일부가 되어 버린 사람들을 가리켜 포노 사피엔스(Phono Sapiens)라 부른다. 『소셜온난화』의 저자 찰스 아서Charles Arthur는 너도나도 흡연했던 과거의 문화와 비교하여 스마트폰의 일상화를 재치 있게 표현했다. "스마트폰은 열차나 친구를 기다리는 동안 틈틈이 빈 시간을 채우는 용도 면에서 담배를 완전히 대체했다. 그것을 주머니에서 꺼내 들고, 그것에 불이 들어오는 것을 지켜보고, 그것을 빨아들이면서 긴장을 푼다."[15]

스마트폰 안에 모든 것이 들어가 있기 때문일 거다. 그래서 의존한다. 지나친 의존이 우울증, 불면증을 야기하고 대인 관계에 문제를 일으키는 등 스마트폰 사용이 여러 방면에 큰 영향을 끼친다는 연구는 너무도 많다. 스마트폰 때문에 재산을 잃기도 한다. 보이스피싱 범죄는, 스마트폰을 해킹하는 '스마트한' 기술로 사람을 괴롭힌다. 영화 〈스마트폰을 떨어뜨렸을 뿐인데〉(2023)는 범죄의 매개가 되는 스마트폰의 민낯을 적나라하게 보여 준다. 분실한 나미(천우희 분)의 스마트폰에 악성 소프트웨어(스파이웨어)를 설치하고 돌려준 준영(임시완 분)은 그날 이후 나미의 일상 전체를 장악한다. 회사에서 해고당하게 하고, 친구들과 틀어지게 하고, 급기야 나미 아버지까지 납치한다. 포박당한 나미의 아버지는 준영에게 "말도 안 되는 생각하지 마!"라면서 반항한다. 준영은 빈정거리며 이렇게 말한다.

"이것만 있으면 알 수 없는 게 하나도 없어요. 이것만 있으면 네가 무얼 샀는지, 뭘 원하는지, 뭘 가졌는지, 뭘 처먹었는지, 누굴 좋아하는지, 누굴 싫어하는지, 이것만 있으면 누구든 내 뜻대로 움직일 수 있고 누구든 될 수 있는데, 근데 뭘 '말도 안 되는 생각 하지 마'야!"

디지털화 될수록 친환경이라는 착각[16]

2009년에 구입한 노트북을 10년쯤 사용했을 때다. 지하철에 앉아 전원을 켜는데, 열 살 남짓해 보이는 아이가 옆에서 "이야, XP다. XP가 아직도 있네!"라면서 혼잣말을 툭 뱉는다. 검은 바탕의 윈도 XP 부팅 화면을 보고 한 말이었다. 운영체제 지원이 2014년에 종료된 노트북 사양이었으니 아이의 표현이 틀린 건 아니었다. 하지만 전자 제품 덩어리에 불과한 게 '아이의 눈에' 특별하게 포착되는 건 지극히 시대적이다. 제품을 업그레이드하는 게, 일상이 되었다는 말이다. 개인의 생애사에서 그 경험은 갈수록 더 빨라지고, 더 빈번해진다. 중학교 입학식 때 받은 스마트폰을 고등학교 입학식 때 교체한다. 이것도 빠른 편이 아니다.

최신식 스마트폰의 혜택을 보기 위해 있던 가전제품도 바꾼다. 텔레비전도, 세탁기도, 건조기도, 에어컨도 하나같이 똑똑해졌다. 나역시, 15년 된 멀쩡한 텔레비전을 바꿀까 고민 중이다. 넷플릭스와 유튜브가 '스마트하게' 연동되지 않는 게 어느 순간부터 불편해서다. 100년 전이라면, 바꿀 전자 제품 자체가 없었을 거다. 1990년대까지만 해도 노후로 인한 고장만이 교체 원인이었다. 냉장고는 20년은 지나야 오래되었다는 소리를 들었다. 그런들 냉장되고 냉동되면 멀쩡한 거였다.

하지만 'IT'가 시사용어가 되고, '디지털'이라는 말에 누구나 익숙해지고, 모두가 '스마트'하게 세상을 살아가는 듯한 모습들이 보여지면서 상황은 달라진다. 생필품치고는 고가였던 전자 제품들이 '멀쩡하지만, 기능이 떨어져서' 새롭게 교체되곤 했다. 구입할 당시처럼 작동은 '이상 무(無)'인데, 몇 년 사이 훨씬 좋아진 제품들이 많아지니 결론적으로 구닥다리가 된 거다. 스마트폰은 고장이 나지 않아도 '빠른 주기로 교체되는' 대표적인 물건이다. 전화기가 통화와 문자만 되면 그만이라고 말하는 사람은 스마트폰이 세상에 나온 초창기에나 있었지 이제 없다. 스마트폰은 매해 더 '스마트해지고' 있다. 30만 화소 카메라가 휴대폰에 달렸다고 신기해하던 게 20여 년 전인데, 지금은 2억 화소다. 용량도 어마어마하다. 사진, 동영상, 문서 등 휴대폰에 쌓인 온갖 데이터를 컴퓨터에 케이블을 연결해 전송할 필요도 없다. 몇 번 이것저것 누르면 알아서 어딘가에 저장된다.

이 깔끔함은 가끔 친환경적 행동으로 해석되기도 한다. 사진만 보더라도, 과거처럼 종이가 필요 없다. 두꺼운 앨범에 모으지도 않는다. 그러니 환경을 덜 파괴했을 거다. 『'좋아요'는 어떻게 지구를 파괴하는가: 디지털 인프라를 둘러싼 국가, 기업, 환경문제 간의 지정학』의 저자 기욤 피트롱Guillaume Pitron은 그건 다 착각이라고 강력히 경고한다. 이 책의 원제는 '디지털 지옥(L'Enfer numérique)'인데 한국어판 제목에서 지옥의 의미가 훨씬 잘 드러난다. 지옥은, 지옥인 줄 모르는 사람들 덕택에 더 뜨거워지니까 말이다. '좋아요'는 페이스북이나 인스타그램 같은 소셜 네트워크 서비스(SNS) 게시물의 피드백 버튼인데, 책에서는 디지털 기계를 다루는 전반적인 모습을 뜻한다. 클릭, 업로드, 공유 등 숨 쉬는 것처럼 자연스러운 일상이 된 각종 디지털 행위에 대한 긍정적인 평가가 '좋아요'에 압축되어 있다. 우리는 인터넷이 잘 연결된 '첨단'과 마주할 때마다 "요즘 세상 정말 좋아졌다!"라고 감탄하지 않는가. 나만 해도, 편집자 한 번 만나지 않고 오직 이메일로만 내용을 주고받으며 책을 완성하는 경우가 종종 있다. 그 자체가 친환경적 아닌가. 만나지 않으니 탄소 배출하며 이동하지도 않고 또 매번 수십, 수백 장의 종이를 출력하며 나무를 낭비하지도 않으니 말이다. 하지만 기욤 피트롱은 따끔하게 지적한다. 그 '좋아요' 정신 때문에 지구가 파괴되는 줄도 모르고 있다고.

피트롱은 세상이 눈에 보이는 대로 돌아가지 않음을 집요하게 추적해 증명한다. 이메일에 용량이 큰 파일 하나 첨부하면 20그램의 탄소가 발생한다. 전구를 한 시간 내내 켜 둘 때 발생하는 양이다. 이메일을 백업 저장소로 사용하면서 예전 자료를 찾을 때마다 탄소를 배출하는 셈이다. 서랍장에서 문서를 꺼집어내던 아날로그

시대에는 없었던 반복적인 에너지 소비다. 전 세계에서 히트한 노래 〈강남스타일〉이 유튜브에서 17억 번 조회되는 데 297기가와트시(GWh)의 에너지가 사용되었다. 그걸 17억 번 쪼개니 별거 아닌 것처럼 느껴지는 거지, 인구 6만 명의 도시에 사용하는 1년 전력량이다.[17] 그런데 유튜브에 〈강남스타일〉만 있는가. 공유 동영상을 유튜브로만 보겠는가. 계산하면, 디지털 환경에서도 지구는 여전히 파괴되고 있음을 누구나 짐작할 수 있다.

어찌 되었든 매연을 뿜어 대던 과거보다는 괜찮은 거 아니냐는 식의 논의는 번지수가 틀렸다. 몰랐다는 게 중요하다. 우리는 디지털 세상을 천지가 개벽한 신문명으로 받아들인다. 산업사회의 문제점 따위는 없어진 줄 안다. 클라우드에 저장되는 정보가 정말로 구름(cloud)처럼 가벼운 줄 안다. 지구 곳곳에 생겨나고 있는 엄청난 규모의, 그래서 엄청난 에너지를 필요로 하는 데이터 센터의 문제는 망각한다. 트래픽의 99퍼센트가 해저 광케이블을 통해 이루어지는 건 상상도 못 한다.[18] 1960년대 전화기에는 10개, 1990년대 휴대폰에는 29개, 2020년에 사용되는 스마트폰에는 54개의 원자재가 들어간다.[19] 그만큼 더 땅을 파서 채굴해야 한다. 화석 에너지 없이는 불가능하다. 이 통신수단이 4인 가구에 4개가 있고 2~3년마다 교체된다. 저자는 말한다. 환경주의자가 되기 위해서는 '저탄소'에 '저자원'이 더해져야 한다고.[20] 풍요로움을 유지하면서 해결될 순 없다는 말이다.

  이쯤 되면 지구가 파괴되는 원인이 명확하게 보인다. 산업사회
가 저물고 정보사회가 등장했다고 표현하지만, 전자가 지구를 망쳐
서 후자가 태동한 게 아니다. 과거의 체계로는 성장이 더디기에 새
로운 패러다임이 구축된 것이다. '욕망'이라는 연료는 예나 지금이
나 다를 게 없다. 많은 사람들이 스마트폰 하나로 장도 보고, 택시도
부르고, 기차표도 결제하고, 주식 투자도 하는 것은 지구온난화를
걱정해서가 아니라 정보 처리 시간을 줄여 경쟁에서 뒤처지지 않기
위해서다. 그리고 '뒤처지면 끝장'이라는 강박의 강도가 높은 사회
일수록 환경문제는 후순위로 밀린다. 대부분의 사람이 경제부총리
는 누군지 알아도 환경부 장관은 모르는 이유다. 스마트폰 검색 1초
면 알 수 있겠지만, 별 관심 없을 거다. 우리는 언제나, 관심 있는 것
만 가까이하고 흥미 없는 건 멀리 했으니까. 스마트폰은 혁신이다.
기계'만'이 아니었으면 좋겠다.

Chapter 8

가게 주인인데,
가게 주인이
아니다

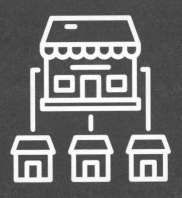

프랜차이즈가
동네를
점령하다

33만 5,298개

국내 프랜차이즈 가맹점 수
(2022년 기준)

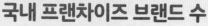

1만 1,844개

국내 프랜차이즈 브랜드 수
(2022년 기준)

CONVENIENCE
STORE

5만 5,000여 개

2024 기준 전국 편의점 점포 수

*출처: 공정거래위원회

18년

편의점이 1982년 국내 첫 개점 후 1만 개가 되기까지 걸린 시간

14년

편의점이 1만 개에서 5만 개가 되기까지 걸린 시간

INFORMATION

94만 1,688명
국내 프랜차이즈 가맹점 종사자 수(2022년 기준)

*출처: 통계청

1억 5,900만 원
국내 프렌차이즈 가맹점 평균 창업 비용
*출처: 대한상공회의소 가맹본부, '2023년 프랜차이즈 산업 실태 조사'

3.6년
가맹점 창업 후 투자 비용 회수까지 걸리는 평균 기간
*출처: 대한상공회의소 가맹본부, '2023년 프랜차이즈 산업 실태 조사'

100조 1,400억 원
국내 프랜차이즈 가맹점 매출액(2022년 기준)
*출처: 통계청

☞　　프랜차이즈(franchise)의 어원은 '프랑크 사람처럼 만들다'(Frank+~ize)이다. 프랑크인들은 프랑스인의 먼 조상뻘 정도 되는데, 고대 로마제국 북쪽 지역에서 잔인하기로 소문이 자자했다. 로마는 이 지역을 점령하려고 수차례 군대를 보내지만, 하늘에서 날아오는 수천 개의 도끼 앞에서 속수무책이었다. 그래서 던지는 도끼를 뜻하는 라틴어 franka(프랑카)에서 프랑크인이라는 이름이 붙었다는 이야기가 있다(로마제국이 유독 프랑크인을 비롯한 게르만족을 정복하지 못해 이들을 자유민, 즉 free한 이들이라 해서 프랑크인이라고 불렀다는 설도 있다).

이 프랑크인들은 새로운 곳을 점령하면 광산이나 농장을 몰수하지 않고 일정한 세금, 즉 수수료를 받으면서 지배를 했다. 무시무시한 프랑크인들의 지침을 거부하는 이들에게는 죽음뿐이니, 어제까지 자기 농장을 가진 사람들이 한순간에 새로운 주인이 시키는 대로 살아야만 했다. 프랜차이즈라는 말은 여기서 등장했는데, 현대사회의 프랜차이즈와 겹치는 구석이 보이지 않는가?

편의점이 동네를, 도시를,
그리고 세상을 덮고 있다.

— 전상인, 『편의점 사회학』[1]

소박하지만,
세상에 단 하나뿐인 가게

구멍가게라고 들어 봤는가. 예전에는 작은 슈퍼마켓을 구멍가게라고 했다. 왜 구멍인지는 명확하지 않다. 작은 구멍 사이로 돈과 물건이 오가서라는 말도 있고 일반 집에 문을 하나 더 만들어 가게를 운영해서 그렇게 불렀다고도 하는데, '규모가 작다'는 뜻은 분명했다. 주인 한 명이 전체 직원이다. 1990년대까지만 해도 동네에는 이런 가게들이 제법 있었다.

공간도 작고 물건이 적으니 장바구니도 없었다. 한꺼번에 많이 사는 사람도 없었다. 손님들은 두부 한 모, 담배 한 갑, 콜라 한 병 등을 사려고 가게에 왔다. 꼬마는 사탕 한 개를 집고 오십 원짜리 동전을 건넸다. 가게의 하루 매출이 요즘 대형 마트에서 한 사람이 카트에 담는 물건값만큼이나 됐을까? 주인은 텔레비전 앞에 우두커니 앉아 있을 뿐, 손님을 왕처럼 여기는 서비스를 하지도 않았다. 그걸 불쾌해하는 손님도 없었다. '지금 앞에 있는 직원은 누군가의 가족입니다', 이런 문구도 없었다. 그때가 좋았던 때라고 말할 순 없지만, 지금보다는 날카롭지 않던 시절이었던 것 같다. 평범한 사람이 이런저런 이유로 작은 가게를 하나 운영하면서 꼬박꼬박 저축하면 가족을 부양할 수 있었던 마지막 시절의 골목 풍경이었다.

빵집도 비슷했다. 한글로 큼직하게 '○○제과점'이라고 적힌 간판에는 먼지가 자욱했지만, 누구도 촌스럽다고 하지 않았다. 제빵 모자를 쓰고 밀가루가 묻은 흰색 작업복을 입은 주인의 인생 스토리는 모르는 사람이 없었다. 돈이 없어 학교를 다니지 못해 무작정 도시로 와 월급도 제대로 받지 못하면서 제빵 기술을 익혔고, 오직 빵 만드는 외길만을 걷다가 어느 날 자기 이름을 내건 빵집 사장이 되었으며, 지금도 새벽에 출근하여 밀가루를 반죽한다는 뻔하지만 감동적인 이야기였다. 그게 가능한 시절이었다. 가진 것 없어도 시작은 할 수 있었다. 열심히 하면 돈을 모을 수도 있었다. 근검절약하면 자수성가할 수 있다고 믿었던 시대였다.

학생들은 정확한 상호가 적힌 가게가 아닌, 대충 '학교 앞 문방구'라고 불리는 곳에서 문구류를 샀다. 집으로 오는 길에는 '학교 옆 떡볶이집'에서 배를 채웠다. 고장 난 자전거를 끌고 기름 냄새 가득한 곳을 방문하면 때 묻은 러닝셔츠 차림에 돋보기를 낀 주인이 펑크 난 타이어를 교체하고, 뻑뻑해진 체인에 기름칠을 해 줬다. 동네 정육점, 철물점도 '작지만' 골목 모퉁이에서 사람들을 기다렸다. 가족들은 주말에 ○○이발소나 △△미장원을 갔다. 주인들은 동네 역사와 새로운 소식을 다 알 만큼 오랫동안 한자리에서 일한 사람이었다. 꾸준히 경제활동을 했다는, 할 수 있었다는 말이다. 이들은 대단한 부자는 아니었어도, 무시당할 인생을 살진 않았다.

모든 가게들이 소박했지만, 세상에 단 하나뿐인 자기만의 가게 모습이었다. 가게 주인 마음대로 이름을 정하고 간판을 달고 정리정돈을 했으니, 가게마다 개성이 있었다. 그래서 사람들의 추억은 같을 수가 없었다. 무슨 말이냐면, ○○동에 살았던 사람의 머릿속에 기억된 동네 모습과 △△동에 살았던 사람이 떠올리는 어릴 적 동네의 모습은 다를 수밖에 없었다는 거다.

편의점 5만 개의 나라

동네가 달라졌다. 아니, 비슷해졌다. 도시에 살든 시골에 살든, 전국 어디서나 같은 간판의 가게를 볼 수 있다. 집 앞에는 세븐일레븐(전국 점포 수 1만 2,677개), 왼쪽에는 CU(1만 6,787개), 오른쪽에는 GS25(1만 6,448개), 뒤에는 이마트24(6,364개)가 있다. 합치면 5만 2,276개다(2022년 기준).[2] 그래서 지금은 각자의 눈에 기억되는 ○○동과 △△동 모습이 그리 다르지 않다. CU냐 GS25냐 이 정도의 차이만 있을 뿐이다.

편의점(便宜店, convenience store)은 그 뜻 자체가 '편리함'(便, convenience)이다. 편의점이 많아지면 사람들은 말 그대로 편해진다. 식사가 가능한 건 물론이고, 품목이 얼마나 다양한지 온갖 것들을 살 수 있다. 과일에 와인에 없는 게 없다. 1 + 1, 2 + 1 등 서비스도 많다. 뭔가를 깜빡했을 때, 편의점은 구세주다. 급히 손톱을 깎거나 양말이나 스타킹을 갈아 신어야 하는 순간들이 있는데, 편의점에 가면 다 있다. 택배물과 세탁물도 맡길 수 있다. 우체국을 안 가도 되고, 세탁소를 안 찾아도 된다는 거다. 심지어 집과 차도 (정보를 제공하고 주문하는 형태로) 판다.[3] 놀랍게도 팔렸다![4]

우리나라에 편의점은 1982년 11월 23일, 서울 중구 신당동에 처음으로 등장했다. "구멍가게의 새로운 형태 「편의점」 첫 등장: 롯데쇼핑 시험 점포 23일 개점"[5]이라는 당시 기사 제목만 보아도 편의점이 기존의 작은 슈퍼마켓을 대체하면서 등장했음을 알 수 있다. 이 시기에 편의점은 별다른 인기를 얻지 못했다. 가격도 비싸고, 밤늦게 돌아다니는 사람들도 많지 않았기에 24시간 영업이 큰 의미가 없었다. 그래서 얼마 후 사라졌다.

지금과 같은 형태의 편의점은 1989년부터 본격적으로 나타났다. 1989년 5월, 세븐일레븐 1호점(서울 송파구 올림픽선수촌점)을 시작으로 1990년 10월에 훼미리마트(지금의 CU), 같은 해 11월에 미니스톱, 12월에 LG25(지금의 GS25)가 편의점 사업에 뛰어들었다.[6] 1990년대의 시작과 함께 대한민국에서 편의점은 더 이상 낯선 말이 아니었다. 1991년에는 "편의점이 변두리 주택가에 급속히 확산되면서 기존 구멍가게들이 아예 문을 닫아 버리거나 판매 수익이 절반 이하로 크게 떨어지는 현상이 속출"[7]한다는 기사가 등장한다. 사람들의 '라이프 스타일'이 변하면서 편의점 사업은 급성장했지만, 동네는 달라지기 시작한 거다. 굳이 대형 마트에 가서 많은 걸 살 필요가 없는 1인 가구의 증가는 편의점 호황의 결정적 이유였다.

1993년에 전국의 편의점은 그 수가 1,000개를 넘었고 2007년 2월에 1만 개, 그리고 지금은 5만 개가 넘는다. 대한민국에서 편의점이 1개에서 1만 개가 되기까지 18년이 걸렸는데, 14년 만에 (2007~2021년) 1만 개에서 5만 개가 되었다. 대강 계산해도 인구 1,000명당 1개 수준이다. '편의점의 고향'이라는 미국(15만 개 수준)과 '편의점 왕국'이라는 일본(6만 개 수준)과 비교해 보자. 미국 인구(3억 3,000만 명)가 대한민국의 여섯 배, 일본 인구(1억 2,000만 명)는 두 배 이상이라는 것을 고려하면 길을 걷다가 편의점을 발견할 확률은 우리나라가 훨씬 높다.

동네 빵집도 사라졌다. 그 자리엔 기업이 운영하는 프랜차이즈 형태의 빵집이 생겨났다. 파리바게뜨 1호점이 1989년에, 뚜레쥬르 1호점이 1997년에 생겼으니 1990년대 초중반까지도 '프랜차이즈 빵집'이라는 말은 낯설었다. 지금은 파리바게뜨가 전국에 3,446개, 뚜레쥬르가 1,316개 있다.[8] 웬만한 식당은 물론이고 김밥집, 떡볶이 가게, 미용실, 안경점, 문구 판매점도 서울·원주·제주 등 전국 어디서나 볼 수 있는 이름으로 변했다. 단지 간판 귀퉁이의 ○○점이라는 추가 정보만이 다를 뿐이다. 이제는 자전거 수리도 자전거 판매 대리점에서 하고, 피아노 학원도 프랜차이즈가 있다.

이런 변화의 장점은 무척 많다. 기업의 관리 시스템이 동네 상가에도 적용되어 소비자들의 삶이 더 편리해졌다는 것은 두말하면 잔소리다. ○○점이라는 명칭은 어떤 지점에서든 제품 품질과 관리 방법이 동일함을 뜻하니, 소비자로서는 불안감이 줄어든다. 낯선 도시에서 어떤 식당에 갈지 헤매다가 낯익은 프랜차이즈 음식점을 만나면 반가운 이유다. 서비스를 제공받는 공간의 고급화와 깨끗함이 주는 안락함은 '프랜차이즈 왕국' 이전의 세상에서는 쉽게 경험할 수 없었던 감정이었다.

모두가 좋아졌을까

하지만 짚을 점도 많다. 현대사회에서 과거 형태의 자영업자는 점점 사라지고 있다. '혼자서 경영하는 사업자'라는 본래 뜻에 들어맞는 자영업자는 이제 찾아보기 힘들다. 혼자서 경영한다는 건, 자신이 알아서 가게를 시작하고 운영한다는 뜻이다. 많은 돈으로 화려하게, 혹은 그 반대일 수도 있을 것이다.

지금은 불가능하다. '마음대로' 장사하지 못한다. 진입 장벽이 높다. 시작하는 데 많은 돈이 필요하다. 예전에는 상가 임대료를 내고 '장사할 만큼' 알아서 준비하면 그만이었다. 그래서 작은 가게 하나 얻어서 아기 업은 채로 '자신만의 방법으로' 떡볶이 만들어 파는 게 가능했다. 하지만 현대에는 치킨집이든 커피 전문점이든, 그것이 프랜차이즈라면 가맹비·교육비·광고비 등 여러 비용이 발생한다. 창업 비용을 주인 스스로 조절할 수 없다. 불과 30년 전에는 '기본적으로 필요한 돈'이 이 정도는 아니었다.

대중에게 익숙한 브랜드 빵집을 열려면 상가 임대료를 제외하고도 1~2억 원 이상의 비용이 필요하다. 매장 넓이도 최소 기준이 정해져 있고 인테리어도 기업이 정한 방식에 따라, 기업이 정해 주는 업체를 통해서만 해야 한다. 비용을 줄이고자 자기가 망치 들고 못질하고 페인트칠을 할 수 없다. 심지어 내부 물품도 본사와 거래하는 경우가 많다. 더 싸게 기름과 국자를 구입할 수 있어도, 그럴 수 없는 것이다. 분명 '자영업자'라는데, 스스로 판단하지 못한다. 테이블 개수부터 메뉴까지, 장사하는 당사자의 의견은 전혀 반영되지 않으니 주인은 본사의 방침을 '수행'하는 사람에 불과하다.

그리고 프랜차이즈 기업들은 치열하게 경쟁한다. 매장 수가 많아지고 매출이 높아져야 기업의 가치가 올라가기 때문이다. 그 결과, 한국에는 눈만 돌리면 편의점이다. 그리고 대부분이 네 개 브랜드다(CU, GS25, 세븐일레븐, 이마트24). 단순하게 말하면, 수만 명이던 슈퍼마켓 사장님은 사라지고 네 개 기업이 동네 사람들에게 도시락과 생필품을 팔면서 이런저런 서비스를 하고 있는 것이다.

편의점 찾아 골목을 돌고 돌아 멀리 갈 필요도 없고 그저 몇 걸음 걷다 보면 또 편의점이 나오니 마냥 좋은 것일까? 장사하는 사람 입장에서 생각하면 아닐 것이다. 유동 인구는 그대로인데 편의점이 많아지면, 점포당 매출은 줄 수밖에 없다. 한곳에서 아침에는 우유를, 저녁에는 빵을 사던 손님이 우유는 A 편의점에서, 빵은 C 편의점에서 사는 식이 되었다. 그래도 편의점은 계속 생긴다. A, C 편의점 사이에 B 편의점이 생기면 A와 C의 매출 일부가 B로 이동해 B 기업의 매출은 증가하기 때문이다. 힘든 건 가맹점 주인이다.[9] 같은 건물 1층과 2층에 편의점이 문을 열어 논란이 된 적도 있었다.[10] 현재는 기존 편의점 반경 50~100미터에 편의점을 신규 출점 할 수 없다는 규약이 있다.● 그런데 100미터는 느긋하게 걸어도 1~2분 거리에 불과하다.

편의점은 2010년대 초반 여러 점주가 목숨을 끊으며 계약의 불공정성을 세상에 알린 다음에야 '24시간 의무 영업 지침'이 유동적으로 변했을 정도로, 가게 주인이 '주인 맘대로' 할 수 있는 건 거의 없었다. 장사가 잘되지 않을 때는 영업시간을 줄여 인건비와 전기세 등을 조금이라도 아껴야 하는데, 주인이 문 닫는 시간조차 결정하지 못했던 거다. 지금도 24시간 영업을 하면 창업 초기 부담금이나 매달 납부해야 하는 수수료를 줄여 주겠다는 식으로 본사는 점주에게 '강제 오픈'을 유도한다. 그러니 손님이 없어도 가게는 늘 불이 켜져 있다. 돈을 벌지 못하면 빨리 사업을 정리해야 하는데, 계약 해지 위약금이 있으니 가게 주인이 마음대로 폐업도 못한다. 20~30년 전이라면 상상하기 힘든 일이었다.

개인의 선택이니 어쩔 수 없는 것일까

안정적인 사회라면 임금노동자, 그러니까 어딘가에 고용되어 합의된 계약에 따라 일하고 급여를 받는 사람이 다수여야 한다. 약속

● 한국편의점산업협회 소속 5개 업체 및 이마트24가 공정거래위원회와 맺은 자율 규약으로 2019~2021년 3년간 실시된 후 2024년까지 3년 연장되었다.

된 월급을 지속적으로 받으며 경제활동 하는 이가 많아야 한다는 거다. 하지만 이게 자영업자가 한 명도 없는 사회가 좋다는 뜻은 아니다. 모두가 '회사원', 혹은 '공무원'의 삶을 선택할 수 있는 사회는 불가능하다. 사람들은 여러 이유로 장사를 하며 살아간다. 삶을 주체적으로 이끌어 가고 싶어서일 수도 있고 조직 문화가 싫어서일지도 모른다. 정년으로 회사에서 퇴사해도 가족 부양을 여전히 해야 하는 사람도 많다. 이처럼 자영업자는 반드시 존재하는데, 이들의 불안을 그저 본인 선택의 책임이라고만 할 수 있을까? 돈 없으면 장사는 꿈도 꿀 수 없는 사회를 희망적이라고 어찌 말하겠는가.

문제는 불안한 줄 알면서도 장사를 하는 사람이 여전히 많다는 거다. 한국에는 2024년 3월 기준으로 557만 명의 자영업자가 있다. 전체 취업자 대비 19.6퍼센트다. 여기에 86만 명의 무급 가족 종사자를 더하면 22.6퍼센트다.[11] 이 수치는 최근 몇 년 사이에 많이 감소한 것이지만 그래도 낮지 않다. "미국(6.6퍼센트, 이하 2021년 기준)·일본(9.8퍼센트)·독일(8.4퍼센트) 등 주요국 대비 크게 높다."[12]

경제활동을 하는 다섯 명 가운데 한 명이 자영업으로 생계를 꾸려 나간다는 건● 한국인 중 장사 기질을 가진 사람이 그만큼이어서가 아니다. 취업이 어렵고, 취업을 한들 정년 보장이 불가능하기 때

● 모두가 '가게'를 운영하는 자영업자는 아니다. '프리랜서' 노동자들이 '고용원이 없는 자영업자' 분류에 포함되는 경우도 있기 때문이다.

문이다. 취업이 어려우니 이른 나이에 창업을 생각하게 되고 아직 부양가족이 있는데 떠밀리듯 퇴직을 하니, 인생 계획에도 없었던 가게 주인이 된다. 이들은 경험이 없으니 막막하고, 또 경쟁자가 많으니 불안하다. 그때 '프랜차이즈' 브랜드는 위험 부담을 줄이는 지름길로 여겨진다. 자연스레, 어떤 것도 마음대로 할 수 없는 가게 주인의 삶이 시작된다.

프랜차이즈라고 안전한 것도 아니다. 2010년도에 28.8퍼센트였던 (무급 가족 종사자 포함) 자영업자 비중이 최근에 20퍼센트 초반까지 떨어진 건, '더 손실이 나기 전에' 장사를 포기한 결과이지 한국의 임금노동 시장이 안정적이어서가 아니다. 이미 경쟁이 치열한 상황에서, 엎친 데 덮친 격으로 '(코로나 19로 인한) 사회적 거리두기'까지 마주한 자영업자들의 속수무책 몰락으로 보는 게 옳다.

무급 가족 종사자가 22년째 감소하는 것도 비슷한 이유로 볼 수 있다.[13] 전체 취업자 대비 3퍼센트에 해당되는 지금의 86만 명은, 20년 전인 2004년의 7퍼센트(158만 명)와 비교하면 확연히 줄어든 수치다. 가족이 무급으로 일할 수 있는 이유는 어차피 장사가 잘되면 가계소득이 높아지기 때문이다. 하지만 지금은 '차라리 최저임금 받고 다른 일을 하는 게' 현명한 선택이 되고 있다. 이 20년을, 프랜차이즈가 부상하면서 동네의 작은 가게들이 사라지는 시기로 본다면 '한국에서 장사해서 먹고살기'의 맥락은 분명 달라졌다.

프랜차이즈 가게가 많아진 세상을 비판하는 건, 과거가 살기 더 좋았다고 말하고 싶어서가 아니다. 다수가 편리해졌다고 해서, 자영업자들이 겪는 고충을 별거 아닌 것으로 여기지 말자는 거다. 본인이 선택한 것인데 왜 사회가 관심을 가져야 하냐면서 냉대하지 말자는 거다. 기업의 '비용 절감, 이윤 증가' 법칙이 우리네 삶에 지대한 영향을 끼치고 있음을 무시하지 말자는 거다. 그걸 마냥 긍정적이라고 단정하지 말자는 거다.

Chapter 9

비쌀수록, 차별하는

사람 위에
사람 있다,
아파트
요지경

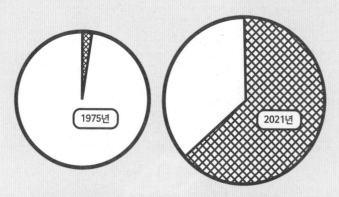

1.9% → 63.5%

전국 주택 가운데 아파트의 비중 변화

(1975년 → 2021년)

*출처: 통계청 인구주택총조사

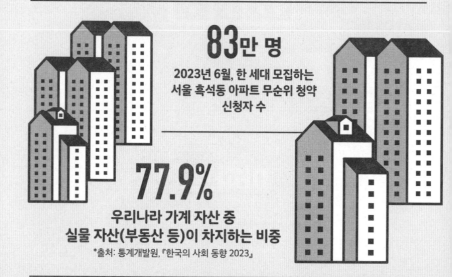

83만 명

2023년 6월, 한 세대 모집하는 서울 흑석동 아파트 무순위 청약 신청자 수

77.9%

우리나라 가계 자산 중 실물 자산(부동산 등)이 차지하는 비중

*출처: 통계개발원, 『한국의 사회 동향 2023』

INFORMATION

9억 9,333만 원

2024년 3월 서울 아파트 매매 중위 가격

15.2년

**월급을 한 푼도 쓰지 않고
서울에 집을 사는 데 필요한 기간**

(수도권 기준 9.3년, 전국 기준 6.3년)
*출처: 국토교통부, 「'2022년도 주거 실태 조사' 결과 발표」

77.3%

**소셜믹스 아파트의 임대동에 살면서
차별을 경험한 적 있다는 비율**
*출처: 2020년 서울 지역 주요 소셜믹스 단지 임차인들을
상대로 한 《한겨레》 설문 조사

24.4%

**아파트 경비 노동자 중 입주민으로부터
비인격적 대우를 경험한 비율**
*출처: 「전국 아파트 경비 노동자 실태 조사 보고서」(2019)

82.3명

한 해 평균 과로로 죽거나 심각한 부상을 입은 경비 노동자 수
(2018~2020년 기준, 업무상질병판정위원회의 공식 인정을 받은 수치)

☞ 　국가는 국민의 주거 안정성을 위해 노력해야 한다. 그 역할을 하는 한국토지주택공사^{LH}는 합리적인 가격에 임대주택 및 공공분양 주택을 공급한다. 그런데 사람들이 LH 딱지가 붙은 아파트를 차별하는 경우가 잦았다. LH 아파트인 '휴먼시아'에 거주하는 사람들을 '휴거'(휴먼시아+거지)라고 표현하는 아이들이 있다는 뉴스가 있을 정도다. 일부일까? 어른들 세계에서 '임대 아파트'를 차별한다는 기사는 차고도 넘친다.

LH는 주공그린빌, 뜨란채, 천년나무 등의 이름을 사용했지만 오래가지 못했다. 브랜드명을 고급스럽게 '안단테'로 바꿔 90억 원을 들여 새 이름을 홍보했지만 이를 '안산데', '안거지'로 부르는 이들이 있다.[1] 안단테 입주자들은 이름을 바꿔 달라고 항의를 했고 결국 전국 여러 곳의 안단테 아파트가 시공사의 민간 아파트 브랜드명으로 바뀌었다.[2] 예를 들어 ○○시 안단테 아파트는 입주민 동의를 얻어 '○○ 파밀리에'로 이름을 변경했다. 그랬더니 인근에 민간분양된 '파밀리에' 아파트 사람들은 "저런다고 LH 아파트 아닌 줄 아냐"면서 빈정거린다. 도대체 아파트란 무엇인가?

언제나 평등하지 않은 세상을 꿈꾸는
당신에게 바칩니다.

— 서울 서초구의 한 주상복합 아파트에서 내걸었던 분양 광고 문구[3]

영혼을 끌어모았으니
다른 영혼에는 관심 없다[4]

영화 〈싱크홀〉(2021)은 서울 한복판에 생긴 큰 구멍 아래로 빌라가 통째로 빠져 버리는 이야기다. 제목이 내용인지라 어떤 일이 벌어질지는 예견되어 있었지만, 영화는 굳이 빌라의 미래를 암시하는 대화를 도입부에 삽입한다. 직장 상사 동원(김성균 분)의 내 집 마련 집들이에 초대받은 승현(이광수 분)은 축하를 해야 할 자리에서도 다그친다. 그 돈으로 아파트를 사야지, 빌라를 매매하는 건 바보 같은 짓이라고 말이다. 그 빌라, 결국 사달이 난다.

빌라 사는 사람이라면 짜증이 나지 않을 수가 없다. 그 정도로 빌라는 동네북이다. 누가 SNS에 '드디어 내 집 장만'이라는 소식을 알렸다고 하자. 그게 빌라라고 상상하는 사람은 없다. 빌라 살면, 알아서 안 올린다. 어디에 산다(live)는 걸 가지고 사람을 분류하고 평가하지 않는 게 상식이겠지만, 한국에선 빌라를 사는(buy) 건 상식적이지 않다고 물 흐르듯이 해석된다.

그래서 누구는 우쭐거리고, 누구는 위축된다. 언젠가부터 빌라는, 아파트에 살지 못해서 아파트로 들어갈 돈이 없어서 '머무르는' 기착지로만 취급받는다. 모두가 같은 기준을 가졌다고 착각하는 이들은, 빌라 거주자에게 이러쿵저러쿵 부동산 투자의 원칙을 설교하기 바쁘다. 반대편에선 머리를 긁적거리며 "나중에 아파트 가야죠." 라고 말을 덧붙일 뿐이다.

그런데 빌라는 저렴한가? 영화 〈싱크홀〉에서 그렇게 무시당하는 빌라가 무려 3억 8,000만 원이다. 주인공은 2억을 대출받아 내 집 장만을 한다. 아파트를 왜 안 샀을까? 악착같이 1억 8,000만 원을 모으고 모으며 기회를 보았을 거다. 하지만 그 동네 같은 평수 아파트 가격은 앞에 1이 더 붙는다. 10억을 대출받으며 내 집 장만을 할 수는 없지 않은가. (그런 사람, 서울에는 꽤 있다.)

대한민국 아파트는 비싸다. 어마어마한 사회문제다. 하지만 이상한 사회에서는 가격이 떨어질 때가 더 문제가 된다. "서울 평균 집값 12억 붕괴 임박"[5] 같은 기사 제목처럼, 언론은 아파트값이 12억 아래로 떨어질까 봐 걱정한다. 12억이 13억이 되면 반등이고 희소식이지만 11억이 되면 폭락이자 위기다. 이런 반응은 기사만이 아니라 한국에서 살아 보면 자연스레 접한다. 이 분위기에서 집 없는 사람들의 결론은 하나다. 어떻게든 아파트를 사야 하는구나. 그러니 청약 점수를 높게 받기 위해 가족관계증명서를 위조하고 임신 진단서를 허위로 제출하는 요지경이 발생한다. 표현부터가 비장하게, '영혼을 끌어모아' 집을 구입한다.

그 문제점은 내가 지금껏 책과 칼럼에서 수차례 말했지만 요약해서 한 줄로 정리하면 이렇다. 1억을 모은 사람이 2억을 대출받아 3억짜리 집을 사면 그때부터 집값은 무조건 올라야 하기에, 혹시나 집값에 부정적인 영향을 끼치리라 예상되는 것들이 주변에 개입하는 일에 예민해진다. 이를테면 임대 아파트, 특수학교, 장애인 시설 등등을 강력히 반대한다. 관련 자료를 찾는 건 검색 1초면 충분하다. '임대주택 결사반대!'라는 현수막 글처럼 "주민들의 당당하고 솔직한 욕망"[6]이 아파트 대로변에 걸린다.

이 경계심, 결코 사회적으로 좋은 반응이 아닐 거다. 그리고 이 경계심은 금액이 커질수록, 그러니까 2억 대출받아 집을 산 경우보다 5억 모은 사람이 10억 대출받아 산 집이 30억이 되길 희망할 때 더 강력한 '차별과 혐오'로 이어진다. 수억을 대출받아 보금자리를 마련했으니 머리가 복잡하다. 영혼을 끌어모았으니, 다른 영혼에 관심 가질 여유가 없다. 오직 하나의 목적만 남는다.

'아파트 이름 바꾸기'는 그런 열정의 한 예다.

사례 1

'다산자연앤자이'는 공공분양 아파트가 분양 전환 되면서 경기주택도시공사(GH) 공공분양 브랜드인 '자연앤'만 떼 '다산자이'로 단지명 변경을 원했다. 그러나 인근 민간분양 아파트인 '다산자이 아이비플레이스' 입주민들이 혼동 우려가 있다며 반발했고, '다산자이폴라리스'가 됐다.[7]

사례 2

아파트 가치 상승을 기대하면서 단지 명칭을 바꾸는 사례는 수두룩하다. 대표적으로 목동과 붙어 있는 신정동과 신월동의 경우 단지명에 '목동'을 넣고 있다.[8]

사례 3

서울 마포구의 한 아파트는 "단지명에 신촌이 들어가다 보니 마포 소재 아파트인 것이 부각이 안"[9] 되는데, 이런 오해 때문에 아파트가 제값을 못 받는다는 입주민의 요청으로 이름을 변경했다.

집값 담합도 빈번하다. 아파트 단지에는 "우리 가치를 폄하하는 부동산을 이용하지 않습니다."라는 문구가 적힌 현수막이 걸리곤 한다.[10] 급한 사람은 가격을 '내려서' 집이 빨리 판매되기를 원하는데, 그걸 중개하는 부동산은 혼쭐이 날 것이라는 경고 메시지다. 그 '가치 있는' 아파트 안으로 들어가 보자.

아파트 경비원은 사람이 아니다

'경비원 갑질 방지법'이 있다. '경비원 등 근로자에 대한 괴롭힘의 금지 및 발생 시 조치에 관한 사항'이 포함된 공동주택관리법 시행령을 그렇게 부른다. 2021년부터 적용 중이다. 택배 보관은 경비원의 업무지만 가져다주는 건 업무가 아님을 명시하는 식인데, 그러니까 그걸 갖다 달라는 사람이 무수했다는 거다. 갖다주지 않는다고 갑질한 사람이 한둘이 아니었다는 거다.

대형 폐기물 수거 및 운반도 금지다. 그간 어떤 일이 있었을까. 시시때때로 요청받았을 거고, 몇 번 응하다 보니 업무가 되어 버렸을 거다. 아파트에서 대형 폐기물 처리는 까다로운 일이니 주민은 슬쩍 경비원에게 청하지 않았겠는가. 엘리베이터 안까지만 옮겨 달라, 엘리베이터에서 수거장까지만 도와 달라 등등. 처음엔 누구나 친절하게 부탁했을 거다. 신세를 졌다면서 과일도 드렸을 거고, 친절한 경비원이라면서 여기저기 말도 했음이 분명하다. 이를 살 만하고 아름다운 세상으로 해석하는 순간, 을이 갑에게 친절할 수밖에 없는 아름답지 않은 구조에 관한 이야기는 사라진다. 힘든 일도 마다하지 않는 게 미담이 되는 순간, 경비원 업무의 범위는 무한대로 넓어진다. 이것도, 저것도 도와 달라는 부탁이 오가고 결국 안 하던 걸 당연히 해야 한다. 안 하면, 저 경비원은 해 주는데 당신은 왜 안 해 주냐는 항의가 따른다. 업무가 아니라고 따지면 처음에는 '서비스 정신이 없는 사람'이 되고, 다음에는 '딱딱하고 융통성이 없는 사람'으로 소문이 난다. 나아가 '본인이 대단한 일 하는 줄 착각하는 사람'이 되어 '알량한 자존심 하나 내려놓지 못하면서 이런 일 하느냐'는 훈계를 누군가로부터 들어야 한다.

'개인 차량 주차 대행' 같은 당연히 하지 말아야 하는 게 금지 목록으로 등장한다는 건, 그간 아파트 경비원이 얼마나 힘들게 살았는지를 증명한다. 주차 자리가 부족한 아파트에서 늦게 들어온 주민은 아무 곳에 차를 세워 두고 열쇠를 경비원에게 건넸을 거다. 지키고 있다가 빈자리가 생기면 넣어 달라면서.

불법 주차 된 차가 있으면 입주민들은 경비원에게 왜 불법 주차를 알리는 스티커를 붙이지 않냐고 따지고, 그래서 붙이면 이번엔 차주가 왜 붙였냐고 욕을 퍼붓는다.[11] 진짜 동네북처럼 맞고 그 모멸감에 극단적 선택을 하기도 한다. 반복되는 죽음에 잠시나마 사회적 관심이 생겼고 그 결과가 '경비원 갑질 방지법'이다.

효과는 별로다. 상징적인 의미로 '괴롭힘 금지'를 담았을 뿐이지 처벌 조항이 없다. 그러니 경비원은 여전히 대리운전을 한다. 2024년 4월, 이중 주차가 심한 서울 여의도의 한 아파트에서 경비원이 입주민의 벤츠 차량을 옮기다가 다른 차 열두 대를 들이박는 사고가 있었다. 사람들은 블랙박스 영상을 보면서 수리비가 비쌀 거다, 급발진이 분명하다 등에만 주목했지만[12] 핵심은 운전자가 차주가 아니라 '경비원'이라는 거다. 경비원은 사고가 나면 보험 처리도 어려운 남의 차를 관행적으로 몰았다. 하지 말라고 시행령까지 만들었지만, '을'의 위치는 이렇다.

경비원들의 고용 불안정성도 이들이 순한 양으로만 살아가도록 만들었다. 한 지역의 조사에 따르면 경비원의 93퍼센트가 용역 업체 소속의 간접 고용 형태였다. 이 업체의 노동자들은 대부분 3개월이나 6개월 단위로 계약한다.[13] 3개월 '마다' 재계약이 될지 안 될지 모른다는 건, 밉보이면 쫓겨난다는 뜻이다. 고분고분할 수밖에 없다. 괜히 아파트 경비원을 '고다자'(고르기도 쉽고, 다루기도 쉽고, 자르기도 쉽다)라 부르겠는가.

이런 배경에서 괴상한 증언이 등장하는 것도 놀랄 일이 아니다. 공항에서 경비원이 입주민과 마주쳤는데 얼마 후 '아파트 경비원이 해외 휴가를 가는 건 적절하지 못하다'는 안건이 주민 회의에 올라

왔다거나,[14] 주민들 출근 시간에 맞춰 정문을 나서는 모든 차량에 경비원이 거수경례를 한다[15]는 기사가 있다. 갑질 천태만상은 SNS에서 주로 확산되니 진짜가 아닐 수도 있고 과장된 것일 수 있겠지만, 대한민국 아파트에서라면 유사한 일은 충분히 가능하다. '이런 아파트에 사는 자신을' 대단하다고 여기는 사람도 많고, 이와 비례해 '감히 이런 아파트에 사는 나를 무시'한다고 여기는 사람도 많다. 경비원은 운 나쁘게 그들 앞에 있었을 뿐이다. 오죽했으면 경비원들이 서로를 이렇게 다독였을까. "자네가 사람으로 대접받을 생각으로 이 아파트에 왔다면 내일이라도 떠나게. 아파트 경비원이 '사람'이라고 생각하면, 경비원은 할 수가 없어."[16]

우리 가족은 분양동에 살아요

2005년의 일이다. 한 아파트 유인물에 '이 아파트는 서민 아파트가 아닌 평수가 큰 고급 아파트고 최근에 가격도 상승하고 있는데, 낮 시간에 베란다에서 이불이나 옷을 터는 문제가 있다. 그런 건 서민 아파트에서나 볼 수 있는 풍경이다.' 하는 내용이 적혀 있었다.[17] 어떤 아파트에서는 분리수거가 잘 안 된다면서 "아파트에 거주하신다는 분들이 인근 빌라에서 사는 분들과 뭐가 다릅니까?"라는 내용을 안내문에 담기도 했다.[18] 2018년에는, 배달원에게 화물용 승강기만을 이용하라고 조치한 아파트가 있었다. 입주민은 취재하는 기자에게 위험을 방지하기 위함이라면서 이렇게 말한다. "만에 하나 사건이 발생하면 집값이 떨어질 수도 있다."[19]

사람 위에 사람 있다는 아파트 공화국의 민낯은 처참하다. 아파트 공화국은 '아파트를 좋아하는 사람들이 한국에 많다' 정도의 이야기가 아니다. 그건 현상이지 문제가 아니다. 하지만 자기가 사는 아파트 집값이 다른 곳보다 더 오를 때 우월감을 느끼고 아닐 때 열등감을 느낀다면, 그 원초적 욕망에 충실하고자 차별과 혐오에 둔감해진다면, 어찌 이를 '이성적'이라고 하겠는가.

집값을 앞세워 사람을 깔보고 무시하는 일은 흔해도 너무 흔하다. 외진 곳에 존재하는 임대 아파트 단지가 고립된 섬처럼 슬럼가가 되는 문제를 해결하기 위한 '소셜믹스(social mix)' 정책은 어떻게든 임대동을 '고립시키려는' 사람들의 의지에 표류한다. "우리가 낸 관리비로 만든 놀이터라고. 그러니까 아무나 들어올 수 없는 곳이야. 넌 앞으로 여기서 놀지 마."[20] 동화책에 나오는 구절인데, 단지 동화 속 이야기일까? 같은 아파트 이름의 단지인데 누가 보더라도 어색해 보이는 한 동이 있다면 그게 임대 아파트다. "재개발·재건축 조합들이 '집값에 영향을 미친다'며 끊임없이 분리를 추구하기 때문이다."[21] 처음 설계부터 법이 허락하는 한도에서 행정 주소만 같을 뿐이지 어떻게든 차이를 두기 위해 멀리 떨어뜨려 놓거나, 출입구를 분리한다. 유독 낮은 층수인 경우도 있다. 아마 이렇게 말하고 싶었나 보다. "저 아파트는 우리 아파트와 무관하니 집값 걱정은 하지 않으셔도 됩니다."

이후 도색을 할 시기가 오면 '차이'는 도드라지고 '차별'은 강화된다. 분양동 주민들은 장기수선충당금으로 이를 결정할 수 있는데 임대동은 LH에서 해 주지 않으면 방법이 없다. 그러니 한순간에 '빛바랜 아파트 한 동만이 어색하게 빛나는' 형태가 된다. 이 이슈가 뉴스에 등장하면 댓글은 분양동 사람들이 왜 임대동 도색을 해야 하나가 전부다. 뉴스의 초점은 '분양동 입주민이 임대동도 도색해야 한다'가 아니다. 그 결정 '과정에' 약간의 고민이 있는 사회를 만들자는 거다. '그 시기에 맞춰 LH는 임대동 도색을 지원해야 한다'는 여론이 형성되고 제도가 바뀌면 좋지 않겠냐는 취지일 거다. 그런 고민 없이, 논란 때마다 '임대는 임대니까 임대지.'라는 논리만이 부유하면 건물 색의 다름이 단순한 색깔의 차이'만' 의미하는 게 아니라는 것을 아이들까지 또렷하게 알아차린다. "분홍색 동은 임대 아파트예요. 우리 가족은 파란색 분양 아파트에 살아요."[22] 이 각인이 이후에도 서로서로에게 영향을 끼치면 이렇게 될 거다. 아니, 되었다.

"어디 사세요?"라고 묻기가 어려워진 세상이 되고 말았다. 그건 곧 "당신은 황족-왕족-귀족-호족-중인-평민-노비-가축의 서

열 체계에서 어디에 속하느냐"라고 묻는 것과 다를 바 없게 되어 버렸기 때문이다.[23]

갭 투자는 사회적 의미가 전혀 없다

『노동: 우리 모두 노동자가 된다고?』라는 책은 내 저서 중 몇 안 되는 초등학생용이다. 그래서 가끔 초등학생을 대상으로 강연을 하거나 독서 토론을 지도하곤 하는데, 놀란 경험이 몇 번 있다. 보호자들은 내가 어린이들에게 '불로소득'에 대해 자세히 설명한 것에 발끈했다. 굳이 언급해야 하나, 왜 나쁘게만 말하냐면서 말이다. 하지만 불로소득을 비판적으로 다루지 않고서, 어떻게 노동의 의미가 납작해지고 있는 현대사회의 특징을 말할 수 있단 말인가.

불로소득에 대한 개인 입장이야 자유다. 하지만 불로소득을 희망하는 자가 많아지고 그 연령대가 어려져, 그래서 '20대 건물주' 같은 말들이 흔해지면 어떤 개인은 부자가 될지 모르지만 그 사회는 반드시 나쁘게 변한다. 이건 사실이기에 찬반 토론을 할 성질이 아니다. 하지만 너도나도 그걸 희망하면 '너는 (불로소득에) 반대하지만 나는 찬성한다'는 식의 의견이 민주주의라는 외피를 입고 불쑥불쑥 등장한다. 사회적 부작용 따위는 전혀 고려하지 않고, 누군가의 자산이 늘었으니 좋은 거 아니냐는 말만 맴돈다. 답답했다. 하지만 '갭 투자'라는 말이 투자 비법처럼 포장되는 세상을 생각하면, 누군가 보기에는 내가 답답했을 거다.

갭 투자는 간단한 원리다. 4억 7,000만 원에 누군가 전세로 살고 있는 집이 5억에 매물로 나오면 이를 3,000만 원에 사는 게 갭 투자다. 세입자에게 돌려줄 보증금은 다시 들어올 세입자의 돈으로 해결한다. 세월이 흘러 5억 집이 10억이 되면 3,000만 원으로 5억을 버는 셈이다. 그러니 '갭 투자'가 성공하려면 집값 상승이 멈추면 안 된다. 반드시 집값이 올라야 한다. 이렇게 돈을 번 이들이 이게 부자 되는 비법이라면서 당당해지니, '갭 투자'란 세련된 표현이 2015년부터 수면 위로 등장했다. 처음엔 '봉이 김선달식 투자'[24]라면서 비판적으로 다뤄지기도 했지만, 누가 한강 물로 돈 버는 걸 '본' 사람들은 진작 뛰어들지 않은 자신을 탓했다. 그러니 갭 투자로 돈을 번 사람들이 '열심히 살아서 보상받았다'고 자랑스럽게 말한다.

갭 투자가 삶의 지혜처럼 소개되는 세상이니, 전세 사기가 발생하고 피해자는 목숨을 끊는다. 전세 사기인 '깡통 전세'도 원리는 갭 투자와 다르지 않다. 매매가가 2억 원인 집의 전세 보증금을 2억 4,000만 원 받는 게 깡통 전세의 핵심이다. 그래서 집값 확인이 비교적 쉬운 아파트가 아닌 빌라에서 이런 문제가 잘 발생한다. 사기꾼들은 세입자를 속여 집값 이상의 전세금을 받고 집주인은 돈 한 푼 쓰지 않고 집 한 채를 사들인다(그래서 '무자본 갭 투자'라고 한다). 남은 돈은 사기꾼과 나눠 갖는다.

이 괴기한 현상도, '집값이 껑충껑충 오른다면' 별다른 문제가 수면 위로 떠오르지 않는다. 하지만 아니라면, 문제는 연쇄적으로 작동한다. 돌려 막을 보증금이 애초에 없으니 주택을 담보로 대출을 받아 급한 불을 끄지만, 이자 감당이 안 되니 집은 곧 경매로 넘어간다. 이 타이밍에 걸려든 세입자는 은행보다 후순위이기에 보증금을 아예 받지 못한다. 그래서 죽는다.

언론에 오르락내리락했던 '빌라왕' 김 씨는 무려 1,139채의 집을 보유했다. 그리고 전세금 미반환 금액이 334억 원이었다. 171세대의 보증금이었다. 그런데 이보다 더 심한 사람도 (알려진 것만) 일곱 명이다. 박 씨는 646억 원의 보증금을 293명에게 반환하지 않았고, 정 씨는 600억 원을 254명에게 돌려주지 않았다.[25]

이들의 욕심을 비난하는 것보다 중요한 건, 어떻게 이 지경이 가능했는지를 진지하게 묻는 거다. 연예인들이 의뢰인의 집을 발품 팔아 구해 주는 방송에서는, 전세 사기범이 출연해 자신의 범행에 이용한 빌라를 정상 매물인 것처럼 소개하기도 했다.[26] 이 떳떳함이 가능했던 건 '집값만 오르면 아무런 문제가 없기' 때문일 거다.

투기꾼 몇몇의 문제가 아니다. 전세 사기 사건은 '사기'가 붙어서 선한 사람 등쳐 먹는 나쁜 사람들의 조직적인 범죄로 인식되지만, 그 연료는 불로소득을 반성하지 않는 공동체의 공기 아니었겠는가.

갭 투자는 결코 사회적으로 권장될 수 없는데, 한국 사회는 매우 권장한다. 이 순간에도 포털 사이트를 몇 번만 검색하면 연예인 아무개의 재테크 비법이라면서 갭 투자가 친절히 소개된다. 얼마에 건물을 구입해 얼마로 팔았다는 기사는 차고 넘친다. 같은 방법으로 부자가 된 사람들의 인생 설교는 얼마나 많은가. 그런 방법으로 돈이 많은 사람이 될 수는 있지만, 그 사람이 부러움을 받는 수준을 넘어 현자처럼 떠받들어진다면 어딘가 이상하다. 지금은, 부동산으로 부자가 된 사람이 자기 계발서의 저자가 되고 동기부여 강사가 된다. 열광하는 사람이 있기에 가능한 현상일 거다. 심지어 공중파 예능에도 '사부'랍시고 등장해 '1억으로 건물주 되는 방법'을 알려 주는데 그게 여과되지 않는다. 그렇게 돈을 버는 사람이 있다고 해서, 그게 사회적 귀감이 된다면 우리의 '사회'는 너무 가볍지 아니한가.

아파트는 오랜 역사를 지녔다. 사람이 모이는 곳에선 주거 공간을 확보하기 위한 공동체의 숙제가 늘 주어졌다. '수직으로' 건물을 올려 면적을 더 활용하자는 제안은 대단한 천재의 생각이 아니다. 2,000년 전 로마에는 '인술라(insula)'라는 공동주택이 있었다. '섬'이라는 뜻의 라틴어인데, 예나 지금이나 아파트는 섬처럼 보였나 보다. 1층에는 상점이 있고, 위로는 주택이 있었다니 주상복합 아파트였던 셈이다. 현대식 아파트는 제2차 세계대전 이후 주택난을 극복하는 차원에서 많이 지어졌고, 우리나라도 1963년 서울 마포아파트가 시작이었다. 이제 아파트는 '사람이 모이는 곳'엔 반드시 있어야 하는 의식주 가운데 하나다. 한 번의 시공으로 여러 명이 사용하니 전기·수도·가스 요금이 절약되고, 인구가 밀집되었으니 대중교통이 자연스레 연결되기에 1인당 온실가스 배출량도 낮으며, 그 밖에 집약적인 공간 이용으로 인한 여러 장점이 있다. 지구를 위하고 사람을 위하는 게 바로 아파트다.

하지만 그 아파트가 '브랜드'가 되고, 가장 유명한 연예인들이 광고를 하고, 사는 곳이 자신을 결정한다는 무서운 말이 나부끼니 '사람을 구별하는' 도구가 된다. 지금의 아파트는 철옹성이다. "외부에 배타적인 '게이티드 커뮤니티(gated community)'의 성격을"[27] 지녔다. 게이트가 검문소처럼 운영되는 것처럼, 입주민들은 같은 행정동에 사는 아파트 옆 빌라 거주자를 동등한 주민으로 인식하지 않는다. '빌라 사는 사람들처럼 행동하지 말라'는 기괴한 상상력의 소재로 사용한다.

그러니까 아파트는 사회문제지만, 같은 이유로 사람들은 기어코 아파트를 선호하는 터라 가격은 오를 수밖에 없다. 설움에 복받친 이들은 '당해 보니 부동산이 답'이라면서 이 악순환의 선순환에 적극 뛰어든다. 똑똑한 아파트를 구해야 한다, 이왕이면 브랜드가 좋아야 한다, LH는 절대 안 된다 등등의 이야기에 동의하면서.

아파트는 이 글을 보고 비웃을 거다. 아파트가 1인칭으로 등장하는 『콘크리트 유토피아』의 한 구절처럼. "나는 담론의 가상 세계에선 언제나 패배하지만 물질의 현실 세계에선 백전백승이다."[28]

Chapter 10

건강을
챙길 때,
건강이
강박이 될 때

헬스장
광고는
왜 무례한가'

60.4%

20대의 바디 프로필 사진 촬영 유행 체감도

*출처: 2022년 시장조사 전문 기업 엠브레인 트렌드모니터 조사

14.8%

2019~2021년 기준 20대 여성 저체중 비율

(모든 성별과 연령대에서 저체중 비율이 10%를 넘은 것은 20대 여성뿐)
*출처: 질병관리청, 「우리나라 성인의 체질량지수 분류에 따른 체중 감소 시도율 및 관련 요인, 2013~2021년」

54%

정상 체중이지만 체중 감량을 시도한 20대 여성 비율

(20대 남성은 15.8%)
*출처: 질병관리청, 「우리나라 성인의 체질량지수 분류에 따른 체중 감소 시도율 및 관련 요인, 2013~2021년」

39.9%

정상 체중 청소년 가운데 스스로를 뚱뚱하다고 여기는 비율

*출처: 윤병중, 「우리나라 청소년의 신체 이미지 인식 및 체중 조절 행위의 영향 요인」

INFORMATION

 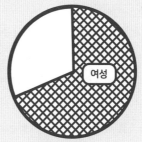

남성 여성

51% vs. 71%

'한국 사회에는 비만이라는 이유로 무시하고 차별하는 경향이 있다'는 말에
동의하는 남성 대 여성 비율
*출처: 대한비만학회, '비만 인식 현황 조사'(2023)

155만 명

우리나라 섭식 장애 환자 수 추정치

(세계보건기구가 파악한 유병률 3%로 계산한 수치)

80.9% 92.9%

섭식 장애 환자, 신경성 폭식증 환자 중 여성 비율

*출처: 남인순 의원이 국민건강보험공단으로부터 제출받은 '섭식 장애 진료 내역'

48.8%

장애인 중 최근 1년간 운동을 해 본 경험이 없는 비율

*출처: 문화체육관광부, 「2022년 장애인 생활체육 조사 결과 보고서」

☞   2015년, 헬스장의 구인 광고가 논란이 되었다. 지원 조건은 여성, 20대, 키 165센티미터 이상, 체중 50킬로그램 이하였다. 그런데 트레이너를 뽑는게 아니었다. 시급 1만 원 받고(당시 최저임금 5,580원) 헬스장을 무료로 이용할 '젊고 몸매 좋은' 여성을 찾는 내용이었다. 섹시한 여성이 운동을 하고 있으면 그걸 '볼' 사람이 있다는 것이니, 속된 말로 '여기 물 좋다'는 식의 인상을 헬스장 이용자들에게 심어 줄 목적이었던 거다.[2] 입구에서 사람 가려서 받는다는 클럽 문화와 다를 게 없었다.[3] 업계에서는 전부터 존재한 방식이었는데, 수면 위로 올라온 건 처음이었다.

대학에서 강의할 때, 한 학생은 이 사례로 '몸의 상품화' 관련 에세이를 작성했다. 내용이 너무 좋아 허락을 받고 익명으로 내용을 강의 커뮤니티에 공유했다. 내의도는, 전혀 통하지 않았다. 그게 왜 문제냐, 법적으로도 도덕적으로도 문제 될 게 없다, 몸매도 경쟁력 아닌가, 그 사람이 평소 자기 관리를 잘했으니 보상받는거다, 공부 잘하는 사람은 공부로 돈 버는 거고 몸 좋은 사람은 몸으로 돈 버는 거다, 명문대 학생은 과외로 돈 쉽게 번다고 지방대 학생이 트집 잡으면 얼마나 웃기게 들리냐 등등의 반론이 넘쳐 났다. 그리고 초대형 빈정거림이 등장했다. "이 사람 어떻게 생겼는지 보고싶네. 사람이라면, 나도 열심히 운동해서 저런 대우받고 살아야지 생각하는 게 정상 아냐?"

대학생 김유경(22) 씨는 트레이너가 남자들은 쇄골이 예쁜 여자를 좋아한다며 쇄골 운동법을 권했다며 처음에는 '쇄골까지 살을 빼야 하나'라는 생각이 들어 불쾌했지만 이제는 나도 모르게 쇄골에 신경을 쓴다고 말했다.

—《한국일보》, 「'몸매 강박' 사회…나는 왜 내 살을 혐오하나」[4]

나는 무슨 눈치를 보고 있는 것일까

어린 시절, 달리기가 싫었다. 부모님은 새벽마다 나를 집 근처 학교 운동장으로 보냈다. 일찍 일어나기엔, 난 어렸다. 이유를 이해하기엔, 난 어렸다. 달릴 때의 아드레날린 분비를 느끼기엔, 난 어렸다. 건강이 삶을 의미 있게 만든다는 긍정적 연결성을 추론하기엔, 난 어렸다. 운동선수가 장래 희망도 아니었는지라 목표 의식도 없었다. 철이 없어서인데, 없을 나이였다. 추운 겨울날 마지못해 나오면, 자판기 코코아 한 잔을 들고 상가 계단에 쪼그리고 앉아 시간을 때우곤 했다. 이때, 뼈저리게 느낀 게 있다. 좋은 것인들, 좋게 전달되는 건 아니라는 걸. 살 좀 빼라는 취지는, 딱 그 취지만큼만 전달되진 않는다. 살아 보면 알지 않는가. "걱정되어서 하는 말인데", 이렇게 시작하는 대화는 대화가 아니라는 걸. 그걸, 나는 일찍 깨달았다.

한때 달리기를 매일 했다. 10여 년을 새벽마다 6~7킬로미터를 달렸다. 상쾌했다. 즐거웠다. 보람찼다. 이걸 '느끼라고' 부모님은 그러셨던 것일까? 그래서 나는 통곡했을까? 아니다. 나는 누군가에게 달리기 예찬론을 전파하는 데 신중했다. 작가인지라 달리기를 키워드 삼아 나를 적당히 괜찮은 사람으로 포장하고픈 유혹이 있었지만 그러지 않았다. 나 혼자 뿌듯해하는 것만으로도 운동의 효능은 주변에 알아서 전파되었다. 운동은, 강하게 권할수록 역효과가 많다는 걸 나는 안다. 강하게라는 건, 붙는 추임새의 날카로움을 말한다. 거기에 '찔리면' 아프다. 운동하면서 느끼는 자신의 상쾌한 기분을 상대도 느끼길 바란다면, 그 사이에 많은 것들을 짚어야 한다. 우린 이걸 '예의'라고 한다.

달리지 못한 지 오래되었다. 왼쪽 무릎을 다쳤다. 슬개골이 선천적으로 두 조각이라는 걸 마흔을 넘겨서 알았다. 백 명 중 한 명 정도가 그렇다고 한다. 유명한 야구 선수 오타니 쇼헤이가 이 통증으로 고생하다 수술을 받았다.[5] 슬개골 조각이 연골을 찔러 통증이 발생하는데, 그냥 아픈 게 아니라 무릎을 '전혀' 사용하지 못한다. 운전석에 올라타는데 마지막 동작인 '왼쪽 다리를 차 안으로 넣기'가 안 된다. 그냥 땅에 붙어 있다. 다리를 구부리지 못하니 걸을 때 발목에 가해지는 압력이 너무 크다. 그런데 내 발목은 '부주상골 증후군'으로 고생중이다. 발목과 엄지발가락을 이어 주는 주상골이라는 뼈에 쓸데없는 뼈가 하나 더 있는 건데, 이 역시 마흔이 넘어서 알게 되면서 수술 시기를 놓쳤다. 무리하면 발목에 쇠구슬이 박힌 듯한 통증이 나타난다. 무릎이 아프고 다시 발목이 아픈 악순환의 연속이었다. 심신이 만신창이가 되었는데, 정형외과에서 처방해 준 정신과 약을 먹으며 조금씩 회복했다. 처음엔 왜 이런 약을 주나 했는데, 스스로를 비관하지 않으니 그나마 치료에 집중할 수 있었다.

국가대표 운동선수가 아니라면 수술하기에 위험이 더 크다는 의사 말에 따라 물리치료만 받았다. 하루도 빠짐없이 발목과 무릎 주변의 근육을 '풀고 강화하는' 운동을 했다. 그래서 일상생활은 무난하지만, 달리진 못한다. 정해진 스트레칭과 부위별 근력 운동을 매일 한 시간씩 하지만, 달리진 못한다. 아프면 끝장이라는 생각에 별거 아닌 통증도 별거라고 생각하고 극도로 조심한다.

그런데, 나는 왜 이렇게 '달리지 못하는 이유'를 구구절절 설명하고 있는 것일까? 너무 간절해 보인다. 이거, "달릴 수 있는데도 안 달리는 사람하고 저는 달라요."라고 말하고픈 티가 너무 난다. 어떤 공기에 짓눌려 있다는 거다. 어마어마하게 눈치를 보고 있다는 거다. 애잔하다.

운동 권유는 왜 무례한가

　달리지 못해서 가장 괴로운 건 나인데, '못 달린다는 건 핑계다.' 라는 식의 글을 마주하면 허탈하다. 당신이 달려야 하는 이유랍시고 공유되는 글에는 뾰족한 창들이 삐죽삐죽 튀어나와 있다. 달리기 예찬론에는 전형적인 흐름이 있다. 달리기 전 자신의 삶을 최대치로 비하한다. 운동 안 하던 시절을 쓰레기란 단어로 표현하며 인생의 비포/애프터를 선명하게 부각한다. 달린 후 아드레날린이 솟구쳤을 때의 느낌은 표현할 수 있는 최대치로 등장하고, '○○ 좋아하는 사람치고 ○○ 아닌 사람이 없다'는 비약이 답습된다. '달리기 좋아하는 사람치고' 다음엔 착실하고 성실하고 정신력이 강하고 등등의 좋은 말들이 따라붙는다. 곧 반대편을 심판한다. 이러쿵저러쿵 핑계 대는 사람을 비난한다. 무릎은 잘 망가지지 않는다면서 화를 내고 신체를 방치하지 말라며 꾸짖는다. 운동 찬양은, 기어코 다른 누구를 나태하게 만든다.

　운동은 그 덕택에 일상을 나태하지 않게 보낼 확률을 효과적으로 높이지만, 그게 반대쪽의 나태함을 증명하는 건 아니다. 하지만 사회는 운동을 하는 이에게 "'자기 관리를 철저하게 하는 사람', '고통을 이겨 내고 정신승리 한 사람'이라는 매우 긍정적인 평가를 하곤 한다".[6] 운동으로 몸을 바꾸면, 많은 관심과 칭찬이 쏟아진다. 달콤하다. 이 달콤함이 선을 넘게 한다. 운동의 중요성이 부각되니, 운동의 효능은 다른 효능에 비해서 사람에게 더 맘대로 말해도 되는 것처럼 여겨진다. 유독 운동 권유만큼은 사람 사이에 존재해야 하는 예의를 건너뛸 때가 많다. 체중과 몸매 등을 기준 삼아 인간의 존엄성을 선별적으로 부과하면서, 이 무례함을 '운동이 주능 효능'으로 덮어 버린다.

운동의 효과를 말하고픈 이들의 들뜬 마음은 이해한다. 하지만 운동 때문에 정신이 맑아졌다는 간증이, 운동을 안 하는 이들은 정신이 맑지 않다는 '맑지 않은' 논리로 이어져서야 되겠는가. 운동이 만병통치약이라는 막무가내 논리만이 부유하면, 아픈 사람은 늘 자기 탓부터 한다. 원인과 무관하게 '몸을 방치하다 병에 걸렸네요.', '빈약한 근육 때문에 몸이 아프네요.' 등의 자학적 추임새를 일단 뱉어야 한다. 이분슬개골이 어쩌고저쩌고 그랬던 나처럼.

신체가 도덕이 된 세상이다. 어디가 도덕이 되면 반대편은 도덕적이지 않기에 "적대감이나 조롱을 마주하게 된다".[7] 현대사회에서 '뚱뚱'은, 뚱뚱한 걸 넘어 비정상으로 간주되어 자기 관리의 실패를 증명한다. 영국의 한 헬스장 광고는 이렇다. SF 영화에서 본 것 같은 외계인이 지구에 와서 우주선에 사람을 태우는 이미지 옆 문구는 "그들이 오고 있어요. 그들은 도착해서 제일 먼저 뚱뚱한 인간들을 데리고 갈 거예요(They're coming… And when they arrive, they'll take the FAT one's first)!"이다. 이 헬스장은 "뚱뚱하고 못생긴 것이 싫증 나죠? 그냥 못생기기만 하세요(Tired of being fat and ugly? Just be ugly)."라는 광고를 내걸기도 했다.[8]

몇몇 사람에겐 논란거리였지만, 비슷한 콘셉트의 광고가 전 세계로 퍼졌다. 한국의 사례도 있다. "외계인 침공 시 살찐 사람이 먼저 잡아먹힌다. 어쩜! 나일 수 있잖아."라면서 홍보하는 헬스장 광고 전단지에 대해[9] 사람들은 기발하고 독특하고 재치 있고 재밌다며 여기저기 퍼 날랐다. 하긴, 얼굴은 몰라도 몸은 노력으로 바꿀 수 있다는 말은 누구나 한 번쯤 하거나 듣거나 했을 거다. 그래서 운동을 권장하는 '모욕 마케팅'[10]은 너무나 많다. 그게 아무리 살찐 사람에게 모욕감을 준들, 문제 되지 않는다. 그래서 내가 이런저런 이유를 주절주절 말했나 보다.

살찌면 유죄인가

대학에서 강의할 때, 두 그래프를 연결해 가설을 고민하는 수업을 자주 했다. 자살률 그래프와 자기 계발서 판매 추이 그래프를 놓고 '할 수 있다!'는 각오를 남발하는 사회 풍토가 개인을 어떻게 힘들게 하는지 토론하는 식이다. 자연스레, 불가능은 없다는 분위기는 모든 것을 개인 책임으로 받아들이는 경향도 덩달아 키우기에 패배의 감정도 더 쓰리다는 이야기가 이어진다. 학생들은 이 과정을 통해 '할 수 있다!'는 태도가 '못하면 죽어라!'를 의미하는 게 전혀 아니지만, 과잉되면 충분히 그렇게 연결될 수도 있음을 알게 된다.

'비만 인구 증가'를 다른 그래프와 설명한다면 어떤 현상들이 제시될까? 배달 음식을 자주 먹는다는 건 드러난 결과고 그걸 추동하는 사회적 힘을 찾아보라 하니, 한 학생이 말한다. '몸 관리'라는 말이 과잉되면 오히려 운동할 의지가 사라지는 사람도 늘어난다는 주장이었다. 몸 관리를 안 해서 뚱뚱한 건데 무슨 소리냐는 반론에 이런 근거를 제시했다. 인터넷에는 '뚱뚱한데 헬스장 가기가 무섭다'는 글들이 넘쳐 난다. 비만인을 바라보는 사회의 공기가 너무나 차가워 용기 내서 헬스장에 갔는데, 헬스장 '안'이 더 잔인하다는 거다. 설명을 압축하면 이렇다. 현대사회의 '몸 관리' 담론은 비만을 비만이 아닌 쪽으로 끌고 오는 게 아니다. 비만한 사람을 공동체의 밖으로 쫓아내는 기운이 다분하다. 표피는 건강을 위한다는 보편적 언어로 도배되지만, 그게 반복될수록 살찐 건 혐오받아도 괜찮다는 편견을 조장할 뿐이다. 그래서 몸짱도 증가하지만 그 반대도 증가한다는 논리였다. 멋진 발표였다.

체중 증가가 신체에 부정적인 영향을 끼친다고 해서 살찐 사람을 부정적으로 묘사해선 안 되지만, 거침없다. 논쟁이 된들, 어떻게든 자신의 시야에 '걸린' 뚱뚱한 사람의 게으른 모습을 나열하며 증거라고 우기기 바쁘다. 텔레비전 공익광고에서는 집에서 배달 음식만 시켜 먹다가 살이 쪘고 다시 정갈하게 음식을 먹어 체중 조절에 성공했다는 내용이 아주 적나라한 이미지로 등장한다. 건강의 중요성을 강조하는 건지, 뚱뚱한 사람은 욕먹어도 싸다는 건지 모를 정도다. '비만=게으름'이 된 곳에선 '살 빼면 되잖아.'라는 말만 부유한다. 살 빼서 인생이 달라졌다는 이야기가 빈번한 만큼, 살도 못 빼면서 왜 불평불만이냐는 빈정거림도 흔해졌다. 살 빼기가 이데올로기가 되면, 살찌는 건 유죄가 된다.[11]

죄니까, 살찐 사람들은 죄인이라도 된 듯 자학한다. 알아서 엎드리니, 다이어트에 성공한 자들은 불필요하게 상승한 자신감을 제어하지 못해 오만해진다. 이는 다이어트가 필요해 보이는 이들을 멋대로 선별해 자존감을 짓밟아 버리는 무례함으로 이어진다. 이게 싫어서 운동하겠다는 이들도 있겠지만, 건강에 잔인함이 개입하면 몸에 대한 존중보다 한탄이 커진다.[12]

신체를 가혹하게 평가하는 사회에서, 요요 현상 한 번이면 인생의 패배자가 되고 두 번이면 쓸모없는 존재로 전락한다. 신체를 혐오하면서 발생한 우울증은 일상적 우울보다 더 심각하게 발전할 가능성이 크다.[13] 이 스트레스의 총합과 삶 안에 운동을 효과적으로 곁들이겠다는 실천의 의지는 십중팔구 반비례한다. "몸무게에 따른 차별은 증가하고 있지만 차별이 비만을 방지할 것이라는 징후는 보이지 않는다."[14] '다 너를 위해서'라는 표현은 상대를 존중하지 않으니 가능했을 거다. 물론 혐오를 동기부여의 동력으로 삼고 성공하는 예외는 있겠지만, 타자에게 혐오를 받은 만큼 자신을 혐오하는 악순환의 굴레에 빠지는 경우가 더 많다.

코로나 팬데믹 당시, '확찐자'라는 언어유희가 유행했다. 풍자와 해학의 민족답다면서 다들 웃고 넘기지만, 권력을 비꼬는 것도 아니고 그저 활동량이 줄어 체중이 증가한 걸 이리도 비꼴 수 있을까? 아마 살이 '찐' 걸 거대 악으로 봤던 습관이 있었기에 확'찐'자의 어감도 완성됐을 거다. 이런 표현을 자신에게 스스럼없이 사용하는 이유는 '나도 살찐 게 문제라고 생각해요!'라고 먼저 인정하는 게 일종의 도리가 됐기 때문이다. 신체를 정상과 비정상으로 구분하는 세상에 적응한 사람들의 자기 검열이랄까?

안티에이징은 가능한가

인터넷 유행어 가운데 "파오후 쿰척쿰척"이라는 것이 있다. '파오후'는 뚱뚱한 사람이 숨을 쉬는 소리, '쿰척쿰척'은 뚱뚱한 사람이 밥을 먹을 때 내는 소리를 뜻하는 단어로, 뚱뚱한 사람들에 대한 우리 사회의 시선을 적나라하게 드러내는 유행어다.[15]

생소한 저 단어를 검색했다. 연관된 이미지를 살펴보니 충격이다. 사람에 대한 예의가 없는 우리네 현실은 너무 잔인했다. 만약 저 문단에 이어서 논의를 전개해야 한다면 비만에 대한 개인 견해가 무엇이든 간에 얼추 비슷한 이야기가 나올 것이다. 아니, 나와야 한다. 언급된 적나라한 시선은 노골적인 혐오가 분명하니, 이를 비판하는 게 좋은 사회임은 두말하면 잔소리다.

하지만 저 도입부를 사용한 기사의 제목은 "서울 교육청 '비만 초딩들, 이대로 뒀다간…'"이다. 기사는 비만율 증가를 언급하면서 생활 습관을 개선하자는 타당한 제안을 하지만, 그걸 아무 비판 없이 혐오 표현을 적나라하게 나열한 다음 언급하기에 혐오를 개인이 극복할 영역으로 해석한 꼴이 되었다. 기사의 사진에는 어린이가 '비만 탈출'이라고 적힌 샌드백을 치고 있다. 어린이에게 일부러 내복을 입혀 더 살쪄 보이게 사진을 찍은 느낌이 들 정도로 복장과 장소가 어울리지 않는다. 기사는 이렇게 아이에게 말하는 것 같다. "살 안 빼면 다들 널 혐오할 거야, 그러니 살 빼."

한국 사회에서 비만이 다루어지는 전형적인 방식이다. 비만이 개인에게도 안 좋고 사회적으로도 여러 문제가 있다는 분명한 이유로 사람을 혐오받아도 마땅한 존재로 취급하는 공기는, 익명의 커뮤니티는 물론이고 일상 속에 자욱하다. 그 정도는 아니라고 말할 사람도 있겠다. 자신은 그런 적 없다고 우기는 사람도 있겠다. 몸 좋은 사람 칭찬은 해도 몸 안 좋다고 싫어하진 않는다고 명확하게 선을 긋기도 할 거다. 그런데, 그게 결국 돌고 돈다.

> 속옷만 입은 여성의 사진을 담은 대형 옥외광고물이 내걸렸다. (…) 여성 모델은 흰색 속옷만 입은 채 침대 위에 무릎을 꿇고 있는 자세를 취하고 있다. 청바지는 허벅지까지 내려가 있어, 모델의 엉덩이 옆모습이 그대로 드러난 모습이다.[16]

속옷 광고가 아니라, 헬스장 광고다. 너무 대형인지라 논란이 되자마자 빠르게 철수되었지만 마치 성인 잡지의 표지 같은 사진을 앞세운 헬스장 광고는 거리를 걷다 보면 쉽게 만난다. 그저 근육이 촘촘한 걸 보여 주는 수준이 아니라, 자세가 독특하다. 섹시한 포즈다. 논란이 된 광고 간판을 건 업체는 언론의 취재에 헬스장에서 흔히 볼 수 있는 바디 프로필 광고가 원래 목적이었다고 밝혔다.[17] 그러니까, 요즘의 헬스장은 혈압 낮추고 콜레스테롤 조절하기 위해 그냥 평범히 운동하는 사람 말고 '주요 고객'이 따로 있음을 말하는 꼴이었다. 그 시장이 그만큼 크다는 거다. 어느 순간 헬스장이 사람 사는 곳 어디든 존재하고 1 : 1 피티(PT)라는 표현이 흔해지더니, '바디 프로필 챌린지'라는 말이 곳곳에서 들린다.

그 배경에 '몸'에 대한 찬사가 없겠는가. 프로필은 '돈을 벌기 위해서'(즉 구직 목적으로) 개인을 소개하는 자료인데, 지금은 '바디'와 전혀 상관이 없는 직업을 가진 이들이 바디 프로필을 찍는다. 10대도, 60대도 찍는다. 매력적인 사진을 남겨야 한다는 명목으로 체지방을 걷어 내는 극단적인 감량과 촬영 전에는 수분 섭취를 제한하는 방식도 심심찮게 동원되지만, 이게 건강한 몸과 무관하며 또 심신의 극한 체험이 수많은 후유증을 동반한다는 건 검색 몇 번이면 알 수 있다.[18]

바디 프로필 찍는 개인을 나무랄 수는 없다. 하지만 이런 현상의 배경인 '신체 찬양'이 어떤 성질인지는 짚어야 한다. 그런 몸을 갖고 싶어서인지, 그렇지 않은 몸을 갖고 싶지 않아서인지. '우와 몸 좋다!'만 있다면 문제는 없다. 하지만 그게 '이상적 신체'가 되고 성스러워지면, (그렇지 않은) '몸이 별로'라는 인식도 차츰 넓어진다. 건강한 남자들이 어깨가 넓지 않은 스스로의 몸을 부끄럽게 여긴다. 쇄골도 신경 써야 하는 여자들은 더하다. 보통 사람도 이러하니, 살도 찌고 운동 능력도 떨어지는 아무개라면 부끄러움 그 이상을 느낀다. 자신을 혐오한다.

과잉되면 세상을 보는 눈도 극단화된다. 바디 프로필을 찍는 사람에게 음식은 '클린 푸드'와 '더티 푸드'로 양분된다.[19] 닭고기, 고구마, 야채는 클린이고 그 외에는 다 더티가 되는 이분법적 분류가 견고하다. 이 정서는 일부가 아니다. 대한민국에서 다이어트 안 해 본 사람이 있겠는가. 음식 앞에서 갈등하고 먹은 후에는 후회하는 게 예의가 된 세상이다. 날씬한 사람들조차 삼겹살 먹은 다음에는 "오늘 돼지처럼 먹었네."라는 추임새를 곁들인다.

클린과 더티, 이는 운동으로 인한 몸의 변화를 표현하는 전형적인 방식이다. 살 빠지니 젊어 보인다 등의 표현이 과잉되면 '젊음'이 클린과 더티의 기준으로 작동한다. 그래서, 열심히 운동해서 젊음을 유지하던 사람이 나이가 들면 그걸 '유지하기 위해' 성형외과를 찾는다. 이 사회에서 '늙음'은 추한 취급을 받기 때문이다. 쭈글쭈글하기에 노인인데, 이들은 '쭈글쭈글하다고' 구석진 곳으로 밀려난다. 늙었으니까 노(老)인이겠지만, 세상은 '늙었다고' 타박한다. 노인이, 젊지 않다고 욕먹는다. 50대 같지 않은 얼굴, 60대라고는 믿기지 않을 몸매 등의 환호가 난무하게 되면 70대가 70대처럼 보인다고 홀대당한다.

노화를 '방지하다'라는 표현과 엮는 게 지극히 일상적이고 '안티에이징'이라는 초자연적 단어가 돌아다니는 곳에선, 나이 듦을 거스를 때만 곱게 늙었다며 인정받는다. 무슨 수로 그게 가능하냐 싶지만, 서점엔 나이 들어 보이지 않는 비법을 담은 책들이 즐비하다. 건강이 강박이 된 세상에선, 건강하지 않은 사람들은 스스로를 민폐로 여긴다. 심지어 '늙었기에 아픈' 사람들조차 그렇다. 자기 관리라는 말이 흔해지니, 팔십 살 노인도 병원을 갈 때마다 '젊을 때 몸을 돌보지 않은 대가'라면서 자조한다.

지방이 적고 근육이 많아야 건강하다는 지극히 평범한 기사의 첫 문장은 이렇다. "건강하게 오래 사시는 어르신들을 보면 대부분 군살이 없고 탄탄하다."[20] 그런데 실제 마주하는 연세 지긋한 어르신들 대부분이 군살이 많고 탄탄하지 못하다. 게다가 피부는 늘어져 있다. 지극히 당연한 노화인데, 이를 거스르지 못했기에 부끄러워해야 한다.

사회는 구성원의 건강 지표를 개선하기 위해 노력해야 한다. 암을 예방하는 올바른 생활 태도를 정착시키고, 치매를 피해 가거나 늦출 수 있는 제대로 된 방법을 알리는 건 사회의 의무이기도 하다. 하지만 그 전개 방식이 투박하면, 선한 의도일지라도 선하지 않게 굴러간다. '이렇게 하면 치매를 늦출 수 있다'와 '이렇게 하지 않으면 치매 걸려요'는 같은 의미처럼 보이지만 간격은 크다. 전자에서 후자로의 흐름을 어색하게 느끼지 않으면, '저렇게 살았으니 치매 걸리지.'라는 무례한 사람 평가도 자연스러워진다. 음식 절제와 운동 의지라는 두 축으로 반드시 설명되는 암, 당뇨, 고혈압은 더 심할 거다. 절제와 의지, 이는 자기 관리의 핵심 키워드지만 상대를 폄하하는 날카로운 무기로 쉽게 둔갑한다. 건강을 챙기는 건 좋은 거다. 하지만 그게 강박이 될 때, 건강은 사람을 구분 짓는 잣대가 된다. 건강한 신체에 건강한 정신이 깃든다고 했는데, 항상은 아니다.

엄청나게
빠르고,
믿을 수 없게
편리한

세 번째 이야기

'지구온난화' 시대가 끝났다.
끓어오르는 '지구 열대화' 시대가 도래했다.
The era of global warming has ended;
the era of global boiling has arrived.

― UN 사무총장 안토니우 구테흐스 António Guterres

Chapter 11

나는
시원해지고,
우리는
뜨거워지다

에어컨
덕분에,
에어컨 때문에

1902년

**에어컨의 아버지
윌리스 캐리어가
에어컨의 원리를 발견한 해**

1968년

국내 최초 가정용 에어컨인 금성사의 'GA-111' 출시 연도

6%

1993년 우리나라 가구의 에어컨 보유율
*출처: 한국갤럽조사연구소 갤럽리포트

1995년

우리나라 모든 버스에서 냉방 장치가 의무화된 해

14.1%

2020년 우리나라 저소득층 가운데 에어컨이 없는 비율
(전체 인구 집단은 2.5%)
*출처: 한국보건사회연구원, 「폭염 민감 계층의 건강 피해 최소화 방안」(2020)

INFORMATION

1917년

미국의 극장에서 에어컨이 처음 가동된 해

5만 명

현재 155만 명이 살고 있는 미국 애리조나주 '사막 도시'
피닉스시(市)의 1930년대 인구수

2029년

산업화가 시작된 1800년대 대비
지구 온도가 1.5도 이상 상승할 것으로
예측되는 시기

(2023년 영국 임페리얼칼리지런던 기후학자들의 전망)

TEMPERATURE RISING EFFECTS

1,430배

오존층 파괴 물질인 염화불화탄소의 대체제인
수소불화탄소(HFCs)의 이산화탄소 대비 지구 가열 효과

37년

에어컨 냉매 염화불화탄소(CFC)가 오존층을 파괴한다는 게 알려지고서(1973년)
완전 사용 금지까지(2010년) 걸린 기간

☞　　작가 헨리 밀러 Henry Miller는 미국에서 책
출간이 어려워지자 프랑스에서 10여 년간 살면서 집
필에 매진해 『북회귀선 Tropic of Cancer』, 『남회귀선
Tropic of Capricorn』이라는 작품으로 명성을 얻었다. 그
는 1940년에 미국으로 돌아와 1년간 자동차 횡단 여
행을 하면서 받은 인상을 1945년에 책으로 내는데, 제
목이 'The Air-Conditioned Nightmare', 그러니까
'냉방(장치)의 악몽'이다. 산업화와 인간의 관계를 비
판적으로 관찰한 밀러는 "편안하고 안락하지만 무엇
인가가 잘못되어"[1] 있는 미국의 모습을 어색한 단어 조
합으로 드러냈다. 10여 년 사이 가장 달라진 게 가정
형 에어컨의 보급이었고, 찬양 일색으로 'air-condi-
tioned'가 언급되면서 세상 좋아졌다고만 말하는 미
국인들의 이면을 꼬집기 위한 은유였다. 작은 오두막
집 뒤로 거대한 빌딩이 위압적으로 솟구쳐 있는 사진
이 표지인 이유이기도 하다. 우리는 한여름에 에어컨
이 없는 게 악몽인데, 밀러는 '기술=발전'으로 무작정
등치하는 현대인의 게으른 사고방식을 무려 80년 전
에 비판했다. 그러니까 오존층 파괴, 지구온난화라는
말이 등장하기도 전에.

> 일단 에어컨을 접하고 나자
> 과거로 돌아갈 수가 없었다.
>
> — 스탠 콕스, 「여름 전쟁: 우리가 몰랐던 에어컨의 진실」[2]

쾌적해질수록
불쾌해지다

1996년 5월, 내가 다니던 대구의 ○○고등학교 강당에서는 3학년 학생들과 학교 사이에 실랑이가 진행 중이었다. 학생들은 에어컨 설치를 요구했고 학교는 어렵다는 말만 반복했다. 여름방학도 없었던 학생들은 에어컨 없는 교실에서 공부가 잘되겠냐면서 불만을 표출했다. 전기세는 개별 학급에서 납부하는 조건으로 안건은 통과됐다. 그해 여름, 교실 뒤쪽 대형 에어컨에 모여 다들 이런 말을 내뱉곤 했다. "아~ 이제 살 것 같네."

2년 전 여름이 너무너무 더웠던 게 학교를 움직였다. 살인 폭염

에어컨

의 해였던 1994년, 대구는 최고기온이 39도를 몇 번이나 넘겼다. 나는 점심시간에 농구를 하다가 모래 위로 넘어졌는데 단 몇 초 만에 화상을 입기도 했다. 교실마다 선풍기 두 대가 전부였던 학교는 단축 수업 결정을 내렸다. 더워도 별수 있나, 그게 여름 아니냐고 말할 수준이 아니었던 거다. 그 덕에 교실에 에어컨이 설치되었다.

그 이후, 군대 생활을 제외하고는 에어컨 '없는' 여름은 없었다. 집에선 전기세 걱정한다고 일부러 에어컨을 틀지 않기도 하지만, 백화점이나 카페 혹은 영화관이 같은 이유로 에어컨 가동을 하지 않는 건 상상하기도 싫다. 아무리 책이 좋아도 냉방 시설 없는 도서관을 한여름에 갈 순 없다. 에어컨이 삶의 기본값이 되면서, 밖이 더우면 안은 시원해야 한다고 당연히 여겼다. 그러면서 내 감정도 변했다. 덥고 습한 걸 이토록 싫어했는지 의문이 들 정도로 예민해졌다. 에어컨에 익숙해지니, '시원하지 않은' 그러니까 에어컨 없는 곳이 마음에 들지 않았다. 불쾌했다. 여름에 땀 좀 난다는 이유만으로도 말이다. 불쾌하다는 건 '찝찝하다', '꺼림칙하다'보다 강한 표현이다. 그보다 '더' 짜증 나는 상황에서의 감정이 불쾌 아니었던가. 하지만 언젠가부터 약간 찝찝한 상황에서도 나는 불쾌해졌다. 그리고 이런 불쾌함이 해소될 때마다 특별한 감정을 느꼈다.

1920년대부터의 신문 기사를 확인할 수 있는 '네이버 뉴스 라이브러리'에서 '쾌적', '쾌적성', '쾌적하다'를 검색하면 단어 출현 빈도를 나타내는 막대그래프가 1970년대 이후에야 유의미해짐을 알 수 있다. 조선왕조실록에서도 찾기 어려운 표현인데, 그건 다른 이유가 있을 거라고 추정할 순 있지만 언어의 형태가 지금과 흡사한 1950~1960년대에도 익숙한 단어가 아니었다니 놀랍다. '쾌적'이란 표현은 더위를 마주하는 인간의 태도가 달라지면서 일상용어가 되었다는 말이다. 그러니 에어컨 없이 수만 년을 산 인류가 이제는 에어컨 앞에서만 "아, 이제 살 것 같다!"라고 말한다.

'불쾌지수(discomfort index)'라는 말도 미국에서 에어컨이 일상이 되면서 등장했다. 기후학자 얼 크래빌 톰Earl Crabill Thom은 1959년, 미국 기상학회가 발행하는 잡지《웨더와이즈Weatherwise》에서 온도와 습도를 조합한 이 개념을 처음 언급한다.[3] 1961년 7월 7일 자《동아일보》4면에서 이를 요즘의 시사용어 소개처럼 다루는 것을 볼 때, 날씨에 반응하는 사람의 감정을 예측하는 불쾌지수는 에어컨이 있고 없고의 차이가 선명해지면서 등장한 시대적 용어임을 알 수 있다. 『냉각 이후: 프레온가스와 지구온난화 그리고 안락함의 끔찍한 비용After Cooling: On Freon, Global Warming, and the Terrible Cost of Comfort』[4]의 저자 에릭 딘 윌슨Eric Dean Wilson은 이렇게 말한다. "불쾌지수의 발상은 그 자체로 미국의 문화유산이다."[5]

윌슨은 1950년대 전후로 대량생산되었던 에어컨이 어떤 광고로 소비자를 유혹했는지 문화사학자 앤드리아 베센티니Andrea Vesentini와 냉방 역사가 마샤 애커먼Marsha Ackermann의 연구를 통해 소개한다. 광고는 백인과 비백인을 문명과 미개로 구분했던 인종차별 정서를 듬뿍 이용했다. 덥고 습한 날 야외에서 잠자는 유색인종의 모습을 보여준 다음, 백인들이 사무실에서 정장 입고 회의하는 장면을 대비시키는 방식이었다. [6] 에어컨은 세련된 삶을 뜻했으며, 성실한 백인이라면 당연히 구입해야 하는 물건이라는 바람직하고 윤리적인 지위를 얻었다. 그럴수록 에어컨이 없는 삶은 두렵게 해석되었다. 광고는 백인 중산층들에게 이렇게 속삭였을 거다. "저 게으른 인종처럼 미개하게 여름을 보낼 거야?"

에어컨은 고난에서 나를 해방시키는 구세주였고, 지옥과 천국을 구분해 불쾌와 쾌적의 경계선을 결정하는 기준이었다. 사람들은 에어컨에 익숙해질수록 쾌적해졌고 덩달아 불쾌해졌다. 문제는, 쾌적함을 추구하는 속도가 기후변화보다 빠르다는 거다. [7] 그 희비를 짚어 보자.

여기가 천국이구나

공기조절은 인류의 오랜 고민거리였다. 석굴암이 유명한 이유도 굴 안의 습기를 모으는 수로 장치, 즉 자연 제습기가 있기 때문이다. 한옥을 설명하는 대표적 특징인 대청마루가 지면에서 떨어져 있는 이유도 열전도를 제어하기 위함이었다. 중동에서는 항아리를 냉장고처럼 사용했다. 두 항아리를 포개 물을 증발시키면서 생긴 시원한 공기를 가두는 방식이었다. 이란에는 건물 위로 우뚝 솟은 바드기르(badgir)라는 구조물이 수천 년 전부터 존재했다. 시원한 바람을 안으로 보내고 더운 바람을 밖으로 배출하는 공기 순환 장치다. 그렇다 한들 여름에 덜 더운 정도였다. 안 덥게 하는 건, 인간의 영역이 아니었다. 금기가 깨진 건, 고작 100여 년밖에 되지 않는다.

세계 3대 성인 혹은 4대 성인은 주로 종교와 관련된 인물들이다. 그런데 여름만 되면, 성인 한 명이 더 등장한다. 바로 현대식 에어컨을 발명한 윌리스 캐리어Willis Carrier다. '에어컨이 없었다면'으로 시작하는 말이나 글을 일상에서 마주하는 건 어렵지 않다. 여름에는 더하다. 괜히 위대한 발명품으로 꼽히는 게 아니다. 미국의 국립공학학술원이 20세기 공학이 성취한 가장 위대한 업적 스무 가지를 뽑으면서 에어컨과 냉장고를 열 번째로 언급했다. 앞뒤로 자동차, 비행기, 컴퓨터, 인터넷, 우주선, 보건 의료 기술 등이 등장했는데 이 모든 게 에어컨이 있다는 전제에서 만들어지고 활용된 거다.[8] 에어컨은 그 자체로도 더위로 인한 사망자 수를 줄였지만, 에어컨이 가동된 수술실에서 정말로 많은 사람들이 죽을 고비를 넘겼다. 만약 어떤 이유로 자동차에는 절대 에어컨을 설치할 수 없었다면, 우리는 여름마다 자동차를 최악의 발명품이라면서 저주했을 거다.

에어컨은 한 명의 천재가 뚝딱 만든 게 아니다. 액체가 기체로 변할 때 열을 빼앗아 가는 현상을 파고든 수많은 과학자들의 연구에서 캐리어가 한 걸음 더 나갔을 뿐이다. 1758년에 벤저민 프랭클린 Benjamin Franklin이 에테르가 주변의 열과 함께 증발되는 것을 알아내지 못했다면, 1820년에 마이클 패러데이Michael Faraday가 압축 암모니아가 기체로 변할 때 열을 흡수하는 현상을 발견하지 않았다면, 인간이 공기를 조절하는 데에는 더 많은 시간이 필요했을지도 모른다. 말라리아에 걸린 열병 환자의 주변을 조금이라도 시원하게 하기 위해 고민하던 미국의 의사 존 고리John Gorrie는 괴짜, 사기꾼 소리를 들어 가면서도 냉각장치를 만들겠다는 의지를 꺾지 않았다. 미국 국회의사당에는 각 주를 대표하는 동상이 있는데, 플로리다주를 대표하는 두 명 중 한 명이 바로 현대식 에어컨의 선조라 불리는[9] 존 고리다.

캐리어는 제철 회사에서 엔지니어로 일하며 난방 시설을 교체하는 작업을 하고 있었는데, 습도가 높을 때 인쇄 품질이 떨어진다는 출판사의 문의를 받는다. 캐리어는 기존에 존재했던 열풍기의 원리를 반대로 이용한다. 기존의 열풍기는 뜨거운 수증기를 파이프로 순환시켜 공기를 따뜻하게 하는 원리로 가동했는데, 이를 거꾸로 뒤집어 차가운 물을 코일 안에 흐르게 해서 습기를 유인하는 데 성공한다. 1902년, 캐리어의 나이 스물여섯이었을 때다. 캐리어는 이를 발전시키며 공기 순환 장치의 효율성을 증가시킨다. 에어컨의 정식 명칭, 'air-conditioning'이라는 표현은 1906년 섬유 제조업자이자 엔지니어인 스튜어트 크래머Stuart W. Cramer가 공장 내부의 온도와 습도를 조절하는 장치를 논의하는 자리에서 처음으로 언급했고 이를 캐리어가 '기계' 자체를 뜻하는 용어로 사용한다. 에어컨의 등장은 미국, 나아가 세계를 강타했다. 이후 캐리어는 자신의 공기조절 장치에 특허를 얻었으며(1906년), 가정용 에어컨을 개발하고(1914년), 동업자들과 '캐리어' 회사를 창업한다(1915년).

1917년 앨라배마주 몽고메리의 뉴엠파이어 극장에 최초로 공공 냉방 시설이 도입된다. 물론 처음에는 백인들만 누릴 수 있었지만 대중들이 '냉방장치의 효능'을 단번에 확인하는 역사적인 순간이었다. 그전까지 여름 극장 안은 이랬다. "공기의 흐름이랄 것이 전혀 없었다. 며칠 동안 목욕을 하지 않은 사람들이 빽빽이 모여 내뿜는 담배 연기와 땀 냄새, 몸 냄새는 작은 지옥을 만들어 감각을 괴롭혔다."[10] 그러니 에어컨이 있고 없고는 천지 차이였다. 사람들은 시원한 극장에서 생각했을 거다. '여기가 천국이구나.' 그리고 극장을 나서면서는 "몰랐는데, 밖이 지옥이었네."라고 중얼거렸을 거다. 어쩌면 날씨를 매개로 천국과 지옥이라는 비유를 적용한 첫날이었을지도 모른다. 많아 봐야 10도 남짓한 기온차였겠지만, 그걸 같은 날 같은 공간에서 단지 외부냐 내부냐에 따라 느끼는 건 그전에 경험했던 시원함의 감정보다 훨씬 강력하지 않았겠는가.

캐리어는 냉각제를 암모니아에서 무독성 물질로 대체하는 데 성공하며(1922년), 제기되었던 문제점을 해결한다. 1930년대에는 항공기와 자동차에도 에어컨이 설치되었다. 캐리어 기업의 제품은 현재 세계 180여 나라에서 팔리고 있으니 캐리어는 의심의 여지 없이 '냉방의 왕(King of Cool)'이다. 그는 1998년 타임지가 선정한 '20세기 가장 영향력 있는 인물 100인' 중 한 명이다.

'이러다 다 죽는' 물질이 사라지는 데 37년

에어컨이 바꾼 풍경을 말하자면 끝도 없을 것이다. 사막 위에 도시가 만들어졌으니 말 다 한 거 아니겠는가. 하지만 수십 억 년간 유지되었던 지구와 우주 사이의 환경도 단 50년 만에 바꾸고 말았다. 1928년에 개발되어 오랫동안 에어컨의 냉매제로 사용되었던 CFC(염화불화탄소)가 1987년 '오존층 파괴 물질에 관한 몬트리올 의정서'가 채택되며 통제되지 않았다면 지구는 지금의 모습이 아니었을 거다.

미국 듀폰사의 상품명인 프레온가스로 유명한 CFC의 생산 및 사용 금지 과정은 지난했다. 염화불화탄소는 성층권의 오존을 파괴하는데, 대단히 안정된 기체라서 성층권으로 올라갈 때까지 자연 분해 되는 등 다른 흡수 요인이 없고, 성층권에 다다른 후 40~100년이 지나야 분해된다는 사실은 미국의 방사화학자 프랭크 셔우드 롤런드Frank Sherwood Rowland의 학자적 양심이 있었기에 세상에 드러났다. 롤런드는 한 회의장에서 CFC가 대기 중에 처음 방출된 상태로 성층권까지 올라가고, 쉽게 분해되지 않기에 그 양이 계속 누적된다는 발표를 듣고 고민에 빠진다. CFC가 자외선과 만나면 염소 라디칼이 생성되고 그게 오존을 파괴할 수 있는데, 이미 50여 년간 규제 없이 가스가 배출되었다면 오존층에 구멍이 난 게 분명했기 때문이다. 오존층을 거치지 않은 자외선이 얼마나 위험한지를 아는 이상 확인하지 않을 수 없었다. 롤런드는 마리오 몰리나Mario Molina와 함께 이를 추적해 지구의 상태가 대단히 위험하다는 걸 증명한다. 1973년의 일이다.[11] 두 사람은 지구 멸망의 시기를 늦췄다는 공로로, 산화질소류가 오존을 분해한다는 사실을 밝힌 파울 크뤼천Paul Crutzen과 함께 1995년에 노벨 화학상을 받지만 처음에는 종말론자라는 비난을 받기도 했다. 그래서 1987년에 이르러서야 사용 규제에 관한 합의가 이루어진다. 그것도 단번에 중지할 수 없어서, 지구 전체에서 CFC를 만들 수도 사용할 수도 없게 된 것은 2010년부터였다. '이러다 다 죽는다'는 객관적인 사실을 확인하고도 37년이 걸린 셈이다.

구축된 산업 체계를 수정하는 건 이토록 어렵다. 미국에서 CFC는 생산 금지가 된 다음부터 지하 시장이 형성되어 코카인 다음으로 높은 비중의 밀수품이 되기도 했다.[12] 그러니 오존층 구멍은 계속 넓어져 갔고 그 구멍 크기가 감소 추세로 관찰된 건 롤런드와 몰리나의 검증 이후 45년 만인 2018년부터였다.[13] 계속 유의미하게 회복될지도 미지수다. 사용 자체를 해서는 안 되는 CFC가 2010년 이후에도 과거보다는 미미하지만 계속 배출되고 있고, 게다가 증가하고 있기 때문이다.[14] 어디선가 몰래 만들어 몰래 사용한다는 말이다. 한번 만천하에 퍼진 물질을 지구촌 전체가 단호하게 끊는다는 게 어찌 쉽겠는가.

한편으로는 운이 좋아서 나름 빠르게 조치가 취해진 거라는 평가도 있다. CFC 주요 생산국이었던 미국, 캐나다, 오스트레일리아와 유럽의 여러 나라들이 어떻게 적극적으로 의정서 채택에 나섰을까? 이는 오존층 파괴가 피부암 증가와 관련이 있어서 가능했다. 산업적 이해관계 때문에 강력한 규정을 만드는 것에 머뭇거릴 때마다 과학자들은 '흑인보다 백인이 피부암에 더 잘 걸린다'는 연구를 끊임없이 제시하여 정부를 압박했다.[15] 피부암에 취약한 백인들에게 CFC 생산 및 사용 금지는 생존의 문제였다.

답답함까지 포함시켜서 평가하자

에어컨을 사용할수록 지구온난화가 가속화되고 여름철 기온

은 더 높아진다. 그로 인해 냉방 수요가 더 늘어나, 더 많은 화
석연료를 태워야 하고 지구는 점점 더 뜨거워진다.[16]

급한 불은 껐지만 문제는 해결되지 않았다. CFC의 대체제로 사
용되었던 HCFC(수소염화불화탄소), HFC(수소불화탄소)가 어찌 무공해
물질이겠는가. '알고 보니' 거기서 거기였다. HCFC는 오존층을 파괴
했고 HFC는 이산화탄소 1,000배 수준의 온실가스를 내뿜었다. 감축
을 한칼에 할 수 없으니 시간을 두고 진행하는 것으로 합의된 상태
다. 이미 일상을 지배하고 있는 시스템을 바꾸는 게 그만큼 힘들다
는 말이다. 확실한 건, 지금껏 인류가 에어컨을 사용하면서 지구가
괜찮았던 적은 없었다. 인간은 쾌적함을 유지하겠다는 신념으로, 과
거보다는 나아졌지만 여전히 지구를 괴롭히는 다른 화학물질을 만
들었고 사용 중이다. 이 과정이 반복되니 사람들은 '문제가 생기면
또 대체하면 되겠지.'라는 안이한 생각을 가진다. 에릭 딘 윌슨은 일
갈한다. "우리는 우리의 습관을 고치기보다는 더 새롭고, 크고, 파괴
적인 기술로 눈을 돌린다. 기술보다, '고치는 것'이 옳다."[17]

가능할지 모르겠지만 100퍼센트의 무해한 냉매제가 등장한다고
해서 에어컨이 환경문제와 무관한 건 아니다. 에어컨은 기본적으로
소모 전력이 높다. 지금도 여름철에는 전력 수급에 비상이 걸렸다는
뉴스가 등장하고 아파트 단지에 정전이 일어났다는 소식이 낯설지

않게 들린다. 에너지를 얻기 위해 지구가 뜨거워지지 않고선 우리가 시원해질 수 없는 구조다.

그렇다고 에어컨을 사용하지 말자고 누가 말할 수 있겠는가. 현재 중국과 인도에선 에어컨이 급속도로 보급되고 있다. 인구수를 생각할 때, 이 두 나라의 변화만으로도 지구온난화는 심해질 거다. 그런데 오존층 파괴에 제일 크게 영향을 끼쳤던 나라의 사람들이 과연 '너희 때문에 지구가 뜨거워진다'고 할 수 있을까? 미국과 일본의 에어컨 보급률은 90퍼센트에 이르지만, 더운 지역은 8퍼센트 정도에 불과하다.[18] 그러니, '에어컨이 더 이상 보급되면 공동체가 파괴된다'는 식의 이야기는 겉돌 수밖에 없다.

가끔, 숲을 자주 걷고 마당에서 귀뚜라미 소릴 들으며 차분하게 있으면 에어컨 없이도 더위를 지낼 수 있다면서 그게 지구를 살리는 길이라는 수준의 캠페인 광고나 글들을 볼 때가 있다. 이 무슨 팔자 좋은 소리인지 어색하기 그지없다. 나는 『지금 여기, 무탈한가요?: 괜찮아 보이지만 괜찮지 않은 사회 이야기』에서 폭염과 사회적 불평등의 밀접한 관계를 짚으며 '에어컨을 끄면 지구가 살아요.'라는 식의 이야기가 지닌 공허함을 이렇게 말했다.

인간의 이기심 때문에 지구가 더워졌다는 지극히 상식적인 프레임은, 에너지를 절약하지 않으면 큰일 난다는 여론으로 이어진다. 그러면 더위에도 에어컨을 켜지 않고 참는 걸 미덕으로 삼는 사회 분위기가 형성되게 마련이다. 에어컨이 없어서 죽는 사람이 있는 현실을 생각할 때 야속한 결론이다. 즉, 환경문제는 더워도 죽지 않는 사람만의 추상적인 구호로 그치게 된다.[19]

사회가 불평등하면, 에어컨을 언제든지 틀 수 있는 사람의 '틀지 않겠다'는 다짐과 아무리 더워도 에어컨을 틀 수 없는 사람의 푸념이 공존한다. 이 본질을 외면하고, 에어컨이 지구온난화의 주범으로만 부각되어 에어컨을 틀지 않는 의지를 지닌 사람이 '친환경적'이라며 주목받는 식으로는 지구의 기온을 되돌릴 수 없다.

대학에서 강의할 때, 학생들과 학교 주변 동네를 돌아다니며 무엇이 눈에 보이는지를 토론하곤 했었다. 다 그런 것은 아니지만, 한국의 대학 주변은 아파트보다 2층짜리 주택이나 4~5층 빌라가 밀집된 경우가 많다. 당연히 주차 공간은 부족해 모든 골목이 복잡하다. 여기에 에어컨 실외기가 대부분의 집 바깥에 있으니 어수선하기 짝이 없다. 여름철이면 실외기에서 뜨거운 공기까지 나오니 짜증이 안 난다면 거짓말이다. 여기서 보아야 할 것은 '에어컨을 너도나도 사용하니 모두가 더워진다'가 아니다. 맞는 말이지만, 와닿지 않는다. 일상을 파고들어 삶을 반성하게 할 논리가 아니다. 창문을 열면 뜨거운 바람이 들어오는 곳에서 저런 이야기를 들으면 헛웃음이 나올 거다. 모두가 끄면 괜찮지 않냐고 하겠지만, 옆 건물의 시멘트 벽면이 창문 바로 앞에 있는 구조에선 사람이 노력한다고 찬 바람이 들어오지 않는다. 그러니 답은 에어컨에 없다. 던져야 할 질문은 '우리는 왜 에어컨 없이 살 수 없게 되었는지'다. 나아가 불평등에 둔감하면 아무것도 해결될 것은 없음을 분명히 인지해야 한다.

아마 이 글을 읽은 사람은 '그래서 어쩌자는 거냐'며 답답해할 거다. 그 답답함도 에어컨의 맥락에 담자는 거다. 에어컨을 파괴하자는 게 아니라, 순간적인 쾌적함이 주는 말초적 감각에 경도되어 '위대한 발명품'이란 표현만 남발할 때 미래 세대를 위해 반드시 던져야 할 책임 있는 질문이 사라지는 걸 경계하자는 거다.

Chapter 12

음식을 통제하고, 음식에 당하다

냉장고에 코끼리가 곧 들어갑니다

88%

2023년 김치 냉장고를 보유하고 있는 국내 가구 비율

*출처: 한국갤럽조사연구소 갤럽리포트

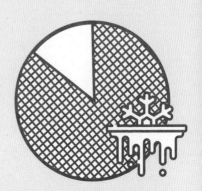

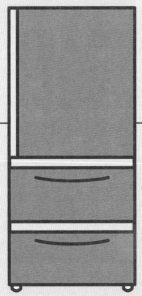

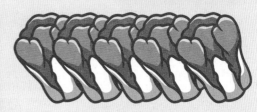

120리터

1965년 처음 출시된 국산 냉장고(금성사 GR-120) 용량

6.5%

1975년 국내 가정 냉장고 보급률
*출처: 한국민속대백과사전

910리터

LG전자가 2012년 '세계 최대' 크기를 내세우며 출시한 가정용 냉장고 용량

INFORMATION

1,350조 원

한 해 전 세계에서 버려지는 음식물 비용. 이 중 60%가 가정에서 버려짐.

*출처: 유엔환경계획{UNEP},『음식물 쓰레기 지수 보고서 2024』

500만 톤

2022년 한 해 국내 음식물 쓰레기 발생량

*출처: 환경부·한국환경공단,「2022년 전국 폐기물 발생 및 처리 현황」

8,000억 원

우리나라 음식물 쓰레기 연간 처리 비용

*출처: 환경부,「음식물쓰레기 줄이기! 하나뿐인 지구를 지키는 위대한 실천입니다」(2013)

1,600억 원

전체 음식물 쓰레기를 20% 줄였을 때
연간 절감되는 처리 비용

*출처: 환경부,「음식물쓰레기 줄이기!
하나뿐인 지구를 지키는
위대한 실천입니다」(2013)

30%

음식물의 생산·가공·소비·폐기에 이르는 과정에서 발생하는
온실가스가 전 세계 온실가스에서 차지하는 비중

*출처: 홍수열 자원순환사회경제연구소장

☞　　　1993년, 중학교 3학년이던 나는 몇 년간 용돈이나 세뱃돈 등 모을 수 있는 걸 다 모아 오디오기기('전축'이라 불렀다)를 63만 원에 마련했다. 대학 졸업자의 첫 월급이 60만 원 하던 시절이었으니 열다섯 살 아이가 그 물건을 애지중지하는 건 당연했다. 4단이었는데 맨 아래는 카세트테이프를 틀 수 있는 장치가, 그 위에는 라디오, 위에는 CD 플레이어, 최상단에는 레코드 플레이어, 양옆에는 스피커가 달렸다. 작은 책장 크기였다. 보물 1호는, 어느 순간부터 짐짝 취급을 받다가 사라졌다. 음악을 듣는 방식이 달라져서이기도 하지만 큰 스피커가 필요하지 않아서다. 작아도 성능 좋은 제품이 넘쳐 났으니 말이다. 가전제품은 이렇게 진화했다. 부피는 줄고 기능은 향상되었다. 덕분에 집 안의 공간을 효율적으로 활용하게 되었다. 하지만 냉장고는 다르다. 새끼 코끼리 정도는 냉장고 안에 분명 들어갈 거다.

생각해 보셨어요? 냉장고가 유일합니다.
24시간 꺼지지 않는 살림살이는.

— KBS〈과학카페〉냉장고 제작 팀, 『욕망하는 냉장고
: 가전제품 회사가 알려 주지 않는 냉장고의 진실』[1]

월급을 1년을 모아도
살 수 없었던 냉장고

내 돈으로 직접 산 냉장고와 만난 날이 떠오른다. 고시원에 살 때는 공용 냉장고가 있었는데 반찬 도둑이 많아서 자주 사용하지 않았다. 옥탑방에는 소형 냉장고가 있었는데 너무 작아서 물 외에는 넣은 게 없다. 2007년 5월, 이사하자마자 구입했다. 그것도 위아래가 아니라 좌우로 문이 달린 양문형. 양문형 냉장고가 국내에 처음 출시된 게 1997년인데,[2] 백화점이나 혹은 잘사는 친구네 집에서 신기하게 바라보던 그 냉장고가 눈앞에 나타났다. 하나만 더 자랑하자면 우측 문 가운데에 물병 보관 용도의 작은 공간이 박스 모양으로

있었다. 괜히 열어 보곤 했다. 지금 기준에선 신기할 게 하나도 없지만, 그땐 신비로웠다. 그 공간의 명칭이 '홈 바'라는 것도 몰라서 오랫동안 '물 칸'이라고 불렀다.

이 냉장고는 2008년에 태어난 첫째 아이보다 먼저 식구가 되었다. 그러고 보니 아이가 집으로 처음 오는 날처럼 냉장고를 맞이했다. 아기 침대가 놓일 공간을 애써 만들고 청소하고 그리고 조심스레 아이를 안고 이동했듯이, '냉장고 오는 날'도 비슷했다. 뿌듯했다. 아기가 가족의 완성처럼 묘사되듯이 냉장고가 생기니, 이상한 표현인 줄 알지만 집이 정말로 'HOME' 같았다. 혼자 살던 집에 들어온 그 냉장고는 16년 6개월 동안 서울 은평구 증산동의 다세대주택 2층과 강서구 화곡동의 빌라 4층, 강동구 상일동의 아파트 6층을 거쳐 제주 애월읍의 주택까지 이동해 가족과 함께했다. 한쪽 면에는 가족의 사진들이, 다른 한쪽에는 관광지에서 구입한 자석이, 정면에는 온갖 가정통신문들이 덕지덕지 붙은 채로. 다시 육지로 오면서 고민 끝에 버렸는데, 폐가전 업체가 냉장고를 가져갈 때는 거짓말약간 보태 '인생의 일부가 떨어져 나가는' 기분에 만감이 교차했다.

냉장고는 집에서 책장 다음으로 많은 공간을 차지하고 있고, 몇년째 미동도 하지 않은 유일한 물건이다. 다른 가전제품과는 다르게 ON/OFF 조작 버튼도 없다. 플러그를 꽂는 순간 '웅~' 하는 소리와 함께 가동된다. 사람이 숨을 쉬는 것 같다. 365일 내내 단 1초도 쉬지 않는 것, 그리고 때론 소리가 거칠어지는 것도 흡사하다. 작동이 느려지거나 멈추면, 다른 전자 제품보다 훨씬 다급하게 A/S를 받는 것까지 말이다. 손목 좀 아픈 건 집에서 파스 붙이면서 버티는 사람도 심장이 이상하다고 느끼면 바로 병원에 가지 않는가. 세월이 지날수록 예전에 듣지 못한 소리가 나는 것도, 속을 너무 많이 채우면 제 기능을 온전히 하지 못하는 것도 인간과 다르지 않다. 그때마다 '수명이 다해 가나.' 하는 생각이 스치며 속상한 것까지도.

내게, 냉장고 없는 삶은 없었다. 부엌을 기어다니다가 찍힌 사진에도 냉장고는 등장한다. 하지만 이건 당연한 게 아니었다. 내가 태어난 1978년의 우리나라 냉장고 보급률이 20퍼센트 정도였으니,[3] 꽤나 잘살았다는 거다. 지금 시대에 아이와 냉장고가 함께 있는 사진에 무슨 해석이 붙겠냐만, 그때는 냉장고가 중산층의 상징이었다.

냉장고에 얽힌 사회적 풍경을 담은 책 『냉장고 인류: 차가움의 연대기』에는 1987년 7월 14일에 방영된 드라마 〈전원일기〉 329회 내용이 "짠순이 복길네 냉장고 들이던 날"이라는 제목으로 소개된다.[4] 시골집에 처음으로 3만 원짜리 중고 냉장고가 생기자 사람들은 몇 시간 만에 만들어지는 네모난 얼음을 먹으며 신기해한다. 88서울올림픽을 1년 앞둔 시점에도 냉장고는 신문물이었던 거다. 농촌의 냉장고 보급률이 70퍼센트가 되지 않았던 시절이었다.[5] 도시도 100퍼센트가 아니었다. 그때 나는 대구에서 살았는데, 당시 초등학교 교실에서는 가정환경 조사가 무례하게 진행되곤 했다. "집에 냉장고 없는 사람 거수!", 이런 식이었는데 늘 몇 명 있었다.

한국은 1965년에 지금의 LG전자인 금성사가 일본의 기술을 도입해 120리터짜리 냉장고를 제작하면서 사람들의 삶이 변화하기 시작했다. "너희 집에 냉장고 있어?", 이런 질문이 등장했다. 1968년 3월 28일《매일경제》2면의「고급화의 물결 – 냉장고」라는 기사에는 당시 냉장고가 600가구당 한 대꼴로 있다는 내용이 나온다. 가격은 120리터가 12만 원이고 신제품인 160리터는 17만 원이다. 평균 임금이 1만 원이 안 되던 시절이었으니[6] 1년간 월급을 모아도 살 수 없는 엄청난 고급 물건이었던 셈이다. 가정용 냉장고가 1910년대에 처음 등장한 미국에서도 가격이 당시 포드사 모델 T 자동차의 두 배 이상이었다. 지금 가격으로는 2,700만 원 수준이라고 하니[7] 평범한 사람은 가격만 보고도 입이 떡 벌어졌을 거다.

냉장고가 커지니, 동네 슈퍼가 사라지다

"너희 집에 냉장고 있어?"라는 물음은 1990년대부터는 사라졌다. 30년도 되지 않아 집 안 풍경이 완전히 바뀌어 버린 셈이다. 현재는 김치냉장고 보급률도 90퍼센트에 이른다.[8] 지금은 이런 추임새로 냉장고가 대화에 등장한다. "이번에 냉장고 바꿨어. 큰 걸로."

1980년대에는 200리터 남짓한 냉장고를 사용하던 사람이 2000년대에는 600리터가 넘는 냉장고를 구입했으니 말이다. 평균적으로 10년, 오래 사용해도 20년은 채우지 않고 교체하니 1970~1980년대에 냉장고를 구입한 사람들이라면 누구나 '큰 걸로' 바꾸었다는 거다. 그런데 이 600리터대 냉장고도 한순간에 '좀 작은 편'이 되었다. 내가 그랬다. 17년 사용하고 처분한 그 냉장고는 616리터짜리였다. 처음엔 어떻게 이 넓은 공간을 채우냐고 걱정했지만, 몇 년이 지나고 식구가 늘면서 안은 빼곡해졌다. '좀 큰 걸로 바꿔야 하나.'라는 생각이 항상 들었고, 그래서 고장 나지도 않았지만 바꾸기로 결심했다.

대형 냉장고가 트렌드가 되자, 기업은 경쟁적으로 이 시장을 키웠는데 2010년대 초반에는 900리터 냉장고까지 등장했을 정도다. 최근에는 '키친핏'이라면서 인테리어를 중요시하는 냉장고가 주목받고 있는데, 대부분이 600리터 정도다. 그렇다고 사용하는 냉장고 용량이 줄어든 게 아니다. 대형 냉장고를 이용하면서 '가급적 많이 구입해 일단 보관하는' 소비에 익숙해진 습관을 어찌 쉽게 바꾸겠는가. 그래서 요즘은 냉장고 한 대를 더 구입하는 모습도 낯설지 않다.

텔레비전은 반도체의 놀라운 발전으로 두께를 줄일 수 있게 되면서 화면이 커졌다. 냉장고도 컴프레서의 크기가 줄었고 또 '얇고 강한' 철판으로 앞뒤와 좌우를 막을 수 있기에 대용량으로 진화했다. 냉장고가 커진 건 텔레비전 화면이 커진 것과는 의미가 다르다.

텔레비전이 커지면 사람들은 우선 생생한 화질에 만족한다. 영화관 같은 화면을 집에서 만나는 기쁨 같은 거다. 하지만 화면이 크다고 더 많은 채널을 볼 수 있는 건 아니다. 스마트폰만 있어도 돈만 내면 볼 건 다 본다. 남들보다 먼저 콘텐츠를 시청할 기회가 생기는 것도 아니다.

하지만 냉장고의 대형화는 만족에 더해 눈에 띄는 생활의 변화를 동반한다. 더 많은 식재료를 저장할 수 있게 되니 '음식 문화'가 달라진다. 소량 구입에 익숙했던 '소비문화'도 냉장고가 커지면서 본격적으로 달라진다. 이게 어느 정도의 파생 효과가 있냐면, 지금처럼 배달이 일상적이지 않을 때는 마트에서 장보기가 '불편해서' 차를 구입하는 사람도 있었을 정도다. 차를 타고 온 가족이 오니 마트도 변했다. 아이들이 즐길 공간도 생기고 식당도 많아졌다. 차량 정비소도 생겼다. 그러니 주말에 반나절 이상을 마트에서 보내는 사람도 많아졌다. 냉장고 작던 시절에는 존재하기 어려운 생활 패턴이다.

냉장고가 커지면서 동네 풍경도 바뀌었다. 1980년대까지는 가족이 저녁 식사를 하려면 누군가가 시장을 자주 가야 했다. 그날 먹을 고등어 한 마리, 콩나물 한 봉지 등을 사야만 끼니가 해결되었다. 많이 사 봤자 냉장고 안에 다 넣을 수도 없으니 매일 가는 게 당연했다. 그때 동네마다 있었던 시장은 거의 사라졌다. 살아남은 몇 곳은 지금 '전통 시장'이라고 불린다.

대형 마트와 대형 냉장고는 '윈윈'했다. '일주일치 장을 본다'는 건 1990년대 이전에는 등장하기 힘든 표현이었다. 이 말이 사람들에게 익숙해지면서 동네의 모습도 달라졌다.[9] 의사들이 특정 질병의 증가를 설명할 때 주로 말하는 '달라진 식습관'도 이런 변화와 무관하지 않다. 냉동식품계의 국내 '최초' 히트작이라 할 수 있는 '고향만두'가 출시된 게 1987년이다. 이마트 1호점은 1993년에 문을 열었다. 이후 냉동 만두 종류도 늘었고 마트도 많아졌다. 지금은 거의 모든 음식이 가공되어 냉동 상태로 판매된다. '곤드레 솥밥' 같은 걸, 그저 봉지 뜯고 전자레인지 몇 분으로 먹을 수 있게 된 건 얼마 되지 않았다. 그거 먹자고 시장에서 재료 하나하나 사는 풍경도 낯설어졌다.

냉장고에 있었으니, 괜찮겠지

나는 냉장고에 있는 멀쩡해 보이는 음식물을 종종 버린다. 그러면 안 되는데, '멀쩡한 줄 알고 먹었다가 죽을 뻔한 기억'이 강렬하게 남아 있기 때문이다. 평소처럼 양상추를 씻고 새싹 채소를 올린 후 아몬드와 블루베리 몇 개를 넣어 레몬 즙을 뿌리고 먹었다. 네 시간 후, 입에서 폭포가 떨어지듯이 그날 먹은 모든 걸 뱉어 내야만 했다. 식도에서 음식물이 끊임없이 나오는데 숨을 쉴 수가 없으니 순간 이러다가 죽는 건가 했다. 노란 위액도 몇 번을 토해 낸 다음에야 진정이 되었지만 제대로 된 음식을 먹기까지는 며칠이 걸렸다. 식중독 안 걸리려고 식품을 냉장 보관 했는데, 그걸 먹고 죽을 뻔했다. 내가 꼼꼼하지 못해서일까? 아무도 모른다. 너무 오래 보관해서인지, 아니면 이미 오염되어 있었는지.

평생을 냉장고와 함께한 나는 식재료에 대한 지식이 거의 없다. 각각의 야채와 채소, 과일의 보관법이 모두 같을 리 없는데 난 '냉장고 안에 넣는 게' 전부다. 여름엔 온도를 최대치로 낮추는 것 정도가 유일한 신경 쓰기다. 그래서 냉장고에 '혁명'이라는 키워드가 붙는 것일지도 모른다. 사람은 죽기 전까지 음식을 먹어야 하는데, 그 과정이 조금이라도 편해졌으니 말이다. 하지만 냉장고가 만병통치약일 리 없다. 냉장고는 식품의 원래 상태를 '약간 더' 연장시킬 뿐이지 '계속' 유지시키지 않는다. 게다가 세상에는 냉장고 안에서도 잘 살아가는, 나아가 더 증식하는 미생물이 존재한다.[10] 물론 나는 재료의 냄새가 약간 수상쩍어도 늘 이렇게 중얼거렸다. "냉장고에 있었으니 괜찮겠지." 그게 냉동고에 있었다면 언제부터 보관되었는지를 몰라도 찰나의 의심조차 하지 않았다.

2011년에 독일을 혼란에 빠트렸던 O-104 : H4 세균으로 인한 장출혈성 대장균(EHEC) 감염증 사태는 냉장고가 신선도를 보장한다는 믿음이 당연한 시대에 시사하는 바가 크다. 이 내용은 『욕망하

는 냉장고: 가전제품 회사가 알려 주지 않는 냉장고의 진실』의 3장 '변종 대장균 공포'(63쪽)에 상세히 소개되어 있는데, 왜 냉장고가 대장균과 연결될 수밖에 없는지를 이해하면 편리함의 이면을 생각하지 않을 수 없다.

2011년 5월, 독일 함부르크 지역의 병원에서 심한 복통과 혈변 증상을 보이는 환자가 갑작스레 늘어난다. 일부는 신장 기능 저하로 투석이 즉시 필요한 '용혈성요독증후군'을 앓으며 생명이 위태로워진다. 열흘 만에 같은 증상으로 1,000명이 입원하고 10명이 사망한다. 검역 당국이 조사하니 환자들은 샐러드를 섭취한 공통점이 있었다. 유럽에서 샐러드는 한국의 김치 격이다. 김치를 먹고 아프다면 그 문제가 배추인지, 젓갈인지, 고춧가루인지 따져 물어야 할 게 넘쳐 나는 것처럼 샐러드도 마찬가지였다. 정확히 어떤 채소인지를 규명하는 데 시간은 하염없이 흐른다. 그사이 독일은 물론 유럽 전역의 식탁 위에서 채소는 사라진다.

처음엔 토마토가 의심받다가 스페인산 오이가 유력한 원인으로 떠올랐다. 당국은 급하게 오이를 수거하고 폐기했다. 하지만 오이는 무관했다.[11] 다음으로 새싹 채소가 유력한 용의선상에 오른다. 이미 사망자가 20명을 넘어서서 유럽은 공포가 넘쳐 났다. 문제의 새싹 채소가 나왔다는 독일 북부 지역의 한 농장은 쑥대밭이 되었다. 언론은 답을 정해 놓고 농장의 문제점을 취재했고, 뉴스에는 전문가가 나와 그 지역의 온도가 새싹 채소 기르기에 부적절하다는 의견을 말한다. 하지만 해당 대장균의 주요 감염원은 반추동물인 소로, 주로 소의 분변이 토양과 물에 섞이면서 문제를 일으키는데 농장 근처에 그런 인과성을 찾을 요소가 없었다. 농장에서 출하된 채소가 수거되었지만, 환자는 계속 나왔다.

드디어 진범을 찾았다. 자기 집에서 재배한 새싹 채소를 먹고 아픈 프랑스인이 결정적인 단서였다. 난리가 났던 독일 농장과 이 사람의 공통점은 '이집트산 호로파 씨앗'을 사용했다는 것이다. 조사 결과, 씨앗은 처음부터 오염되어 있었다. 무엇을 섭취 금지, 판매 금지, 수입 금지 해야 하는지를 그제야 알 수 있었고 사태는 진정된다.[12] 독일만이 아닌 유럽 전역과 북아메리카 지역까지 대장균이 퍼져 4,400명이 감염되고 52명이 '겉으로 보기엔 매우 멀쩡한', 그리고 '굉장히 건강하다고 알려진' 음식을 먹고 사망한 다음이었다.

1996년 일본에서는 O-157 대장균에 9,000명이 감염되고 12명이 사망했다. 미국 오리건주에서 수입된 무의 싹이 최종 원인으로 밝혀지기 전까지 돼지고기, 샐러드, 우유, 생선 등 온갖 것들이 의심받았다. 2018년에는 미국에서 로메인상추를 먹고 대장균에 감염된 환자가 발생해 비상이 걸린 적이 있다. 사람들은 어떤 농장이 문제였는지 알게 될 때까지 로메인상추만이 아니라 녹색 채소 자체를 멀리했다. 식중독으로 고생한 사람들에겐 공통점이 있었다. 이들 중 누구도 눈과 코로 음식의 문제를 발견하지 못했다. "이거 상한 거 아냐?", 이런 질문이 없었다. 다른 공통점도 있다. 이들은 원산지에서 냉장 장치가 있는 컨테이너에 실려 이동한 후, 마트의 냉장고에 전시되고 있던 걸 구입했을 거다. 그걸 사 와 자기 집 냉장고에 보관하다가 먹지 않았겠는가.

이런 뉴스를 접할때마다 사람들은 멀쩡한 것들을 혹시나 하는 생각에 버린다. 『음식물 쓰레기 전쟁: 안일한 습관이 빚어낸 최악의 환경 범죄』의 저자 앤드루 스미스^{Andrew Smith}는 이렇게 표현한다.

> 미심쩍어 보이고 수상한 냄새나 맛이 나는 식품을 먹는 위험한 모험을 하느니, 차라리 버리는 것이 더 안전하다고 여기게 되었다. 식품은 싸고 상점은 더 많은 식품들로 가득하다. 따라서 병에 걸릴지도 모르는 위험을 무릅쓸 필요는 없다.[13]

버렸으니, 냉장고 안이 허전하다. 자동적으로 '집에 먹을 게 없군.'이라는 생각이 이어진다. 다시 마트로 향해 이것저것 가득 담는다. 그리고 또 버린다. 환경부가 발표한 「전국 폐기물 발생 및 처리 현황」(2022년)에 따르면 한국에서 한 해 500만 톤가량의 음식물 쓰레기가 발생한다.[14] 이 중 식사를 하고 남은 음식물 쓰레기는 30퍼센트에 지나지 않는다.[15] 나머지는 유통이나 조리 과정을 거치며 먹기에 부적격해서, 심지어 모양이 예쁘지 않다는 이유로[16] 식탁에 오르지 않고 버려진다. 물론 한국의 경우 일찌감치 음식물 쓰레기 처리에 관심을 가졌다. 미국 뉴욕시가 2023년에야 음식물 분리수거를 의무화한 것에 비하면 이 분야의 기술은 수준급이다. 그래서 수거된 음식물 쓰레기의 90퍼센트가 사료, 퇴비, 바이오가스로 재활용되고 있다. 하지만 이건 '넘쳐 나는' 음식물을 처리해야 하기에 머리를 짜낸 거다. 재활용이 잘되니 버린들 문제없다는 인식의 근거가 될 수 없다. 음식물 쓰레기의 생산, 가공, 소비, 재활용 혹은 폐기에 이르는 모든 과정에서 온실가스가 발생한다. 그게 전 세계 온실가스의 30퍼센트에 이른다.[17] 아무리 재활용 기술이 개발된다고 한들, 이 본질적인 문제가 해결되는 건 아니다. '버려도 잘 처리되겠지.'라고 생각할수록 냉장고에는 더 많은 게 보관될 것이고 또 버려질 것이다.

애초의 것 그대로 이동된다는 딜레마

인류가 불을 다룬 시기는 머나먼 고인류 시절까지 거슬러 올라가는 데 비해, 얼음을 완전히 지배한 역사는 100년 정도밖에 되지 않는다.[18] 인류는 동서양을 막론하고 얼음이 오랫동안 녹지 않는 방법을 찾기 위해 각고의 노력을 했다. 경험으로 얻게 된 지혜였을 거다. 겨울에만 얼음이 언다는 것을 눈으로 보았을 것이고, 겨울에는 음식의 부패가 늦다는 걸 자연스레 알았으니 말이다.

중국에서는 2,500년 전에 '벌빙지가(伐氷之家)'라는 표현이 있었다.[19] 벌빙은 얼음을 깎는다는 뜻이니, 얼음을 먹을 수 있는 "잘나가는 집안이란 소리다".[20] 우리나라도 얼음을 보관했다가 여름에 사용했다는 기록은 넘쳐 난다. 석빙고, 서빙고, 동빙고가 그런 유산이다. 신라 시대부터 존재한 빙고전(氷庫典)은 얼음 곳간을 관리하는 관공서였다. 문종실록에는 빙고 관리들이 불성실하다고 엄하게 벌을 주라는 임금의 명이 기록되어 있다.● 한겨울에 얼음을 잘라 이동시켜야 했던 사람들은 얼마나 힘들었을까. 그 일에 동원되기 싫어서 도망친 남자가 많다고 한다. 그래서 혼자 남은 부인을 빙고청상(氷庫青孀)이라고 불렀다.

음식을 시원하게 보관해야 사람도 건강하다는 오래된 상식은, 과학기술이 한 단계 성장하는 19세기 말 2차 산업혁명의 시기를 거치면서 냉장 및 냉동 기계장치가 등장하는 연료가 되었다. 그게 물류 유통에 적용되다가 가정에도 보급된다. 그 덕에 사람들은 건강해졌다. 냉장고 덕택에 사람이 죽지 않았다. 특히 젓갈 등 절임 음식이

● 조선왕조실록 문종실록 10권(1451년)에 기록되어 있다. "얼음을 저장하는 것은 국가의 중요한 일인데, 오늘날 빙고(氷庫)의 관리들이 간수에 부지런하지 못하고, 혹은 다른 곳에 허비하여 쓰므로 법에 어그러짐이 있으니, 예조로 하여금 관리를 폐출하는 법을 세우게 하고, 또 간수하는 사람을 엄하게 규찰하여 벌을 주어서 뒤에 오는 사람을 징계하라."

많은 한국이나 일본에서는 냉장고 덕택에 채소 섭취가 늘면서 위암이 줄었다는 데 이견이 없다. 1970년대 중반에 이미 집집마다 냉장고가 있었던 일본에서는 1985년에 관련 연구가 나왔고,[21] 한국에서도 1980년대부터 서서히 위암 사망자 수가 줄어든 것과 냉장고 보급률 확대의 상관성이 서울대학교 의과대학 예방의학교실 유근영 교수 팀에 의해 증명되었다.[22]

우리는 냉장 유통 덕택에 전국 곳곳에서 이동된 식품과 마주한다. 국가 안에서만 이동하겠는가. 지금 냉장고나 냉동고 문을 열고 몇 가지 식품을 꺼내서 재료의 원산지를 보자. 중국산이 한국산보다 많을 거고 미국산, 브라질산, 노르웨이산, 태국산, 가나산 등등 다채로울 거다.

이 모든 게 식료품을 저온으로 유통시키는 '콜드 체인' 시스템이 있었기에 한곳에 모일 수 있었다. 콜드 체인 시스템은 19세기 중반부터 상업적으로 사용되었다(냉장고는 거대한 냉장 장치를 각고의 노력으로 줄이면서 만들어졌다). 이쪽 지역의 음식을, 수천 킬로미터 떨어진 저쪽에서도 신선하게 먹을 수 있는 건 놀라운 일이었다. 미국 북동부 지역에서 너무 많아 골칫거리였던 바닷가재는 1842년 열차를 타고 산 채로 중부 시카고까지 이동하는데, 당시 언론들은 이를 특종으로 보도했다.[23] 오스트레일리아에서는 1868년에 소고기가, 뉴질랜드에서는 1882년에 약 4,000마리분의 양고기가 냉장선에 실려 영국으로 떠났다.[24] 거의 알려지지 않은 열대 과일이었던 바나나가 1901년에 냉장 수송선에 처음으로 실리면서[25] 유럽 사람들에게 익숙해진 것처럼 우리는 다양한 곳에서 건너온 식품을 너무나 쉽게 접하는 놀라운 세계에 산다. 하지만 몇천 킬로미터 떨어진 곳에서 오염된 음식을 먹고 아플 '참으로 재수 없을' 가능성이 생겼다. 예전이었다면 그렇게 죽고 싶어도 방법이 없었을 거다. 그 애꿎은 운명의 희생자가 될 확률, 냉장고가 커지면 더 증가한다.

독일 보쉬BOSCH사는 공룡 다리 고기, 매머드 몸통 고기를 판매한다는 기발한 광고로 화제가 된 적이 있다. 날카롭고 무서운 발톱을 지닌 공룡 다리가 지금의 돼지고기 목살처럼 포장되어 마트에 '싱싱하게' 보관되어 있다는 내용이었는데, 그만큼 자신들의 냉장고가 음식을 신선하게 보관한다는 것이었다. 냉장 시설 덕택에 애초의 것 '그대로' 이동과 보관이 가능해졌다. 그러니 '애초에' 문제가 있다면 그게 지구 반대편으로 건너와 누군가를 아프게 할 수도 있게 되었다.

인간은 배가 아프면 직감적으로 먹은 것에서 원인을 찾는다. 특별한 과학적 지식이 없었던 예전에도 말이다. 평소와는 다른 걸 먹지는 않았는지 의심한다. 남들과 같은 걸 먹고 아팠다면 더 집요하게 파고들었을 거다. 시각, 후각, 촉각을 동원해 먹어도 되는지 아닌지를 판단하고 주변의 환경 상태도 확인한다. 동물의 사체가 많은 곳에서 자란 열매가 누구를 아프게 했다면 그 인과성을 추측해 미래에는 조심한다. 하지만 원산지를 구글 지도로 보는 게 전부인 지금은 많이 다르다. 무엇을 먹은 사람이 아픈데, 그 무엇을 규명하기가 쉽지 않다.

우리는 냉장고에 너무 많이 의존한다. 조상들은 모든 식품을 제각기의 보관법으로 저장했지만 우리는 일단 냉'창고'에 쑤셔 넣는다. 그리고 인터넷에 달걀을 냉장고에 보관해야 하는지 아닌지를 묻는다.[26] 하지만 답이 제각각이라 결국엔 그냥 하던 대로 한다. 인터넷에는 식품별 보관 방법이 소개된 글이 많지만, 그걸 하나하나 지키기엔 삶이 벅차다. 식단을 미리 짜서 적절한 소비를 하라고 하지만, 인생은 계획대로 흘러가지 않는다. 결국엔 '돈 주고' 구입해서 '돈 주고' 버리는 모순에 이른다. 옷장을 열고 '옷이 많은데, 입을 옷이 없다'고 푸념하는 것처럼 사람들은 냉장고를 열고 '뭐가 많기는 한데 먹을 게 없다'고 불평하고 마트에 간다. 한 개는 5,000원이지만 두 개 사면 8,000원이라는 양배추를 스스로를 합리적이라고 자부하며 구입하지만 다 먹는 경우는 거의 없다. 『자투리 채소 레시피』라는 책이 있다. 부제가 '냉장고의 골칫거리가 식탁의 주인공으로'다. 오죽했을까 싶다.

『냉장고의 탄생: 차가움을 달군 사람들의 이야기』의 저자 톰 잭슨Tom Jackson은 악의 세력이 인류를 침공하려면 핵전쟁이니 인터넷 공격이니 하는 등의 교란작전을 쓰는 것보다, 그냥 냉장고만 끄면 된다면서 "냉장 체인이 끊어지면, 사회는 붕괴할 것이다."[27]라고 경고한다. 냉장고를 버리자는 뜻이겠는가. 그 의존이 너무 과하지는 않은지를 고민해 보자는 거다. 연중무휴로 '웅~' 소리를 내는 저 커다란 사물에 말이다.

Chapter 13

가장 효율적이고, 가장 위험하다

원자력발전이 아니라, 핵발전입니다

415기

전 세계 39개국에서 가동 중인 원자력발전 수

(2024년 기준)

1978년

우리나라 최초의 원자력발전인 고리원자력발전 1호기가 상업 운전을 시작한 해

25기

한국에서 가동 중인 원자력발전 수

750톤

국내 연간 사용후핵연료 발생량

2030년

현재 국내 원전 내부에 있는 사용후핵연료 저장 시설의 포화 시점

INFORMATION

10만 년

경수로형 원전의 사용후핵연료에서 발생하는 방사능이
천연 우라늄 수준까지 감소하는 데 걸리는 시간

1기

전 세계에 있는
고준위핵폐기물 처리장 수

(핀란드에만 있으며 2025년부터 운영 예정)

18년

핀란드에서 고준위핵폐기물 처리장 부지를 선정하고
주민들을 설득하기까지 걸린 시간

(완공까지는 40년)

1그램

석탄 3톤에 해당되는 열에너지를 생산하는 데
필요한 우라늄235의 양

NUCLEAR POWER PLANT

☞　"원자력발전소에서 잇달아 큰 사고가 발생하자, 원자력발전소가 안전한지 걱정하는 사람들이 많아졌어요. 하지만 과학자들의 끊임없는 연구 개발과 기술자들의 노력으로 이제는 그 같은 걱정이 거의 사라진 상태예요. 일부러 사고를 내려고 해도 어렵게 되었다고나 할까요."[1]

위의 글은 어린이를 대상으로 원자력을 '20세기 인류 최고의 발명품'이라고 소개하는 책의 일부다. 저자는 한국 원자력의 큰 별로 불리며 한국원자력연구원장으로도 재직했다. 이 분야 최고 전문가가 '일부러 사고 내기도 어렵다'고 할 정도면, 발전소의 안전을 걱정하는 건 기우일 듯하다. 책이 출간된 2007년에는 말이다.

그로부터 4년 후, 일본 후쿠시마에서 원자력발전소가 폭발한다. 국제원자력기구IAEA의 사고평가척도 가운데 최악의 단계인 7등급 사고였다. 지진과 쓰나미는 원자력발전소가 안전한지 아닌지 따져 가며 발생하지 않았다.

(폭발된) 원자로 4호기 위에 새 보호막이 씌워졌음에도 체르노빌 원전 주변 지역은 앞으로 최소 2만 년 동안 사람이 살기에 적당하지 않을 것이다.

— 세르히 플로히, 『체르노빌 히스토리: 재난에 대처하는 국가의 대응 방식』[2]

생태계와 완전히, 그리고 완벽히 분리하라!

몇만 년 후, 지금과는 다른 문명에서 살아가는 생명체가 땅속 깊이 무언가 묻혀 있다는 걸 알게 된다. 이들은 외계인 혹은 인류 멸종 후 새롭게 등장한 종인데, 호기심이 많은지라 발아래 물건을 확인하고자 기어코 땅을 판다. 나타난 것은 드럼통 수만 개였다. 뚜껑을 열었는데, 얼마 지나지 않아 이들은 멸종한다. 그 안에는 인간이 넣어둔, '확인하면 안 되는 위험 물질'이 있었기 때문이다.

이토록 위험하다면 무서운 해골 모양 같은 접근 금지 표시가 있을 만한데, 없었다. 하지만 몇만 년 후 아닌가. 지금의 인류는 1만 년 전 동굴 속 그림의 뜻도 온전히 이해하지 못한다. 3,000년 전의 설형(쐐기) 문자가 완벽히 판독된 것도 아니니 현재의 의사소통이 3만 년 후에도 가능하다고 단언할 수 없다. 캄보디아의 앙코르와트, 페루의 마추픽추는 엄청난 문명 수준을 보여 주지만 순식간에 사라졌다. 불과 수백 년 전의 역사였지만, 발견될 때까지 아무도 몰랐다. 존재하는 모든 언어로 경고문을 작성하고 공포감을 자아내는 그림을 그려 놓는들 그게 언제나 의도한 대로 해석되는 건 아니다.

당신이라면 어떻게 전하겠는가? 이 고민, 실제 핀란드에서 하고 있다. 전문가라는 전문가는 다 모여서 말이다. 내버려두면 미래 세대가 멸망하기에, 물질이 세상에 노출되지 않는 것만이 답이다. 생태계로부터 완전히, 그리고 완벽히 분리되어야 한다.

10만 년을 보관해야 하는 이 물질은, 바로 원자력발전에 사용된 핵연료다. 방사성폐기물의 안전 관리를 담당하는 한국원자력환경공단 홈페이지에는 "방사능이 천연 우라늄 수준까지 감소하기까지 경수로형의 경우 10만 년 이상이 걸리고, 중수로형은 약 1만 년이 걸린다."[3]라고 명확히 설명되어 있다(한국의 원전 26기 중 22개가 경수로형이다). 가장 강한 독성을 만들면서 가장 강한 에너지를 얻는 건데, 이 역설의 정당성은 끔찍한 부산물을 잘 처리해야만 성립한다.

핀란드는 방법을 빨리 찾았다. 폐기물을 18억 년 동안 별다른 지질 변화가 없었던 올킬루오토섬(Olkiluoto Island) 화강암 지대 지하 500미터 깊이에 묻기로 했다. 땅을 정하고 주민을 설득하기까지만 무려 18년이 걸렸다. 국가의 민주주의 수준이 높고 국민들이 정부 정책을 신뢰하는 핀란드이기 때문에 가능했다는 평가가 지배적이다. 18년이면 매우 '짧았다'는 말이다. 그리고 시설이 만들어지는데 20년이 넘게 걸렸다. 조금이라도 잘못되면 그 피해가 어마어마한 작업을 어찌 급하게 진행하겠는가. 그러니까 핀란드는 핵폐기물 저장을 위해 40년을 준비했다는 말이다. '구멍', '은폐 장소'라는 뜻인 온칼로(Onkalo)라고 이름 붙인 이 시설은 2025년을 전후해서 가동될 예정이다. 핵연료는 발전소에서 3~5년 정도 사용되면 폐기물이 되고, 40년 정도 임시 보관소에서 냉각 후 심층처분 된다. 지하 300~1,000미터 깊이의 땅속에 영구히 격리시키는 것이다. 핀란드는 1979년부터 원전을 사용했으니, 온칼로는 첫 번째 폐기물이 40여 년이 지난 시점에 완벽하게 맞춘 거다. 원전을 가동하면서부터 이 문제를 생각했기에 가능했다.

온칼로는 세계 유일의 고준위 핵폐기물 처리장이다. 자국 발전소의 핵폐기물 9,000톤을 100년간 쌓은 후 몇 겹의 콘크리트로 폐쇄할 예정이고 지층의 상부는 시설이 들어서기 이전의 상태로 돌아간다. 위험을 알릴 수 있는 방법을 계속 고민 중인데, 호기심을 자극하지 않기 위해선 어떤 표식도 남기지 않는 방법이 현재까지는 유력하다. 무엇인들 의미가 없다고 판단했기 때문일 거다. 빙하기를 살아가면서 매머드를 사냥하던 네안데르탈인과 지금 우리의 삶 사이에 존재하는 엄청난 간격을 생각하면, '10만 년간 건축물의 목적이 원래대로 유지되어야 한다'는 희망 사항은 아찔하다. 가장 오래된 건축물 중 하나인 이집트의 피라미드가 고작 4,600년 정도 됐으니 말이다.

분뇨 처리장이 없는 도시

현재 원자력발전은 39개국에서 415기가 운전되고 있고 56기가 건설 중이다(2024년 4월 15일 기준, 정지된 원전은 237기). 미국(94기), 프랑스(56기), 중국(55기), 러시아(37기), 한국(26기), 인도(20기) 순이다.[4] 그런데 이상하다. 모든 에너지에는 반드시 폐기물이 발생하는데 어찌 5기를 운영하는 핀란드만 그걸 처리하는 시설을 만들었을까? 대부분의 나라는 핵폐기물을 발전소 내부 수조에 임시 보관 하고 있다. 아파트로 치면 입주민의 분뇨가 처리장으로 흘러가지 않고 탱크에 가득 차 있는 꼴이다.

『세계 핵폐기물 보고서 2019』[*]에 따르면 핀란드 외에 스웨덴과

● 『세계 핵폐기물 보고서』는 레베카 함즈Rebecca Harms 전 유럽의회 의원의 주도로 유럽 핵폐기물 전문가 팀의 공동 집필을 통해 2019년에 제작되었다. World Nuclear Waste Report 사이트(https://worldnuclearwastereport.org)에서 한국어 다운로드가 가능하다.

프랑스만이 고준위 핵폐기물 처분장 부지를 선정한 상태다. 스웨덴의 경우 처분 시설 허가가 나는 데만 신청 후 10년이 걸렸다.[5] 공무원이 일을 안 해서가 아니라, 조금이라도 문제가 있으면 결코 허락할 수 없을 만큼 위험하기 때문이다. 프랑스는 북동부의 작은 마을 뷔르(Bure)를 유력 후보지로 선정했는데, 그곳은 세계적인 원전 반대의 중심지가 되었다. 프랑스는 1987년부터 고준위 방폐장 문제에 접근했지만 답을 못 찾고 있다.[6] 과학적으로 적절한 곳을 찾는 것과 정치적으로 정책을 결정하고 진행하는 건 다른 문제다. 미국은 네바다주 유카산 지역에 고준위 방폐장을 건설하다가 취소했다. 주민의 동의를 온전히 받아 내지 못해서였다.

사용후핵연료를 재처리하는 방법도 있다. 재처리를 한다고 해서, 땅에 오랫동안 묻어야 하는 고준위 폐기물이 나오지 않는 건 아니지만 부피를 줄일 수 있기에 획기적이다. 재처리 기술로 얻은 우라늄을 이용하는 것이 우라늄 광석으로 에너지를 얻는 것에 비해 비용이 많이 들기에 적극적으로 사용되진 않지만, 처리하는 게 골칫거리인 핵폐기물의 양을 줄인다는 게 어디인가. 하지만 이 방법을 사용하는 나라는 별로 없다. 정확히는, 사용해도 되는 나라가 별로 없다. 재처리 과정에서 원자폭탄의 원료인 플루토늄도 추출되기 때문이다. 그래서 국제사회의 감시가 엄격하고 의심은 일상이다. 핵확산금지조약(NPT)에 따라 핵보유국으로 인정된 미국, 영국, 러시아, 프랑스, 중국 정도만이 재처리가 가능하다. NPT 미가입국 중 핵무기 보유 국가인 인도와 파키스탄도 재처리를 일부 진행한다.[7] 할 수 있다고 다 하는 것도 아니다. 미국은 경제성이 없다는 이유로 오래전에 포기했다.[8] 저장 공간이 충분하니 급한 것도 없다는 입장이다.[9]

한국은, 미국이 허락하지 않는다. 우리나라가 플루토늄을 보유하게 되면 북한과 중국의 반응이 심상치 않게 되면서 국제적 긴장 관계가 높아지는 건 당연하기에 미국의 입김이 셀 수밖에 없다. 재처리가 한미 원자력협정에 따라 엄격히 통제되고 있는 이유다. 미국이 어깃장을 놓고 있다는 게 아니라, '우리도 재처리를 해야 한다'는 주장은 국내에서도 논란이다. 플루토늄은 그런 거다. 존재 자체만으로도 상상할 수 있는 가장 나쁜 것을 떠올릴 수 있기 때문이다.

핵보유국이 아니면서 재처리가 가능한 국가는 일본이 유일하다. 일본은 추출한 플루토늄과 우라늄을 혼합한 연료로 원전을 개발하고 늘리겠다는 명분을 앞세워 미국의 승인을 받았다(1988년 미일 원자력협정). 하지만 진행은 더뎠고, 그나마 그 방식으로 운영되던 후쿠시마 원자력발전소가 폭발하면서 안정성에 의문이 제기된 여파로 2021년 기준 4기만이 재처리 연료를 발전에 이용 중이다. 그래서 2020년 말 기준, 남아도는 플루토늄이 46.1톤이다.[10] 6,000개가 넘는 원자폭탄을 만들 수 있는 양이다.[11] 주변 국가에서 끊임없이 '무슨 의도가 있는 건 아니냐'고 의심하는 게 당연하다. 핵전쟁 걱정은 영화에서나 하는 거라는 사람들도 있겠지만, 이웃 나라 일본에 핵폭탄 두 발이 터진 게 불과 80년 전이다. 그 폭탄도 우리와 동맹 국가인 미국이 떨어트리지 않았는가.

폐기물을 로켓에 실어 우주로 보내 버리면 되지 않을까? 실제 나왔던 의견이다. 하지만 실패하여 공중폭발이라도 하면 인류는 멸망한다. 인간만 죽으면 다행이겠다만 원자력 없어도 잘만 살았던 모든 생명체가 멸종한다. 그런 위험을 감수하고 모험을 할 권리는 인간에게 없다.

세상 일은 간단명료하지 않다

한국은 1978년에 원자력발전소 운전을 시작했고 1983년에 폐기물 처리를 정부 과제로 삼았지만, 부지 선정만 아홉 번을 거쳤다. 영덕, 안면도, 굴업도, 덕적도, 부안 등이 거론되었는데 주민의 반대로 무산되었다. 숱한 논란 끝에 2015년부터 중저준위 방폐장을 경주에 운영 중이다. 방사선 수치가 낮은 중준위(납으로 된 보호복·부품 등), 저준위(장갑·걸레 등) 폐기물을 처리한다. 고준위 폐기물 처리에 관한 고민은 여러 이해관계가 얽혀 하나도 진전된 게 없다. 관련 법이 통과되면 건설에만 37년 정도 걸릴 거라는 예상치만 나온 상태다.[12] 이대로라면, 발전소가 핵폐기물 저장소가 된다. 부산, 울산 지역에 사는 주민이라면 '지하 500미터 아래에 10만 년은 묻어야 안전해지는 물질' 수천 톤 옆에서 영원히 생활하는 거다.

이 문제를 '파이로프로세싱(pyroprocessing)'으로 해결할 수 있다는 과학자들이 한국에 많다. 파이로프로세싱이란 재처리 기술의 단점을 보완하여 플루토늄을 단독으로 분리할 수 없게 하는 기술인데, 미국과 한국만이 연구를 지속하고 있다. 우리나라는 1997년부터 관련 예산이 집행되고 있지만 여전히 개발 단계이기에 이 방법의 적절성에 관한 논란이 많다.[13] 파이로프로세싱으로 재처리된 연료는 기존과는 다른 고속원자로를 사용해야 하는데, 실제로 가능한지를 확인하고 실현시킬 때까지의 경제성 문제로 여러 나라가 연구 초기 수준에 머물고 있는 게 사실이다. 그래서 이 방식이 마치 눈앞에 존재하는 완벽한 대안처럼 언급되는 분위기를 걱정하는 경우도 많다. "꿈의 기술 vs 돈 먹는 하마"[14]라는 표현처럼 양측의 간격은 굉장히 넓다. 심지어 "과학 아닌 소설"[15]이라는 비판도 있다. 과학자들을 조롱하는 게 아니다. 확실하지 않은 걸 붙들고 시간을 낭비해서는 안 된다는 답답함이 격하게 드러났다고 생각한다.

일반적으로 과학은 실낱같은 가능성에서 시작하고 진화하지만, 시작한 모든 게 성공으로 이어지진 않는다. 무수한 실패는 기본이고 때론 '현실적으로 실현할 수 없다'가 결론이 되기도 한다. 이를 전제하는 과학적 상상력이야 당연히 존중받아야 하지만, 그 성패의 대상이 '사용후핵연료'에 관한 것이라면 고민이 많아질 수밖에 없다. '하늘을 나는 자동차'를 만들자는 게 아니지 않은가. 만들어지면 좋고, 아니면 말고의 성질이 아니라는 거다.

이런 이유를 떠나, 부지를 확보해 진짜 '핵폐기물'로 실험해야 하는 연구소를 만드는 것부터 쉽지 않다. 핵폐기물을 환영할 주민이 어디 있겠는가. 이 주민의 눈치를 보지 않을 정치인도 없다. 과학자들은 대중들의 비과학적 사고, 전문가를 신뢰하지 않는 태도 등을 문제 삼겠지만 우리네 삶은 그렇게 간단명료하지 않다. 옳고 그름의 문제를 떠나, 모든 일이 일사천리로 진행된다는 전제만으로 핵폐기물의 미래를 무작정 낙관해선 안 된다는 말이다. 언젠가는 해동 기술이 등장할 것이니 냉동 인간이 되어 보자고 할 수 없지 않은가. 그리고 다른 폐기물도 아니고 10만 년간 땅에 묻어야 안전해진다는, 노출되면 즉사한다는 폐기물이 내가 사는 지역에 왔다 갔다 하는 걸 반대하는 게 왜 비과학적인가?

이 방법도 모든 절차를 미국의 승인을 받아야 하는데 가능할지 의문이다. 플루토늄을 분리 '못' 하는 것과 '안' 하는 건 다르기 때문이다. 파이로프로세싱은 어디까지나 후자이다. 그러니 한국에서 파이로프로세싱 기술이 가능하다는 소문만으로도, 온갖 억측이 우후죽순 등장할 수밖에 없다. 분리 안 한다는 건 마음만 먹으면 분리할 수 있는 것 아니냐는 의심이 어찌 생기지 않겠는가. 문제 삼을 미국과 우리 주변의 국가들을 설득하는 데 얼마나 걸릴지는 아무도 모른다. 그 시간 동안 한국의 원전에서는 매년 (평균) 700여 톤의 사용후 핵연료가 발생한다. 지금까지 누적된 양은 2만 톤에 육박한다(2022년 기준 1만 8,415톤).[16] 이걸 보관하고 있는 원전 내부 임시 저장소는 2030년부터 순차적으로 포화에 이른다.[17] 참고로 핀란드는 9,000톤을 저장하는 시설을 만드는 데 40년이 걸렸다.

장점만으로 미래를 생각할 순 없다

원자력은 최적의 에너지다. 석탄 3,000톤, 석유 9,000드럼으로 (한 드럼에 200킬로그램) 얻는 에너지가 우라늄 단 1킬로그램만으로 가능하다. 효율성 면에서 비교가 되지 않는다. 다른 에너지의 단점도 보완한다. 화석 에너지처럼 미세먼지를 배출하지도 않고, 태양 에너지처럼 넓은 공간을 필요로 하지도 않는다. 풍력발전소 수백 개보다 원자력발전소 하나가 효과가 더 좋다. 원자력발전소 덕택에 전기료가 저렴한 건 사실이다. 물론 이 '저렴함'에는 천문학적인 비용이 발생할 수밖에 없는 폐기물 처리가 포함되어 있지 않아 논란이 많지만, 단순히 전력 생산의 효율성만을 계산하면 원자력을 따라올 에너지는 없다.

원자력은 핵분열을 기초로 한다. 1895년 독일의 물리학자 빌헬

름 뢴트겐Wilhelm Röntgen이 20세기 과학의 기점으로 평가받는 X선을 우연히 발견한 것이 핵분열 등을 다루는 핵물리학 발전의 시초다. 무명의 과학자였던 뢴트겐은 이 발견으로 원자와 분자의 내부에 대한 탐구를 열어젖혔고, 1901년 최초의 노벨 물리학상을 수상한다. 그이후 1903년에 방사선 발견의 공로로 노벨 물리학상을 공동 수상한 마리 퀴리Marie Curie의 업적, 1938년에 중성자에 의해 원자핵이 쪼개지는 것을 발견하여 노벨 화학상을 수상한 오토 한Otto Hahn의 연구와 그 연구를 붙들고 다른 가능성을 고민한 과학자들의 지성이 모여서 '핵분열 시 발생하는 에너지로 전기를 생산'한다는 원자력발전의 큰 틀이 완성되었다. 말 그대로 인류의 위대한 유산이다.

문제는, 오직 에너지를 효율적으로 얻어 내기 위한 목적이 무탈하게 진행될 때만 좋다는 것이다. 방사선은 끈질기다. 프랑스 정부는 1995년에 마리 퀴리의 공로를 인정하며 유해를 다른 곳에 안장하는 절차를 밟았는데, 사망 61년이 지난 마리 퀴리의 유해에서 방사선이 높은 수치로 방출되어 결국 관을 납으로 교체했을 정도다. 퀴리의 연구 노트와 실험 도구 등도 방사선 차폐 시설에서 라듐의 반감기인 1,600년간 보관하기로 결정했다.[18] 어쩌면, 이런 위험성을 '몰랐기에' 연구가 지속된 것 아니겠는가.

500미터 아래의 땅에 10만 년을 묻어야 하는 물질을 다룬다면, 그 안전성은 99.9퍼센트가 아니라 100퍼센트 보장되어야 한다. 하지만 원자력발전소의 사고율은 0퍼센트가 아니다. 영국의 윈드스케일 원전 사고(1957년), 미국의 스리마일섬 원전 사고(1979년) 등에서 알 수 있듯이 '100퍼센트 안전하다'는 말은 존재할 수 없다. 첫 번째 7등급 사고인 1986년의 체르노빌 원전 사고는 아직까지도 해결되지 않았다. 당시 화재 진압 활동을 했던 소방관들이 병원 지하에 옷들을 벗어 두었는데 40년 가까이 된 지금까지도 옷 더미 근처의 방사선 수치가 높다. 폭발한 원자로 상부는 사고 7개월 후에 임시 조치로 콘크리트를 덮었다가 2019년에서야 철제 방호벽으로 봉인하는 작업을 완료했는데, 이것도 수명이 100년에 불과하다. 급한 불 끄는 데 33년이 걸린 셈이다. 2011년에 발생한 일본 후쿠시마 원전 사고도 10년이 지났지만 폐연료를 처리할 방법을 여전히 찾지 못하고 있고, 사고 당시 녹아내린 핵연료를 식히기 위해 사용했던 물조차 자체적으로 처리하지 못해 태평양에 방류하고 있다.

미국 뉴멕시코주 칼즈배드 지역에는 군사용 핵폐기물을 저장하는 방사성폐기물격리시범시설Waste Isolation Pilot Plant, WIPP이 1999년부터 가동 중이다. 1만 년 영구 저장이 목표였기에 26년이나 걸려서 완공했지만, 운영 15년 만인 2014년에 화재로 폐기물 드럼에 손상이 나 3년간이나 운영을 중지했다.[19] 독일은 니더작센주의 아세 중저준위 방폐장에 폐기물을 저장 중이었는데 지하수가 스며들며 드럼이 부식되자, 보관 중이던 12만 6,000드럼의 폐기물을 10년에 걸쳐 6조

5,000억의 예산을 투입하여 옮기기로 결정했다.[20] 정리하면, 원자력은 100퍼센트 안전하다는 말은 성립할 수 없다. 또 하나, 사고가 나면 정말 성가시다. 독일의 사회학자 울리히 벡Ulrich Beck은 더 편리해지기 위해서 더 위험해지는 근대화의 역설을 가리켜 위험 사회(risk society)라고 했다.

내일부터 원자력발전소 가동을 중지하자는 게 아니다. 하지만 원자력이 지닌 장점이, 미래를 '다르게 생각해 볼 수 있는' 상상력까지 막아서는 안 될 것이다. 무엇보다 원자력발전소는 '핵발전소'다. 인류의 번영을 위해, 인류에게 가장 위험한 물질을 사용하고 있다는 사실을 망각하지 말자. 재생에너지 수준이 높아져 원전에 의존하는 비중을 줄일 수 있는 사회, 그래서 '위험'도 낮아질 수 있는 사회를 점진적으로 꿈꾸는 건 결코 망상이 아니다. 탈핵이 정치적인 용어냐 아니냐를 떠나, 일단 우리가 싼 똥은 우리가 치워야 하지 않겠는가.

소비자는
편해지고,
노동자는
무너지고

플랫폼 노동,
커베이어 벨트는
멈추지 않는다

63.4%

**플랫폼 노동 시 계약 형태를 묻는 말에
'어떠한 계약도 맺지 않았다' 또는
'잘 모르겠다'라고 응답한 비율**

*출처: 고용노동부 '2022년 플랫폼 종사자 규모와 근무 실태' 조사
(이하 출처 동일)

57.7%
플랫폼 종사자 중 주업으로 해당 일을 하는 비율

36.5%
플랫폼 노동자 산재보험 가입률

12.9%
플랫폼 노동자 중 현재 일자리가 본인의 첫 번째 일자리라고 응답한 비율

INFORMATION

15배 이상
개인 오토바이 대비 배달 오토바이의 사고율 수준(2020년 기준)
*출처: 삼성교통안전문화연구소, 「배달 이륜차 사고 위험 실태 및 안전 대책」(2021)

60.7%
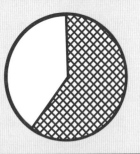
플랫폼 업체로부터 안전모 등 안전 장구를
지급받지 못했다는 배달 노동자 비율
*출처: 2023년 서비스연맹정책연구소·배달플랫폼노조 조사

33.2%
플랫폼 형태로 일하는 배달 노동자의 최근 1년간 오토바이 사고 경험 비율
*출처: 2023년 서비스연맹정책연구소·배달플랫폼노조 조사

13.8%
플랫폼 형태로 일하는 배달 노동자 중
AI 일감 배분 시스템에 동의하는 비율
*출처: 2023년 국민입법센터·배달플랫폼노동조합 조사

73.2%
플랫폼 업체의 AI 알고리즘 정보에 대한 노사 협의가
필요하다는 데 동의한 배달 노동자 비율
*출처: 2023년 국민입법센터·배달플랫폼노동조합 조사

☞　　　대학에서 강의할 때 참여관찰 수업을 백화점에서 종종 진행했다.● 백화점을 둘러보고 '자신의 눈에 띄는' 모든 것을 기록하고 이유를 작성하는 식이다. 늘 재밌게 등장하는 사례가 무엇이었냐면 백화점 직원들의 업무 자세였다. 스쳐 지나가면 될 만한 것들, 그러니까 누구나 일상에서 혹은 일터에서도 가끔씩 행하는 모습을 '이상하게' 보는 경우가 종종 있었다. 짝다리를 짚는, 뒷짐을 지는 찰나의 순간이 누군가의 눈에 보였다는 거다. 그런 조각들이 모이니 '느슨하다, 편하게 일한다'는 성급하고 과한 결론이 등장한다. 서서 일하다 보면 가끔 뒷짐을 질 수밖에 없는 건 당연하지만, '서서 일하기에' 그러면 안 되는 세상에선 그 행동은 '나태함'으로 해석된다. 두발 규정이나 양말 색깔 등, 그러니까 머리부터 발끝까지 존재하는 근무 지침을 지켜야만 하는 백화점 노동자의 모습에 익숙해진 소비자들은 대단히 사소한 모습에 지나치게 크게 반응한다. 인간은 기계가 아닌데, 마치 기계의 불량품을 발견했다는 듯이 인간을 평가한다. 같은 인간이.

● 나는 이를 『하나도 괜찮지 않습니다』에서 짤막하게 다룬 바 있다(185~192쪽). 학생들은 명품 매장 앞에서 주눅 든 감정이 '나중에 성공하면 멋지게 다시 와야지.'라는 각오로 이어지는 자신의 모습에서, 열패감이 소비의 동력이 되는 자본주의의 지독한 굴레를 발견했다.

한발 더 나아가 오늘날 플랫폼 기업들은
노동자 관리를 위해 소위 '알고리즘 경영'을 시도한다.

— 이광석, 『디지털의 배신: 플랫폼 자본주의와 테크놀로지의 유혹』[1]

After Ford

인류의 혁신적 발명품으로 곧잘 소개되는 컨베이어 벨트(con-veyor belt)는 누가 발명한 게 아니다. 일반적으로는 아일랜드의 기술자 리처드 서트클리프Richard Sutcliffe나 미국의 발명가 토머스 로빈스Thomas Robins가 1900년 전후에 컨베이어 벨트를 선보였다고 알려져 있지만 존재하지 않았던 것을 새롭게 선보였다고 할 수 없다. 정확히는, 기존과는 차원이 다른 동력인 전기를 이용해 이미 존재했던 물건 이동 장치를 한 단계 진화시켰다고 볼 수 있다. 1900년 프랑스 만국박람회에서는 지금도 쉽게 볼 수 있는 무빙워크가 처음 전시되기도 했는데, 이 역시 전기 동력을 이용한 컨베이어 벨트가 움직이며 작동되는 것이었다. 당시는 전기를 기존의 사물에 적용시키는 데 온갖 관심이 있던 시대였다.

"도구를 사용하는 동물은 인간 말고도 여럿 있지만, 도구를 제작하는 동물은 인간뿐"[2]인 것처럼 인류의 역사는 '나르는 것'이라는 뜻인 컨베이어(conveyor)의 진화이기도 하다. 무거운 짐승을 옮길 때도, 수천 년 전에 피라미드가 만들어질 때도, 사람들은 무엇을 여기서 저기로 이동시키는 도구를 이용했다. 그게 더 길어지고 또 튼튼해지고, 새로운 동력의 등장과 함께 더 빨라지면서 '컨베이어 벨트'가 만들어졌다. 더 무거운 물건을, 더 많이, 더 빠르게, 더 오래 이동시킬 수 있게 된 것이다. 생산량이 증가한 건 두말하면 잔소리. 몇 날 며칠이 걸려서 완성되는 일들이 순식간에 끝나는 이 '멋진 신세계'에 자본가들은 열광했다. 하지만 이를 위해선 반드시 전제되어야 하는 게 있었는데, 바로 노동자들이 자신의 속도가 아니라 컨베이어 벨트의 속도에 맞춰 몸을 움직여야 하는 것이었다.

이를 최적화한 이는 자동차의 왕 헨리 포드Henry Ford였다. 포드는 정육 시설이 한곳에 모인 시카고의 '유니언 스톡 야드(Union Stock Yards)'를 방문하고 공장 시스템을 바꾼다. 철도와 냉장 장치가 발달하는 1800년대 후반, 시카고는 미국 서남부에서 키워진 가축들을 한곳에 모아 도축·가공해 동남부로 보내는 기착지였다. 2,300개의 우리에 7만 마리가 넘는 돼지와 각각 2만 마리가 넘는 소와 양이 죽음을 대기했다니 엄청난 규모였다. 이 시설에 자동 컨베이어 벨트가 1875년부터 가동된다. 소가 절단 부위별로 컨베이어 벨트에 올라가 이동하다가 멈추면 노동자들이 달라붙었다.[3] 전문 지식은 필요 없었다. 시키는 대로, 순서대로만 하면 되었다.

1903년에 자동차 회사를 만든 포드는 1913년에 자동 컨베이어 벨트를 도입한다. 미국 미시간주에는 헨리포드박물관이 있는데 정식 명칭이 'Henry Ford Museum of American Innovation'이다. 단순히 자동차를 만들어서 '혁신(innovation)'이 아니다. 자동차를 '빨리, 그리고 많이' 만들어서다. 연간 2만 대 남짓이던 포드사의 생산량은 컨베이어 벨트 도입 이후 열 배가 늘었다. 1914년 당시 포드사를 제외한 나머지 자동차 업체들은 28만 대를 생산하기 위해 6만 6,000명의 노동자가 필요했는데, 포드사는 1만 3,000명의 노동자로 26만 대의 자동차를 뚝딱뚝딱 생산했으니[4] 효율성의 차이는 선명했다. 그러니 모든 공장이 포드사의 시스템을 도입한다. 동일 품질의 제품이 대량생산되는, 포디즘(Fordism)이 시대정신이 되었다.

올더스 헉슬리 Aldous Huxley의 『멋진 신세계』는 'A.F. 632년'을 배경으로 한다. A.F.는 'after Ford'를 뜻한다. 포드사의 자동차가 세상에 나온 1908년 전과 후는 전혀 같은 세상이 아니라는 거다(1908년은 '모델 T'가 첫선을 보인 해로, 1913년 컨베이어 시스템 생산이 최초로 적용되는 것이 모델 T이다). 이는 단순히 살기 좋아져서가 아니다. 기계의 속도에 따라갈 때만 노동자로 인정받는, 효율성이라는 명분으로 모든 것이 정당화되는 시대를 헉슬리는 경고했다. 컨베이어 벨트는 기계 덩어리에 불과하지만 가동되는 순간 노동자는 통제된다. 포드는 노동자들이 매 초마다 필수적인 일을 해야만 함을, 1초라도 불필요하게 사용해서는 안 된다면서 강조했다.[5] 어느 순간 노동자들은 '해야 할 것'보다 '하지 말아야 할 게' 더 많아졌다.

채찍을 맞아야만 노예인가

어렸을 때부터 학교 가는 데 최적의 보폭을 연구했다는[6] 프레더릭 테일러Frederick Taylor는 노동자가 어떤 자세에서 어떤 도구를 들고 어떤 동작을 얼마의 시간 동안 하는 게 가장 효율적인지, 스톱워치를 들고 초 단위로 분석했다. 예를 들어 삽을 사용한다면, 삽의 크기와 동작 시의 각도까지 계산해 '한 번에 얼마만큼 삽에 담아야' 최적인지를 계산했다. 컨베이어 벨트에 적용할 때는 벨트의 어느 쪽인지에 따라, 왼손에 들어야 할 것과 오른손의 위치도 달랐다. 스톱워치의 판매량을 급증시켰다는[7] 테일러의 책 『과학적 관리의 원칙들The Principles of Business Management』은 '더 빨리, 더 많이'를 가능케 하는 방법을 체계적으로 알려 주었다. 포디즘이라는 이념을 실현하는 데 테일러리즘(Tailorism)은 최고의 매뉴얼이었다.

세계는 열광했다. 미국에서는 물론이고, 1917년 볼셰비키 혁명을 성공적으로 이끈 블라디미르 레닌Vladimir Lenin 역시 러시아 산업 안에 테일러리즘을 십분 접목했다. 공장만이 아니라 일상 속에도 '관리'라는 말이 넘쳐 났다. 이를테면 주부가 살림을 어떻게 해야지 효율적인지를 논하는 데도 테일러리즘이 언급되었다.[8] 지금 유튜브에 넘쳐 나는 '다리미 잘 다리는 법', '빨래 잘 개는 법', '화장실 청소 순서' 등을 떠올리면 된다. 원래 하던 일을 더 빠르고 정교하게 하기 위해 테일러리즘은 일상의 철학이 되었다.

효율성이라는 말이 많아지면 어느 순간, 평범한 행동들이 비효율적이라는 이유로 금지된다. 우리나라가 급성장할 때, 화장실을 자주 드나들 수 있다는 이유로 식사 메뉴에서 국을 제외하는 공장이 있었던 것처럼 말이다. 성과라는 단어로 노동자의 인권을 짓누르는 것, 이를 '출혈적 테일러리즘'이라고 한다. 과거의 유산이 아니다. 지금도 세계 곳곳에서 '효율을 위해 인간이길 포기해야 하는' 일은 일상처럼 벌어진다.

『아이폰을 위해 죽다Dying for an iPhone』(2020)는 거대 기업 애플의 눈부신 성장에 숨은 문제를 고발하는 책이다. 대만의 전자 기기 제조 회사 폭스콘은 애플의 제품을 위탁 생산하는데, 인건비 절감을 위해 중국에 여러 공장을 두고 있다. 책은 그 공장에서 연이어 자살을 시도하는 중국 노동자로부터 출발해 '디지털 테일러리즘'의 실상을 적나라하게 까발린다.

　노동자들은 애플의 주문량에 맞추기 위해 "고통스럽고 무감각한 어깨의 한계를 시험"[9]하며 로봇처럼 "매일 한두 개의 간단한 동작을 반복"[10]한다. 그럼에도 항상 "너무 느리게 일한다"는 질타를 받고 연장 근무를 거부할 수가 없다.[11] 첫 번째 호루라기가 울리면 일어나서 의자를 정돈해야 하고, 두 번째엔 작업 준비를 한 뒤 특수 장갑이나 장비를 착용해야 하고, 세 번째엔 앉아서 작업을 시작한다.[12] 하지만 감정은 드러낼 수 없다. 이들은 교대 근무 때마다 관리자들이 "좋습니까"라고 물으면 일제히 "좋습니다! 정말 좋습니다!"라고 큰 소리로 대답해야 한다.[13] 공장에선 근무 중 대화 금지, 웃음 금지, 취식 금지, 수면 금지다. 위반하면, 그러니까 '갑자기 무슨 생각이 떠올라 피식 웃음이 나와도' 처벌받고 상여금을 못 받는다.[14] 노동자를 노골적으로 감시하면, 지급할 돈이 줄어 회사의 수익률이 올라가는 대단히 과학적인 관리인 거다.

　누군가가 징계받으면 업무 후 모두가 남는다. 잘못한 당사자는 많은 이들 앞에서 "차렷 자세를 한 채 큰 소리로 자아비판을" 해야 한다. 폭스콘 설립자인 궈타이밍郭台銘 어록을 300번 말해야 하는 경우도 있다. 내용은 이런 수준이다. "성장, 너의 이름은 고통이다", "가혹한 환경은 좋은 것이다".[15] 이런 수치심을 마주하기 싫어서 군말 없이 일만 하는 노동자들이 있기에 애플은 2010년, "아이폰의 판매 가격에서 58.5퍼센트를 수익으로 가져가는 세계 제조업에서 유례없는 성과를 거두며 위용을 과시했다". 이때 중국 노동자에게 돌아간 돈은 판매 가격의 고작 1.8퍼센트였다.[16]

2006년 영국 언론《메일온선데이 Mail on Sunday》와 BBC에서는 일주일에 6~7일 출근해 12~15시간씩 일하는 폭스콘 공장의 노동자 실태를 취재하고 '아이팟 착취 공장'이라면서 폭로했다.[17] 이럴 때마다 애플은 책임감 있는 태도를 보이지 않았다. 노동시간을 준수하라고 요구했다는 정도의 입장만 발표할 뿐이지 어떤 원인 때문에 규정이 준수되지 않는지에 대해서는 관심이 없었다.[18] 스티브 잡스는 폭스콘 공장의 노동자가 연이어 자살하자, "그곳에는 식당, 극장, 병원, 수영장까지 있어요. 공장으로는 꽤 괜찮은 곳"[19]이라면서 죽음의 구조적 원인을 부정했다. 쉬는 날에 영화 보고 수영할 수 있으니, '그렇게 일하는 건' 당연하다는 말인가.

어떤 공장만의 문제가 아니다. 한국 기업의 베트남 공장에서도 있는 일이고, 한국에서도 강도의 차이이지 노동자를 '지나치게' 통제해 생산량을 '획기적으로' 증대시키는 방법은 지금 이 순간에도 과학적 관리라는 이름으로 정당화되고 있다.

채찍을 맞아야만 노예인가? 쇠사슬로 묶여야만 노예인가? 그런 게 없는데도, 있는 거나 마찬가지로 일을 해야 하니까 이 컨베이어 벨트는 무섭다. 그 속도에 맞추려고 같은 자세로 종일 일하니 모든 관절이 아프다. 화장실조차 쉽게 못 가니 묶여 있는 거나 다름없다. 심지어, '어떤 위험한 물질'인지 모르고 시키는 대로만 일하다가 암에 걸리기도 한다. 이들의 등에 채찍질의 흔적은 없겠지만, 온몸은 마치 채찍에 맞은 것처럼 만신창이다. 그 빌어먹을 '할당량'을 채우다가.

모두가 심사 위원이 되었다

버스는 '시간표대로' 운행한다. 버스마다 몇 시에 차고지를 출발해 몇 시까지 차고지를 돌아오는지가 정해져 있다. 대도시에서는 운행 차량이 많기에 승객들은 버스를 이용할 때 기차처럼 시간표를 확인하면서 타진 않는다. 정류장에서 기다리다 보면 버스는 늘 온다. 하지만 모든 지역이 그렇지는 않다. 특히 시골은 배차 간격이 한 시간 이상인 경우도 많기에 정류장에 붙어 있는 버스 도착 시간에 맞춰 일과를 계획해야 한다.

어떤 정류장에 첫 버스가 오는 시간이 아침 6시 45분이고, 나는 그걸 반드시 타야 한다. 이 버스는 5시 30분에 차고지에서 출발해 수십 정류장을 거친다. 그 과정에서 별다른 일이 없어야만 나는 6시 45분에 버스를 탈 수 있다. 기사가 화장실에 가면 안 된다. 대변이 급하면 더 가야 하지만, 그래도 참아야만 한다. 이 과정에서 승객도 위험하다. 노인이 버스에 올라 자리까지 느리게 이동하는 건 당연하지만, 버스가 그런 사정까지 다 봐 가며 기다리다가는 6시 45분에 '당연하게' 내 앞에 오지 못한다. 웃긴 건, 그렇게 제때 온 버스가 나는 고맙다는 거다. 하지만 이 감정은 순간에 불과하다. 그 시간에 버스 타는 게 익숙해지면, 10분만 늦어도 짜증이 난다. 20분이면 분노한다. 40분이면 인터넷 어딘가 글을 남길지도 모른다. 내용은 이럴 거다. '당신들 때문에 일정을 망쳤다. 어떻게 책임질 건가?'

버스 기사에게 '정류장별 도착 시간'은 공장의 노동자가 월급을 받기 위해 어떻게든 맞춰야 하는 컨베이어 벨트의 속도와 같다. 도로가 항상 무탈한 게 아니지만, 난폭 운전을 해서라도 버스는 제시간을 지켜야 한다. 소비자는, 그렇게 제공된 '정시 도착 버스'에 익숙해진다. 그리고 노동자가 기계처럼 일해서 달성된 생산량에서 조금이라도 줄어드는 걸 견디지 못하는 관리자처럼 반응한다. 소비자의 권리 운운하며.

서비스업을 보자. 이들은 매뉴얼에 따라 손님을 응대해야 하고, 웃어야 하고, 늘 친절해야 한다. 백화점이나 면세점 근무자들은 복장은 물론 외모도 통제받는다. 머리 모양부터 화장 방법까지 세세하게 규정되어 있고, 심지어 안경 착용을 금지하는 경우도 존재한다. 이게 기본값이 되면, 이번 챕터의 도입부에서 언급한 반응이 나온다. 뒷짐 한번 슬쩍 지는 것도 소비자의 눈에는 '이상하게' 보인다.

컨베이어 벨트가 쉴 새 없이 돌아가는 현장에서 화장실 가겠다는 노동자가 관리자의 눈에 '이상하게' 보이는 것처럼, 현대인들은 모두가 심사 위원이 되어 모두를 감시한다. 자신도 컨베이어 벨트의 '속도에' 맞추기 위해 하루를 전쟁처럼 살아가지만, 그 속도를 맞추지 않는 타인의 노동은 맘에 들지 않는다. 심지어, 그렇게 일했기에 모두를 그렇게 바라보아도 된다고 착각한다.

이 연료로 만들어지고 굴러가는 게 '플랫폼 노동(platform labor)'이다. 단어가 등장한 지 십 년 남짓이니, 이전에는 없었던 형태의 노동이다. 플랫폼 노동은 기차역 플랫폼에 일할 사람이 가득 모여 있으면 '일감'이라는 열차가 들어오면서[20] 적합자를 태우는 식으로 이루어진다. 어떤 역에는 배달할 노동자들이, 어떤 역에는 대리운전할 기사들이, 어떤 역에는 청소할 사람들이 모여 있다가 찾는 사람이 생기면 일을 하고 보수를 받는다. 간단한 원리지만, 디지털이 일상화되었기에 가능해졌다. 스마트폰만 있으면 일할 사람을 찾는 것도, 일할 거리를 찾는 것도 '앱'만 깔면 해결된다.

그런데 플랫폼 노동의 플랫폼을 기차역 정거장의 뜻으로만 이해할 순 없다. 플랫폼은 '판' 정도로 직역될 수 있는데, 이는 시스템의 핵심적인 골격을 뜻한다. 플랫폼 노동은 기존의 판과는 전혀 다른 노동 형태로 작동한다. 노동자에게 당연히 있어야 할 노동자로서의 지위가 사라졌다. 플랫폼을 통해 일을 하는 사람들은 업체로부터 구체적인 업무 관련 지시를 받기에 형태는 사실상 노동자에 가깝지만, 신분은 독립된 사업자다. 1인 자영업자인 것이다. 그래서 모든 사고의 책임은 오롯이 본인이 져야 한다. "근로기준법 적용을 못 받는 플랫폼 종사자는 최저임금, 유급휴일, 유급 연차휴가, 해고 제한 등 노동법이 제공하는 각종 안전망 밖에 놓여 있다."[21] 계약상 불합리한 조건에 대해서 항의하고 싶어도 헌법에 명시된 노동자의 단결권, 단체교섭권, 단체행동권 등을 행사하는 게 쉽지 않다. 무엇보다 일감이 주어질 때만 일을 하고 정해진 수수료를 받는 식으로 수입이 생기니, 보장된 임금이 없다. 월급을 예측할 수 없다는 건, 삶의 불안이 끊임없이 지속됨을 뜻한다. 그래서 이런 일을 불안정한 일자리라고 곧잘 부른다.

물론, 이렇게 일하면서 불안하게 생계를 이어 가는 '프리랜서' 노동자들은 예전에도 존재했지만 문제는 제도적 안전장치가 마련되지 않은 상태에서 그런 위험을 감수해야 하는 사람들이 구조적으로 많아졌다는 거다. 한국에서 온라인 플랫폼을 통해 일감을 구한 적이 있는 넓은 의미의 플랫폼 노동자는 2022년 기준 292만 명에 달한다. 2021년에 비해 72만 명 이상 증가한 수치다. 이들 중 고객 만족도 평가 등의 방법으로 일을 하는 데 플랫폼의 영향을 받는 노동자는 약 80만 명이다. 2021년에 비해 13만 명 이상 늘었다. 그리고 이들 중 63퍼센트 이상이 별다른 계약 없이 일한다.[22]

일을 하다가 여러 문제가 발생해도 "이럴 땐 이러면 안 되잖아요."라면서 내밀 서류 한 장이 없다는 거다. 요약하자면, 어떤 안전망 하나 없이 외줄타기를 하는 셈이다. 코로나 바이러스가 한창 세상을 뒤흔들 당시, 갑자기 늘어난 배달 물량으로 과로사하는 노동자들이 있었다. 뉴스에 등장하는 안타까운 일 가운데 하나로 지나칠 수 있지만, 곰곰이 생각해 보면 논리적으로 말이 되지 않는다. 배달할 물건이 많아지면 노동자가 위험해질 수 있다는 건 상식이다. 갑자기 업무량이 증가하면 당연히 이에 따른 조치가 따라와야 한다. 새벽 배송이 금지되어야 하고 고객과의 당일 배송 약속은 철회되어야 한다. 그렇지 않으면 사람이 죽는데, '그렇지 않으니' 사람이 죽었다. 이 비논리적인 행태가 가능했던 이유는, 소비자가 노동자의 '잠재적인 주인(potential master)'[23]이 되었기 때문이다. 빠른 배송에 익숙해지면, 그게 기본값이 되어 '원래처럼 빠르지 않은 걸' 참지 못한다.

그만큼 편리하다는 것이고, 이 편리함은 사람의 고통 따위에 눈물 한 방울 보이지 않는 컨베이어 벨트가 있기에 가능하다. 음식 배달 노동자들이 거리에서 위험하게 운전하는 건 폭주족 성향을 지녀서 그런 게 아니다. 배달원들은 인공지능이 설정한 시간 내로 배달하지 않으면 불이익을 받는다. 그 과정에서 안전에 위협을 느껴 '지체하면' 알고리즘에 따라 불이익을 받는다. 그러니 '목숨을 걸어' 더 빨라지고, 그 속도에 익숙해진 소비자는 그렇지 않을 때마다 발끈하며 별점으로 평가한다. 이는 노동자를 수직적으로 분류하는 근거가 된다. 평판, 평점, 등급이 좋지 않은 노동자는 플랫폼에서 열차 위로 오르지 못한다. 사람과 대면해야 하는 직종이라면 끊임없이 자기 검열을 해야 한다.[24] 논문 「비공식 노동의 플랫폼 노동으로의 전환 과정: 플랫폼화의 명과 암」에서는 달라진 노동환경에서 동시다발적인 감시를 받는 택시 기사의 삶이 등장한다.

"손님이랑 실랑이 있을 때, 우리가 무조건 고개 숙이고 들어가는 수밖에 없어요. 왜냐면 손님들이 기사 평가할 때 기사 나쁘다고 하면 페널티 먹거든요. 한번은 억울해서 해명하려고 했는데, 이제는 카카오 고객 센터에 전화를 해야 하거든요. 연결도 제대로 안 되고, 이런저런 소명 자료를 내라고 하는데 못 해 먹겠더라고. 그럴 시간이 있으면 손님을 한 명 더 태워야지. 그러니까 이제 조심하게 되죠."[25]

플랫폼 노동의 두 가지 특징이 고스란히 드러난 하소연이다.

첫째, 플랫폼 노동은 임금을 받기 위한 전제 조건이 '무보수로 대기하는 것'이기에[26] 노동자는 이것저것 따질 시간에 일단 열차에 오르는 게 합리적이라고 생각할 수밖에 없다. 일을 하는 시간보다 일을 찾는 시간이 상시적으로 많다는 거다.[27] 그러니 컨베이어 벨트 속도에 자신이 적응할 수밖에 없다. 왜 이렇게 빠르냐고 따지는 건 부질없다.

둘째, 따져 봤자 해결은 되지 않는다. 부당해서 따지는데 겨우겨우 전화가 연결된 사람은 얼굴 한번 본 적 없는 사람이다. 과거에는 착취자가 누구인지는 알았다. 그러니 투쟁을 하든, 재판을 하든 상대가 분명했다.[28] 지금은 모호하다. 알고리즘이 관리자가 되었다.[29] 물류 창고 노동자들은 단말기가 시키는 대로 움직일 뿐이다. 인공지능은 "일그러진 표정, 격앙된 어조, 적절하지 않은 단어와 욕설, 말실수 등을 하지 않는다".[30] 열받는다고 기계를 집어던졌다가는 자기만 손해다. 『노동의 상실: 좋은 일자리라는 거짓말』의 저자 어밀리아 호건Amelia Horgan은 이렇게 표현한다. "AI는 당신의 상사, 상사의 상사, 상사의 상사의 상사다."[31]

플랫폼 노동으로 먹고살면서 부당함에 항의하고 개선을 바라는 건 공허하게 느껴진다. 그러니 선택지는 하나만 남는다. 일을 하든가 말든가. 그런데 이 끔찍한 현실이 종종 '논리'로 둔갑해 이런 노동자의 처우를 개선하자는 토론마다 어김없이 등장한다. 대학생도, 심지어 중학생도 이런다. "싫으면, 안 하면 되잖아요. 누가 강제로 시켰나요?"

혁신이란 말은 무엇을 은폐하는가

혁신이란 말이 넘쳐 나면서 노동은 더 선명하게 구분되었다. 하고 싶은 일과 하기 싫은 일이 분명해졌다. 소수의 누군가가 디지털 플랫폼을 만들면, 다수의 노동자들은 전보다 더 통제받으며 밥벌이를 한다. "싫으면 하지 마!"는 이런 구조를 외면하는 빈정거림에 불과하다. 아무리 한쪽이 혁신적이라고, 그 반대편이 지옥이 되어서는 안 될 것이다.

정말 혁신인지도 의문이다. 인공지능 어쩌고의 세상에 과거처럼 컨베이어 벨트 옆에서 고통받는 노동자가 어디 있냐고 하겠지만, 실제 인공지능 자체가 '노동자의 무수한 반복 노동'으로 작동된다. 인공지능은 '똑똑해서' 고양이를 고양이로 인지하는 게 아니다. 무수한 사진 속에 제각각의 모습으로 등장하는 고양이를 고양이라고 '이름 붙여' 인공지능에 엄청나게 입력하였기에 가능하다. 인공지능이 고양이만 식별하는가. 온갖 동물과 식물, 나아가 음란물이나 혐오 표현도 선별한다. 어떤 것도 자동으로 이루어지지 않는다. 사람의 분별 작업이 반드시 있어야 하고 그 입력값이 많을수록 인공지능은 정교해진다. 이 데이터 라벨링은 제3세계 어딘가에서 건당 얼마를 받으며 작업하는 노동자들에 의해 주로 이루어진다.『노동자 없는 노동: 플랫폼 자본주의의 민낯과 미세노동의 탄생』의 저자 필 존스^{Phil Jones}는 난민촌에서 돈 한 푼 아까운 사람들을 이용해 먹는 거대 기업의 모습을 폭로하며[32] "오늘날 디지털화된 삶을 가능케 한 원동력이 흔히 생각하듯이 알고리즘이 아니라 푼돈을 받고 육체를 갉아 먹는 노동"[33]임을 강조한다.

포드는 컨베이어 벨트 도입 후 '반복되는 동작에 지쳐' 퇴사하는 노동자들이 많아지니 급여를 파격적으로 올리는 조치라도 취했다. 테일러는 과학적 기법 덕택에 얻은 이윤을 노동자와 분배하지 않는 경영가들을 '돼지들'이라며 비판했다.[34] 그런데 현대사회의 '테일러리즘'은 막무가내다. 이미 불평등해진 세상에선, '할 사람은 많으니, 하기 싫으면 하지 마라'는 말만 부유한다.

비용 절감, 이윤 증가가 어쩔 수 없는 기업의 논리라고는 하지만 그게 따져 물어야 할 것마저도 어쩔 수 없는 게 되어야 한다는 뜻은 아닐 거다. 혁신이란 말의 아름다움 때문에, 좋은 사회를 위해서 반드시 짚어야 할 지점을 은폐해서는 안 될 것이다. 속을 외면하고 겉만 보고 '인류의 번영'이라고 한다면, 이는 너무 빈약한 표현이지 않은가.

Chapter 15

갈 곳이
많아지고,
간 곳은
파괴되고

하늘에
비행기가
빼곡해지니

4,500,000,000 명

2019년, 전 세계에서
항공기를 이용한 승객 수

*출처: 국제항공운송협회, 「2019년 항공 업계 전망: 수요 둔화와
비용 상승으로 항공사 수익 감소」

1903년

라이트 형제가 비행에 성공한 해

33시간 30분

1927년 5월 21일, 찰스 린드버그가 뉴욕에서 파리까지
대서양 무착륙 단독 비행으로 횡단할 때 걸린 시간

3시간 45분

2003년에 운항을 종료한 '콩코드' 여객기의 뉴욕-파리 운항 시간

INFORMATION

9분

일론 머스크가 통근 열차로 한 시간 거리인 59킬로미터를
전용기를 타고 이동한 시간

1,710만 5,665명

2022년 김포-제주 노선 이용객 수
(전 세계 이용객 및 운항 횟수 1위 노선)
*출처: 한국항공협회, 『2023 항공 통계 국내편(2022년 기준)』

2분

제주공항 비행기 이착륙 간격(2분에 한 대꼴)

1,388만 9,502명

2022년 제주도 관광객 수(제주도 인구 67만 명)
*출처: 제주특별자치도관광협회, '제주 관광 통계'

1.64킬로그램

제주 지역 1인당 하루 평균 생활 폐기물 발생량(전국 평균의 2배)
*출처: 환경부·한국환경 공단 「2020년 전국 폐기물 발생 및 처리 현황」

WELCOME TO
JEJU

☞　사람들은 항공사 마일리지로 여행을 다녀오기도 한다. 얼마나 자주 비행기를 이용하길래 저럴 수 있을까 하는 생각에 부럽기도 하고 평소 꼼꼼하게 챙기지 못한 내가 야속하기도 하다. 그런데 이 좋은 걸 이용 못 할지도 모르겠다. 2019년 영국에서는 항공사 마일리지를 없애야 한다는 주장이 제기되었다.[1] 오히려 비행기를 많이 타는 사람에게 불이익을 줘야 한다고 했다. 황당해 보이는 제안의 배경은 이러하다. 영국은 온실가스를 2050년까지 1990년대 대비 80퍼센트 수준으로 감축하는 목표를 세계 최초로 법으로 정한 나라다. 2008년 제정된 기후변화법(Climate Change Act)에 따라 만들어진 '기후변화위원회'가 제안한 게 바로 '마일리지 폐지'였다. 기후 위기를 걱정하면서, 온실가스를 배출하는 비행기를 더 이용하도록 유도하는 건 모순이라는 지적이었다. 마일리지 소멸 전에 일부러 여행을 떠난다는 사람도 있으니 틀린 말이 아니다. 지금처럼 지구촌 곳곳을 여행하다가는 지구는 온전치 않을 거라는 경고, 어떻게 받아들여야 할까?

제주에 제2공항을 지으면 하와이의
거의 3배까지 관광객을 수용하게 된다.
제주의 주민과 환경이 이를 감당할 수 있을까.

—《한겨레 21》, 「관광의 역습, 오버투어리즘」[2]

실패가 곧 죽음임에도 불구하고

가끔, 실시간 항공기 위치를 확인할 수 있는 '플라이트레이더24'
사이트(https://www.flightradar24.com)에 들어가 지도를 확대해 놓고
하늘을 날고 있는 무수한 비행기를 멍하게 바라본다. 유럽이나 미국
지역은 개미 떼처럼 빼곡하게 비행기가 지도 위를 덮고 있는데, 충
돌할까 봐 걱정도 되지만 하늘의 광활함에 이내 겸손해진다. 수백
명을 태운 무거운 물체가 10킬로미터 높이에 있다는 것도 놀랍고,
그게 시속 900킬로미터로 질주하고 있다니 더 놀랍다. 국내선이 이
정도고 '더 무거운' 국제선은 더 높은 곳에서 더 빠른 속도로 이동하
니 과학이란 얼마나 대단한가. 이 모든 것의 시작인 라이트 형제의

비행 성공이 1903년이었으니, 고작 120년 만에 이토록 세상이 달라졌다는 것이 경이롭다.

비행기는 중력의 반대 방향으로 작용하는 양력(물체를 띄우는 힘)과, 항력(물체가 받는 저항력)에 맞선 추력(추진체가 엔진을 통해 주변 공기를 밀어내며 앞으로 나아가는 힘)을 이해하고 시시각각 변하는 기후 상황에 맞춰 정확한 판단을 해야만 다룰 수 있다. 그래야만 거대한 기계가 무사히 이륙하고 착륙한다. 하루아침에 새처럼 날았겠는가. 태양 가까이 날아오르다 날개가 녹아 바다로 떨어지는 그리스신화의 이카로스처럼 '운명을 거스르는' 인간의 항공 욕망은 무수한 곤두박질의 역사다. 이영준 기계 비평가의 표현을 빌리자면 "인간은 항공기라는 것을 개발하기 시작하면서부터 항공기의 제물이 되고 만다".[3] 비행기는 실패가 곧 죽음인 도전을 피하지 않았던 누군가의 도전이 쌓이고 쌓인 결과물이다.

1783년 11월 21일, 몽골피에 Montgolfier 형제는 열기구에 사람을 태워 프랑스 불로뉴 숲 상공을 900미터 높이에서 25분 동안 9킬로미터 이동하는 데 성공했다. 여기에 탑승했던 물리학자 장 프랑수아 필라트르 드 로지에 Jean-François Pilâtre de Rozier는 "수소 가스를 사용해서 1785년에 프랑스와 영국 사이에 놓인 영국해협을 건너는 시도를 하다가 폭발로 사망했다".[4]

글라이더의 등장은 하늘을 향한 인류의 꿈을 한층 더 키웠다. 영국의 발명가 조지 케일리George Cayley는 1809년에 무인 글라이더를 발명했고, 1849년에는 유인 글라이더 비행에 성공했다. 꼬리날개를 수직과 수평으로 적용하고 방향키까지 만들었기에 케일리는 항공학의 창시자로 불린다. 이후 독일의 오토 릴리엔탈Otto Lilienthal은 케일리의 선례를 참조해 1893년 20킬로그램의 글라이더로 15미터 높이의 인공 언덕에서 날아오르는 데 성공한다. 그는 "1896년 실험 도중 강풍을 만나 추락사했다".[5]

오토 릴리엔탈의 저서 『비행술의 기초로서의 새의 비상Bird Flight as the Basis of Aviation』(1889)은 항공역학에 대한 매우 상세한 설명을 담고 있었는데, 이 책을 읽고 영감을 받은 이가 윌버 라이트Wilbur Wright와 오빌 라이트Orville Wright, 바로 라이트 형제였다. 라이트 형제는 수백 번의 실험 끝에 1903년 12월 17일, 플라이어 1호의 12초(36미터), 59초(260미터) 비행에 성공한다. 바람에 맞춰서가 아니라, 바람에 맞서 일정한 속도를 유지하는 '비행 조종'이 이루어지는 최초의 순간이었다. 2003년 미 항공우주국NASA에서 같은 조건에서의 동일한 실험을 계속 실패했다고 하니[6] 1903년에 하늘을 날 수 있었다는 건 기적이었다. 그러니까 비행기는, '기적이 발생하지 않아서' 죽어야만 했던 이들의 역사다.

1910년 11월 7일, 라이트 형제의 모델 B 비행기는 90킬로그램의 화물을 싣고 105킬로미터를 이동하며 인류 최초의 항공 화물 운송에 성공한다. 이 모습을 본 사람들이 뱉은 말이 "내가 이렇게 오래 살 줄은 몰랐다."였다고 하니[7] 비행기는 혁신 그 자체였다. 1927년 5월 21일 찰스 린드버그Charles Lindbergh는 뉴욕에서 파리까지 5,794킬로미터의 거리를 한 번에 비행한다. 33시간 30분이 걸린 최초의 무착륙 단독 대서양 횡단 비행이었다. 린드버그의 성공은 인류의 눈높이를 상향 평준화시켰다. 비행기로 더 멀리, 더 빠르게 가고 싶은 욕망의 결과 지금은 1만 5,000킬로미터 거리를 단 한 번의 급유만으로 17시간이나 쉬지 않고 이동한다.[8] 에어버스사의 A380 기종은 무려 853명이 탑승할 수 있다. 린드버그는 비행기의 무게를 절약하기 위해 낙하산도 탑재하지 않고 심지어 지도조차 필요한 지점만 오려서 지닐 정도였는데, 참으로 격세지감이다.

그 과정에서 희생은 기본값이었다. 현재 비행기의 여러 안전장치와 과하다 싶을 정도로 엄격하고 까다로운 보안 규정은 '탑승자 전원이 사망한' 여러 사고의 결과다. 비행기끼리 공중에서 추돌하는 사고를 예방하는 공중 충돌 방지 장치는 몇 번의 사고 후에 개발되고 의무화되었다.[9] 아무개가 탑승 후 갑자기 내리겠다고 하면, 모든 승객이 비행기에서 내려 보안 검색을 다시 받아야 한다. 굳이 그렇게까지 해야만 하는가 싶지만, 테러범이 두고 간 폭발물에 의해 탑승 인원 115명 전원이 사망한 1987년의 대한항공 858편 폭파 사건을 떠올리면 쉽게 납득이 된다. 반입 금지 물건 목록이 더 많아진 건

항공기 두 대가 시속 790킬로미터, 950킬로미터의 속도로 110층 건물에 충돌한 2001년의 9·11 테러 이후에 강화된 조치다. 그래서 비행기는 과거보다 더 무사해졌다. 물론 사고는 또 날 것이고 그때마다 사람들은 누군가의 죽음이 헛되지 않도록 더 완벽한 비행을 고민할 거다.

이것은 관광이 아니라 점령이다[10]

입장권 가격이 3만 원인 데 비해 서울에서 제주 간 비행기 요금이 편도 기준으로 6만 2천1백 원이어서 배보다 배꼽이 더 큰 셈이다.

1999년 1월 6일 자《동아일보》기사다. 인기 그룹 H.O.T의 콘서트를 보러 제주도에서도 팬들이 온다는 내용이었다. 22년이 지난 지금 콘서트 관람 가격은 서너 배 올랐지만, 비성수기 평일에 김포-제주 항공권은 3만 원 아래의 가격으로도 구매할 수 있다. 여러 저가 항공사가 생기면서 가격이 경쟁적으로 내려가니 경비 부담에서 자유로워진 여행객들이 많아졌고, 이렇게 늘어난 여행 수요에 맞추어 항공사는 공급을 늘리는 선순환이 이루어졌기 때문이다.

2023년 한국의 공항에서 국내선을 이용한 사람은 3,248만 명이다. 국제선 이용객은 6,862만 명이다. 코로나 이전인 2019년도에는 무려 9,090만 명이었다.[11] 잘못 본 거 아닌가 하는 생각이 들 정도로 놀라운 숫자다. 1973년 국제선 이용객은 143만 2,860명이었으니 50년 사이 사람들의 생활 방식은 완전히 달라졌다. 비행기가 없었다면, 많은 이들에게 '해외(海外)'는 한자 그대로 바다 저 멀리 미지의 공간으로 남아 있지 않았겠는가. 코로나 이전, 전 세계에서 비행기를 탑승한 사람은 45억 명에 육박했다.[12] 관광 목적으로 해외를 방문하는 사람은 14억 명인데, 이 중 58퍼센트가 항공기를 이용했다.[13]

지구촌 곳곳이 연결되니, 선순환만 있었을까? 연간 3,000만 명이 방문하는 바르셀로나에는 "Tourism kills the city(여행이 도시를 죽인다)", "Tourist go home!(관광객은 집에 가라!)" 등의 문구가 곳곳에 적혀 있다. 가우디성당이 잘 보이는 구엘공원 전망대 근처의 큰 돌에는 "Tourist: your luxury trip my daily misery"[14]라는 글귀가 쓰여 있어 화제가 된 바 있다. 누군가의 팔자 좋은 여행이 누군가에게는 매일의 불행이라는 거다.

역시나 매년 3,000만 명이 찾는 이탈리아의 베네치아에서도 다리마다 'VENEXODUS'(Venice+Exodus, 베네치아+탈출)라고 적힌 현수막이 나부끼며[15] 관광객을 머쓱하게 한다. 대형 크루즈 앞에서 항의하는 주민도 어렵지 않게 볼 수 있다. 이들은 자신들이 사는 동네에 '돈 쓰러' 오는 사람들을 환영하지 않는다. '적당했다면' 이러했겠는가. 이처럼 여행하는 사람이 너무 많아지면서 부작용이 커지는 현상을 오버투어리즘(overtourism, '과잉 관광')이라 한다.

대부분의 사람은 여러 우연이 겹쳐져 어딘가에 살고 있다. 그 우연은, 작은 마을일지라도 사람이 살기에 필요한 것들이 웬만큼 갖춰져 있기에 가능하다. 그래서 동네마다 철물점이 많지는 않아도 어딘가에는 있다. 하지만 그 동네에 관광객이 급증하면, 철물점 주인은 흔들린다. 관광객이 못을 사러 오는 건 아닐 테니 보다 이익이 나는 물품을 팔고 싶다. 이런 이유로 동네 유일의 철물점이 사라지면 주민들은 불편하다. 곳곳이 기념품 가게, 카페, 그리고 숙박 시설로만 넘쳐 나니[16] 세상 사람들이 '가장 가 보고 싶어 하는 도시'에 사는 주민들이 살던 곳을 떠난다.

오버투어리즘의 문제는 대안 마련이 쉽지 않다는 것이다. 관광객에게 최적화가 된 이후부터는, '관광객이 줄면' 결국 도시가 죽는다. 코로나 팬데믹 현상으로 사람들의 이동 자체가 금지되었을 때 생태계가 복원되고 자연환경이 개선되는 등의 긍정적인 면도 있었지만[17] 수만 명이 매일 북적대던 곳이 조용해지니 마을 전체의 생계가 위태로워지기도 했다.[18]

여러 나라에서 오버투어리즘을 해소하기 위해 관광객 수 제한, 주요 관광지 방문 시간 조절, 이런저런 세금 부과 등의 방법을 짜내고 있다. 베네치아는 오버투어리즘 해소의 일환으로 2024년부터 성수기인 4월에서 7월까지 주말과 공휴일에는 당일치기 관광객에게 5유로(약 7,400원)의 입장료를 부과한다.[19] 실질적인 관광객 감소를 기대하는 금액은 아니고 '관광객이 너무 많아서 힘들다.'라는 상징적인 의미의 입장료일 것이다. 비싸게 책정하기도 힘들 거다. '시간과 돈'이 상대적으로 여유로운 사람에게 '돈 냈으니 마음껏 즐기세요.'라고 말하는 꼴이니 말이다.

덜 알려진 곳을 찾아가면 해결되나

대한민국의 김포-제주 노선은 세계에서 이용객이 가장 많다. 2022년도에 '김포-제주' 노선을 이용한 사람은 1,710만 5,665명이다.[20] 1989년에는 하루 107편이 이착륙했던 제주공항에 2019년에는 480편이 뜨고 내린다.[21] 영업시간 기준 2분에 한 대꼴이다. 제주특별자치도관광협회의 제주 관광 통계에 따르면 67~69만 명이 살고 있는 제주를 찾은 관광객은 2022년 한 해만 1,388만 9,502명이다. 단순 계산하면 매일 3만 8,000명이 육지에서 섬으로 '주로 비행기를 타고' 온다.

그러니 "2020년 기준 제주 지역 1인당 생활 폐기물 발생량은 하루 1.64킬로그램으로, 전국 평균(0.89킬로그램)에 비해 두 배 가까이 많은 것으로 나타났다".[22] 심지어 "제주 해양 쓰레기 연간 수거량은

2019년 1만 1,760톤, 2020년 1만 6,622톤, 2021년 2만 1,489톤으로 3년 사이 82.7퍼센트나 늘었다".[23] 두 배 가까이 증가한 셈이다. 대한민국 전체 해양 쓰레기의 20퍼센트가 제주도에서 발생한다.[24] 사람들은 '청정 제주'가 좋아서 제주를 온다지만, 정확히 그 이유로 제주는 청정하지 않다.

제주도는 BBC 선정 세계 5대 오버투어리즘 관광지 중 하나다. 태국의 피피섬, 이탈리아의 친퀘테레, 페루의 마추픽추, 콜롬비아의 카노 크리스탈레스와 어깨를 나란히 했다.[25] 비행기 타지 않고는 가기 힘든 곳들이다. 제주도는 세계 최대 민간 여행단체인 세계여행관광협회World Travel and Tourism Council, WTTC의 오버투어리즘 진단에서 최고 높은 로마 바로 아래 단계로 칸쿤, 암스테르담, 베니스, 방콕 등의 도시와 비슷한 수준이다.[26] 제주도 면적의 15배 되는 하와이보다 무려 1.8배 많은 관광객이 오고 있으니[27] 당연한 결과다.

너무 많은 사람들이 오가는 혼잡한 공항은 제주 도민들에게 불편함을 끼친다. 제주 사람에게 비행기는 대중교통이나 마찬가지이기에 해결책을 찾아야 하는데 '그래서' 새로운 공항을 만들어 사람들을 분산해야 한다는 의견과 '그러니까' 사람들을 더 오도록 하는 공항 추가 건설은 불필요하다는 입장이 팽팽하다. '지금처럼 복잡하게 살래?'와 '지금보다 복잡하게 살래?'라는 큰 차이지만, 원인은 오버투어리즘 하나다.

덜 알려진 곳을 찾는 게 바람직한 관광객의 자세처럼 소개되기도 한다. 취지는 이해하지만 결과가 좋을지는 의문이다. 지난 10년 사이 제주에서 '새롭게 주목받은' 관광지들은 다 덜 알려진 곳들이었다. 그곳을 누군가가 '나만 알고 싶은 곳'이라면서 자랑하니, 관광객들은 주차장도 없는 곳에 차를 끌고 와 구두로 목초지를 짓밟고 쓰레기를 아무 곳에나 던진 후 '인생 사진'을 찍었다면서 좋아한다. 미국의 국립공원들이 '장대한 풍경을 담은 사진'이 많아지면서 훼손된 것과 비슷하다. "수많은 관광객이 좋은 풍경을 잡을 수 있는 이른바 '뷰티 스폿'에서 단 한 장의 사진을 촬영하기 위해 자동차를 타고 몰려"[28]왔기 때문이다.

동네가 엉망이 되었으니 주민들은 민원을 넣을 것이다. 그러면 오버투어리즘을 해결한다면서 주차장도, 화장실도, 쓰레기통도 더 크게 만들어 결국엔 관광버스도 오는 악순환이 이어진다. 이게 싫은 사람들은 또 '덜 알려진 곳'을 찾아 '곧 알려지도록' 하는 관광을 하고 있을 거다.

온실가스의 딜레마

코로나 팬데믹이 한창이던 시기, 항공사에서는 '무착륙 비행'이라는 초유의 관광 상품을 판매했다. 인천공항에서 면세점 쇼핑을 한

후 이륙해 그냥 하늘을 떠돌다 돌아오는 것이 전부였지만 사람들의 관심은 대단했다. 항공사의 경영난 극복을 위한 어쩔 수 없는 자구책일 수도 있으나 "온실가스 배출량이 많은 비행기를 해외여행 수요가 없을 때마저 띄우는 것은 기후 위기 대응에 역행하는 행태"[29]라는 비판에서 자유로울 수 없었다.

상업용 비행기가 전 세계 이산화탄소 배출량에서 차지하는 비중은 2.5퍼센트로 그리 크지 않지만, 지구 온난화에서 차지하는 비중은 그 갑절인 5~6퍼센트나 된다. 엔진의 배기가스가 만드는 비행운이 "온난화 담요 구실"을 하기 때문이다.[30] 비행운은 온실가스와 마찬가지로 지구의 열이 빠져나가지 않도록 가둬 두는데, 이는 추가적인 온난화 효과를 낳는다. 기술의 발전으로 비행기 연료는 친환경적으로 변하고 있고 그래서 '대당 온실가스 배출'은 과거에 비해 많이 줄었다. 하지만 문제는 관광 수요에 맞춰 늘어난 비행기가 배출하는 온실가스 총량은 여전히 증가하고 있다는 점이다. 궁극적인 원인을 내버려두고서 이 문제는 해결되지 않는다. 스웨덴에서는 '플라이스캄(flygskam)'이라는 단어가 등장했는데, 이는 '비행기를 타는 것은 수치'라는 뜻이다.[31] 그 정도로 강하게 언급하지 않고서는 유의미한 항공기 이용 감소가 어렵기 때문일 거다.

탄소 배출을 할 때마다 가급적 한 명이라도 더 이동하는 게 조금이라도 지구를 위하는 것이기에 사람들은 좁은 이코노미석에서 몇 시간을 버틴다. 하지만 전용기는 "사용 인원이나 거리 및 빈도 등을 따져 봤을 때 상업용 비행기보다 5~14배가량 오염 발생을 일으키며 기차와 비교했을 경우 (오염 발생량이) 50배"[32] 이상일 만큼 기후 악당의 주범이다. 친환경 전기차를 만든다는 테슬라의 일론 머스크는 차로 30~40분이면 가능한 거리인 56킬로미터를 비행기로 9분간 이동해 논란이 된 적 있다.[33] 머스크는 공항에서 10분도 안 되는 거리에 있는 테슬라 공장 옆에 개인 공항을 만들려고도 했다.[34]

오버투어리즘을 해결하려다가 자칫 '관광의 불평등'이 더 심해질 수 있는 것처럼, 비행기의 탄소 배출 문제도 이와 흡사하다. 여객기 이용객에게 환경세를 물리는 식의 가격 인상은 돈 있는 사람들에게 오히려 면죄부를 줄 뿐이다. 항공사들이 '지속 가능한 항공 연료(SAF)'를 더 개발하고 사용해야 하지만 이 연료는 비싸다. 식물성 기름이나 음식물 쓰레기, 폐기물을 이용해 항공기에 '투입해도' 괜찮은 연료를 만든다는 게 쉬운 일이 아니니 말이다. 그래서 항공 요금이 향후 10~15년간 오를 거라는 전망이 많다.[35] 그러면 비행기 이용은 곧 불평등의 문제가 된다. 세상에는 비행기를 한 번도 안 타 본 사람이 여전히 많은데 말이다.

오랫동안 일부만이 비행기를 탔었다. 그들은 견문을 넓히고 제대로 된 휴식을 취했다. 이 경험은 한 개인의 인생에 매우 긍정적인 영향을 끼쳤을 거다. 그러니 '누구든지' 비행기를 타고 지구촌 곳곳

을 누빌 수 있다는 건 정말 대단한 일이고 민주주의의 확대이기도
하다. 그런데 '정확히 그 이유로' 너무 많은 문제가 발생한다.

혁신적이고, 파괴적이다

호모사피엔스는 아주 오랜 기간에 걸쳐 엄청난 우연들이 절묘하게 맞아떨어지면서 등장했다. 우주, 태양, 지구, 달의 조화가 생명체를 탄생시킨 것도 그 생명체가 진화를 거듭해 지금의 사람 모습을 갖추게 된 것도 그저 운이 좋아서다. 공룡을 멸종시킨 거대한 운석이 하필 지구에 떨어진 것도 운이다. 이런 일들이 우주 어딘가에서 똑같이 반복되기가 쉽지 않기에, 인간과 유사한 지적 생명체는 없을지도 모른다. 하지만 우주는 모든 게 어마어마하니, 어딘가에서는 그럴 수도 있다고 치자. 지구 역사 46억 년 가운데 45억 9,999만 년이 마치 평행 우주처럼 일치하는 곳이 있다면? 1만 년 전 농사를 막 짓기 시작하던 그 인간들과 똑같은 모습의 생명체가 그곳에도 분명 있을 거라고 생각해 보자.

애석하게도 우리는 이 외계인과 십중팔구 만나지 못할 거다. 만난들, 우리만 좋아서 호들갑 떨 거다. 한쪽이 한쪽을 일방적으로 발견하는 게 아니라, 최소한의 교감이라도 하려면 비슷한 수준의 문명과 문화가 동시에 구축되어야 한다. 우리가 온갖 것을 궁금해하는 만큼 상대의 호기심도 그에 못지않아야 한다. 지구와 우주의 비밀을 파헤치려는 호기심을 과학의 힘으로 접근해서 풀고자 하는 의지와 태도, 그리고 능력은 그저 살아 숨 쉰다고 저절로 생기는 게 아니다. 도약은 온갖 우연이 맞물리고 연속되어야 가능한데, 신이 개입하지 않고서 어떻게 이것이 똑같은 순서로 반복되겠는가. 아무리 우주가 드넓다고 해도 지금의 지구인처럼 살아가는 생명체는, 없을 거다.

이 책에서 다루는 것들은 인간 사회의 온갖 우연이 축적되면서 생겨났고 인류를 빠르게 나아가게 했다. 인류는 불편함을 줄이고 편리함을 늘리겠다는 자세로 길게는 몇백 년 전과는 너무 다른, 짧게는 불과 몇십 년 전에도 꿈꾸지 않았던 현실을 만들어 냈다. 어떤 것은 문명의 단계를 비약적으로 끌어올렸고, 어떤 것은 그런 세상에서 살아가는 사람들의 삶을 매우 효과적으로 개선했다. 전자는 후자를 상상하게 하고, 후자는 전자의 연료가 되면서 인간은 '할 수만 있다면' 외계인을 만나러 몇십 광년 떨어진 곳으로 갈지도 모른다. 이런 우연과 욕망이 교차되면서 확장되는 퍼즐 판이 우주 저편 어딘가에서도 동일하게 있다고 상상하긴 어렵다. 우리와 생김새가 비슷한 존재는 있을지언정, 설마 '우리처럼' 살겠는가.

웃자고 한 말이지만, '우리처럼'이라는 표현에는 많은 것들이 욱여넣어져 있다. 우리처럼, 혁신적인 생명체가 있겠는가. 우리처럼, 파괴적인 생명체도 없을 거다. 인간처럼, 차별에 예민하고 동시에 둔감한 동물이 있겠는가. 사람들은 수백 년간 끙끙거렸던 고민을 해결하면서, 수천 년이 지나도 해결되지 않을 고민거리를 만들어 낸다. 더 잘사는 시스템과 더 못사는 시스템을 동시에 구축한다. 편리해지면서 불편해졌는데, 편리해졌으니 불편하지 않다고 한다. 자유가 넘실거리길 희망하면서, 그 자유를 가장 직접적으로 침해하는 요소인 불평등이 넘실거리는 건 둔감하다.

이 복잡함과 미묘함을 제대로 표현하기 위해 집필 과정 내내 끙끙거렸다. 과거로 돌아가자는 게 아니다. 돌다리도 두들겨 보고 건너자는 거다. 지금껏 미친 듯이 달려왔으니, 미래로 가는 길은 속도보다 방향에 신경 쓰자는 거다. 그렇게 책을 시작했고 마쳤다. 그 과정은 심신의 한계에 직면하는 지난한 시간이었지만, 역시나 마지막은 기쁘다. 독자들도 기뻤으면 좋겠다. 그 모습에 편집자도 기뻤으면 좋겠다. 책이라는 사물 앞에서.

[첫 번째 이야기]
사소하지만, 결코 하찮지 않은

Chapter 1
마려우면 싼다, 마려워도 못 싼다
: 수세식 변기 없는 세상을 상상할 수 있나

1. 이명주 기자, 「미술관 입장료만 내면 '18K 황금 변기' 누구나 이용할 수 있다」,《매일 경제》, 2016. 9. 16.

2. 김영희 기자, 「[유레카] 변기와 풍자」,《한겨레》, 2019. 9. 17.

3. Calvin Tomkins, 「Gold Toilet」,《The New Yorker》, 2016. 9. 14. 인용 구절은 다음과 같다. "Whatever you eat, a two-hundred-dollar lunch or a two-dollar hot dog, the results are the same, toilet-wise."

4. 김동원 기자, 「위기의 샌프란시스코를 구하라」, 디지틀조선일보, 2023. 7. 4.

5. 로즈 조지, 『똥에 대해 이야기해 봅시다, 진지하게: 화장실과 하수도의 세계로 떠나는 인문 탐사 여행』, 하인해 옮김, 카라칼, 2019, 233쪽.

6. 김성현 기자, 「대변 들고 등장한 빌 게이츠, 화장실 개선 위해 2200억 투자」, YTN, 2018. 11. 7.

7. 최은경 기자·정우영 기자, 「농촌 가면 '처쒀' 검사한다는 시진핑…화장실 혁명 성공할까」,《조선일보》, 2017. 11. 29.

8. 서창교·조성기·황원희·이보람, 『한국 하수도 발전사』, 환경부, 2016, 287쪽.

9. 임송학 기자, 「화장실 충분히 설치하고 사용법 제대로 알렸으면 '나라 망신 잼버리' 피할 수 있었을 것」,《서울신문》, 2023. 8. 7.

10. 조윤하 기자, 「화장실 문 열곤 사용 포기…잼버리 현장 상황 어떻길래」,〈SBS 뉴스〉,

2023. 8. 5.

11. 양다훈 기자, 「화성시 신축 아파트 드레스룸 악취에 천장 뜯어 보니 '인분' 봉투 발견」, 《세계일보》, 2022. 7. 20.

12. 박민식 기자, 「악취 신축 아파트서 또 인분…이번엔 싱크대서」, 《한국일보》, 2022. 10. 5.

13. 지윤수 기자, 「[바로간다] '인분투성이' 아파트 공사 현장…입주민에 죄책감」, 〈MBC 뉴스〉, 2022. 9. 29.

14. 임주형 기자, 「왜 건설 노동자들은 아파트 벽에 '인분'을 숨겼을까」, 《아시아경제》, 2022. 7. 22.

15. 장규석 기자, 「9급 시험 중 화장실 이용 금지는 인권침해?…시범 허용해 봤더니」, 노컷뉴스, 2023. 6. 21.

16. 이창근, 「경비실 변기 위 전자레인지에 대한 명상」, 《시사IN》 667호, 2020. 7. 1.

17. 박서강 기자, 「'쉬는 게 쉬는 게 아닌' 청소 노동자의 휴식」, 《한국일보》, 2017. 6. 1.

18. 성호철 기자, 「"14년간 화장실까지 카메라 감시" 日 독방 사형수의 소송」, 《조선일보》, 2022. 9. 11.

19. 최윤나 기자, 「인권위 "신창원 독방·CCTV 감시는 사생활 침해」, 《동아일보》, 2020. 2. 12.

20. 권순완 기자, 「"이재용 독방, 감시 카메라에 화장실 칸막이도 없어…가장 열악」, 《조선일보》, 2021. 1. 21.

21. 박현숙, 「희로애락은 방광 조절 기술에 달렸다」, 《한겨레21》 1322호, 2020. 7. 21.

22. OECD, "Better Life Index". [online] https://stats.oecd.org/index.aspx?DataSetCode=BLI

23. WaterAid, "Facts and Statistics". [online] https://www.wateraid.org/ca/facts-and-statistics

24. 이민준 기자, 「화장실 위생과 세계화장실기구(WTO)」, 《케미컬뉴스》, 2021. 11. 17.

25. 박현숙, 앞의 글.

26. 신현호, 「[신현호의 차트 읽어 주는 남자 ⑫ 야외 배변] "독립보다 화장실이 더 중요하다" 간디가 말한 이유는」, 《한겨레》, 2018. 5. 13.

27. 김은영 기자, 「화장실 혼수 마련 못 하면 결혼 안 해」, 《한국경제》, 2009. 10. 12.

28. 이승호 기자, 「화장실 1억 개 지어도 안 쓴다…큰 볼일 밖에서 보는 인도인」, 《중앙일보》, 2019. 10. 7.

29. 서창교·조성기·황원희·이보람, 앞의 책, 171쪽.

30. 서창교·조성기·황원희·이보람, 앞의 책, 172쪽.

31. 서창교·조성기·황원희·이보람, 앞의 책, 115쪽.

32. 김문환, 「[지식 카페] 로마의 럭셔리 화장실, 좌식 변기에 난방 되는 바닥까지」, 《문화일보》, 2017. 11. 14.

33. 최규관, 「수세식 화장실 역사 통해 본 하수도 정책」, 《충청투데이》, 2016. 12. 5.

34. 이종호, 「[기술이 바꾼 미래] 병든 도시를 건강한 도시로 바꾼 수세식 변기」, 동아사이언스, 2014. 12. 8.

35. 정중헌 기자, 「서울의 급수 사정」, 《조선일보》, 1976. 7. 30.

36. 안종주 기자, 「물 아껴 쓰기 전국 확대, 절수용 벽돌 무료 배포」, 《한겨레》, 1995. 2. 7.

37. 노기섭 기자, 「'절수형 양변기 설치 의무법' 처리한 국회… 10년 넘게 변기 물 펑펑」, 《문화일보》, 2022. 11. 2.

38. 석혜원 기자, 「양변기 6리터 초과 물 쓰면 불법…8년간 유명무실」, 〈뉴스 9〉, KBS, 2022. 1. 19.

39. 이한얼 기자, 「환경부, 절수 설비 절수 등급 표시 의무화」, 지디넷코리아, 2022. 2. 17.

Chapter 2
(女) 괜찮을까? (男) 괜찮잖아!
: 피임약은 여성을 해방시켰는가

1. 양동옥, 「자연 주기 피임법, 그 쾌락과 고통의 교환 관계」, 《광주일보》, 2012. 6. 8.

2. 피에르 싱가라벨루·실뱅 브네르, 『세계사 만물관: 역사를 바꾼 77가지 혁명적 사물들』, 김아애 옮김, 윌북, 2022, 80쪽.

3. 마거릿 생어, 『마거릿 생어의 여성과 새로운 인류: 피임할 권리와 여성해방의 시작』(1920년 초판 완역본), 김용준 옮김, 동아시아, 2023, 5쪽

4. 이창신, 「여성의 육체에 대한 여성의 권리: 마거릿 생어와 미국의 산아제한 운동」, 《미국학논집》 40집 2호, 2008, 215쪽.

5. 마거릿 생어, 앞의 책, 97~98쪽.

6. 김소희 기자, 「피임의 역사는 투쟁의 역사」, 《한겨레21》 371호, 2001. 8. 16.

7. 위의 글.

8. 이창신, 앞의 글, 222쪽.

9. 새디 색스Sadie Sachs의 이야기는 캐시 모란 하조Cathy Moran Hajo의 글 「Birth of a Movement: the Case of Sadie Sachs」(2012. 7. 11.)에서 참조했다. 생어과 관련된 글을 아카이브 형태로 수집하는 〈Margaret Sanger Papers Project—

Research Annex〉에서 확인할 수 있다. [online] https://sangerpapers.wordpress.
com/2012/07/11/birth-of-a-movement-the-case-of-sadie-sachs/

10. 캐시 모란 하조의 글에 표현된 원문은 다음과 같다. "You want to have your cake
     and eat it too, do you? Well, it can't be done. Tell Jake to sleep on the roof."

11. 마거릿 생어, 앞의 책, 23쪽.

12. 마거릿 생어, 앞의 책, 141쪽.

13. 이창신, 앞의 글, 241쪽.

14. 이창신, 앞의 글, 240쪽.

15. 이미경 기자, 「피임약 개발: '신의 섭리' 거부한 '여성해방'」, 《조선일보》, 1999. 7. 4.

16. Suzie Hayman, 「Carl Djerassi obituary」, 《The Guardian》, 2015. 2. 1.

17. 최윤필 기자, 「[기억할 오늘] 경구피임약의 재료를 합성한 미라몬테스」, 《한국일보》,
     2016. 3. 16.

18. 최윤필 기자, 「[가만한 당신] 위험한 고용량 경구피임약 퇴출 기여한 필립 코프먼」,
     《한국일보》, 2019. 4. 8.

19. 이창신, 앞의 글, 235쪽.

20. 마거릿 생어, 앞의 책, 231쪽.

21. 빌 베어드에 관해서는 미국의 유명 저널리스트이자 작가인 마이라 맥피어슨Myra
     MacPherson의 다음 글을 참조하라. Myra MacPherson, 「The Forgotten Father of the
     Abortion Rights Movement」, 《The New Republic》, 2019. 10. 7.

22. 김선형, 「[우리는 피임을 모른다] 68혁명과 바티칸 룰렛 '19일 자연피임법'」, 《레이
     디경향》, 2020. 6. 24.

23. 헹켄의 이 표현은 『Minority Report: H. L. Mencken's Notebooks』(Knopf, 1956)
     에 등장한다. 원문은 다음과 같다. "It is now quite lawful for a Catholic woman to
     avoid pregnancy by a resort to mathematics, though she is still forbidden to
     resort to physics and chemistry."

24. 다이애나 그린 포스터, 『턴어웨이: 임신중지를 거부당한 여자들』, 김보영 옮김, 동녘,
     2021, 19쪽.

25. 마거릿 생어, 앞의 책, 143쪽.

26. 이재연 기자, 「100년 전 피임권 외친 여성운동가, 이름 퇴출되는 까닭은」, 《서울신
     문》, 2020. 7. 22.

27. UTT(Understanding The Times), 「마이크 펜스, "낙태 산업, 원치 않는 성별이나 장
     애 태아를 살해하는 결과」, 《복음기도신문》, 2022. 1. 26.

28. 고은아, 「우생학 프로그램의 역사적 배경: "열등한 유전자 없애라" 미국의 지우고픈
     과거」, 오마이뉴스, 2012. 1. 31.

29. 마거릿 생어, 앞의 책, 278쪽.

30. 「Birth Control or Race Control? Sanger and the Negro Project」에서 참조했다. 이 글은 뉴욕대학교에서 운영하는 〈The Margaret Sanger Papers Project〉의 Newsletter #28(Fall 2001)로 소개되어 있다. [online] https://sanger.hosting.nyu.edu/articles/bc_or_race_control/

31. "Slav, Latin and Hebrew immigrants are human weeds…a deadweight of human waste. Blacks, soldiers and Jews are a menace to race."

32. Samantha Putterman, 「No, Margaret Sanger never said 'Slav, Latin and Hebrew immigrants are human weeds…'」, PolitiFact, 2019. 1. 25. [online] https://www.politifact.com/factchecks/2019/jan/25/viral-image/no-margaret-sanger-never-said-slav-latin-and-hebre/

33. Reuters Fact Check, 「[Fact Check] Fabricated quote about 'human weeds' attributed to Planned Parenthood founder」, Reuters, 2022. 6. 3.

34. 강다은 기자, 「[현미경] 철사 옷걸이는 왜 '낙태의 자유' 상징 됐나」, 《조선일보》, 2020. 10. 29.

35. 이덕훈 기자, 「[더 한장] '낙태 합법화' 시위에 왜 옷걸이가?」, 《조선일보》, 2020. 5. 6.

36. 마거릿 생어, 앞의 책, 40~41쪽.

37. 다이애나 그린 포스터, 앞의 책, 91쪽.

38. 황지예, 「[광고 비평] ① 피임약 광고 변천사: 대학생부터 아이돌까지」, AP신문, 2020. 6. 23.

39. 황지예, 「[광고 비평] ② 피임약 먹는 게 손해가 아니라구요?」, AP신문, 2020. 6. 25.

40. 이보라 기자, 「동의 없이 콘돔 뺀 남성들…"스텔싱도 성범죄다"」, 《경향신문》, 2019. 12. 26.

41. 이상서 기자·김지원 작가·이홍재 인턴 기자, 「성관계 중 합의 없는 피임 기구 제거는 성폭력일까」, 연합뉴스, 2017. 6. 7.

Chapter 3
본성일까, 예속일까
: 화장품 강국이면 마냥 좋은가

1. 박소정, 「K-뷰티 산업의 피부색주의」, 《한국언론학보》 64권 6호, 2020, 143쪽.
2. 강유정 기자, 「얼굴 하관 보여 주기 싫어 마스크 벗기 무섭다는 MZ 세대들」, 인사이

트, 2023. 3. 16.

3. 박선민 인턴 기자, 「마스크 벗기 꺼리는 요즘 10대들, 심지어 끼니도 거른다」, 《조선일보》, 2021. 7. 21.

4. 권승현 기자·강한 기자, 「마기꾼이라 놀릴까 봐, 마스크 못 벗는 학생들」, 《문화일보》, 2023. 6. 7.

5. 수지 오바크, 『몸에 갇힌 사람들: 불안과 강박을 치유하는 몸의 심리학』, 김명남 옮김, 창비, 2011, 179쪽.

6. 오찬호, 『하나도 괜찮지 않습니다: 감정 오작동 사회에서 나를 지키는 실천 인문학』, 블랙피쉬, 2018, 169쪽.

7. 송종현 기자, 「'1115 세대'가 뜬다, 청소년 화장품 주 소비층 부상」, 《한국경제》, 2000. 10. 29.

8. 산업보건 편집실, 「약점은 가리고 장점은 돋보이게, 화장 그리고 화장품」, 《산업보건》 403호(2021년 11월), 45쪽. [online] https://kiha21.or.kr/monthly/2021/11/2021_11_14_s403.pdf

9. 위의 글, 44쪽.

10. 박소정, 앞의 글, 131쪽.

11. 박소정, 앞의 글, 138쪽.

12. 심윤희, 「[Beauty] 깨끗하고 흰 얼굴 원하세요」, 《매일경제》, 2001. 2. 15.

13. 이현지 인턴 기자, 「한국 예능 신기록 쓴 '솔로지옥'의 낡은 맛」, 《한국일보》, 2022. 1. 15.

14. 박소정, 『미백: 피부색의 문화 정치』, 컬처룩, 2022, 14쪽.

Chapter 4

편리해졌고, 끔찍해졌다
: 지금처럼 일하면 플라스틱 못 줄인다

1. 이주영 기자, 「지구 방어 소행성 충돌 실험 때 수m 암석 수십 개 팅겨 나와」, 연합뉴스, 2023. 7. 24.

2. 조홍섭 기자, 「마구 버려지는 '플래스틱 쓰레기' 재활용 대책 시급하다」, 《한겨레》, 1990. 8. 7. 8면.

3. 정상영 기자, 「[새 천년, 새 세기를 말한다] (35) 제3부 인류의 생존이 위협받는다: 9장 플라스틱 사회의 경고」, 《한겨레》, 1999. 2. 1. 10면.

4. 박정연 기자, 「누가 얼마나 기후변화 유발했나…주범 찾기 연구 나선 과학자들」, 동

아사이언스, 2022. 12. 5.

5.   미힐 로스캄 아빙, 『플라스틱 수프: 해양 오염의 현주소』, 김연옥 옮김, 양철북, 2020, 70쪽.

6.   임예리 기자, 「플라스틱 500년, 대나무 6개월, 칫솔 분해 기간 소재마다 달라」, 《파이낸셜뉴스》, 2022. 4. 30.

7.   정지원 에디터, 「1930년대에 첫 등장한 플라스틱 칫솔은 지금도 썩지 않았다」, 《Allure》, 2021. 4. 19.

8.   유지연 기자, 「매년 230억 개 버리는데, 최초 플라스틱 칫솔 썩지 않았다」, 《중앙일보》, 2021. 2. 7.

9.   이교준 기자, 「'패스트 패션' 미세 플라스틱 섬유도 생태계 위협」, YTN, 2020. 2. 3.

10. 김기범 기자·조해람 기자, 「당신은 오늘 '몇 플라스틱' 하셨습니까?」, 《경향신문》, 2021. 1. 15.

11. 위의 글.

12. 한성간 기자, 「가소제 프탈레이트, 조산 위험↑」, 연합뉴스, 2022. 7. 19.

13. 이승구 기자, 「환경호르몬 프탈레이트에 노출되면 자궁근종 위험↑」, 《세계일보》, 2022. 11. 16.

14. 이승재 기자, 「플라스틱 첨가제 프탈레이트, 당뇨병 위험 높여」, 메디컬투데이. 2023. 2. 16.

15. 조민영 기자, 「산 사람 폐에도 침투한 미세 플라스틱…혈액서도 검출」, 《국민일보》, 2022. 4. 8.

16. 송호석, 「악(惡)이 된 신의 선물」, 《전북도민일보》, 2023. 6. 4.

17. 김유민 기자, 「남극 눈에서 미세 플라스틱…펭귄도, 인간도 위험하다」, 《서울신문》, 2022. 6. 14.

18. 네이버 시사상식사전, "GPGP". [online] https://terms.naver.com/entry.naver?docId=5550765&cid=43667&categoryId=43667

19. 선정민 기자, 「2050년 바닷속에 물고기보다 플라스틱이 더 많을 것」, 《조선일보》, 2021. 6. 1.

20. 오애리 기자, 「최고 심해 마리아나해구에서도 비닐봉지 쓰레기 발견」, 뉴시스, 2019. 5. 14.

21. 이동학, 『쓰레기책: 왜 지구의 절반은 쓰레기로 뒤덮이는가』, 오도스, 2020, 41쪽.

22. 박유빈 기자, 「폐플라스틱 10개 중 2개만 재활용품으로…아직 갈 길 멀다」, 《세계일보》, 2022. 11. 16.

23. 김경은 기자, 「한국이 분리수거를 잘한다?…재활용률 70%의 함정」, 《이데일리》, 2022. 9. 4.

24. 박세준 기자, 「씻어서 배출해도 재활용 안 되는 플라스틱이 더 많다」,《신동아》 736호, 2021. 1.

25. 한화솔루션, 「[우리가 몰랐던 과학 이야기] (262) 화장품 용기는 왜 재활용이 안 될까?」,《세계일보》, 2022. 9. 18.

26. OECD, 『Global Plastics Outlook Policy Scenarios to 2060』, 2022, 13쪽. [online] https://med2050.org/en/download/XOHXtq7VFvFxD3iM

27. British Plastics Federation(BPF), 「Is only 9% of plastic is recycled?」, n.d. [online] https://www.bpf.co.uk/plastipedia/faqs/is-it-true-that-only-9-of-plastic-gets-recycled.aspx [접속: 2024년 4월 14일]

28. 황철환 기자, 「플라스틱 재활용, 오히려 미세 플라스틱 양산할 수도」, 연합뉴스, 2023. 5. 23.

29. 윌 스트런지·카일 루이스, 4장 「환경을 위한 시간」, 『오버타임: 팬데믹과 기후 위기의 시대, 더 적게 일하는 것이 바꿀 미래』, 성원 옮김, 시프, 2021. 전자책 열람.

30. 조은비 기자, 「선진국이 기부한 옷은 아프리카에 가서 '쓰레기 산'이 됐다」, 뉴스펭귄, 2021. 10. 8.

31. 안혜민 기자, 「'패스트 패션'에서 옷 얼마나 사나요?」, SBS뉴스, 2023. 1. 12.

32. 이 에피소드는 다음 글에서 언급한 바 있다. 오찬호, 「그들은 정말로 지구를 걱정했을까?」,《문학사상》 51권 8호, 2022.

33. 정봉비 기자, 「새 지질시대 '인류세' 공식 도입 불발…학계 "아직은 성급」,《한겨레》, 2024. 3. 6.

34. 김윤주 기자, 「인류는 가도 닭뼈는 남는다」,《한겨레》, 2022. 12. 14.

35. 김기흥, 「임박한 세상의 종말에 대한 경종」,《중앙일보》, 2019. 12. 16.

36. 오철우 기자, 「돌이 된 플라스틱, 새 지질시대 기표석 될까」,《한겨레》, 2014. 6. 17.

37. 남수현 기자, 「"청동기·철기 다음은 '플라스틱기'?"…美 연구 나와」,《머니투데이》, 2019. 9. 5.

38. 김기봉, 「인류세 역사화를 위한 '빅히스토리' 문명사」,《교수신문》, 2023. 3. 21.

39. 김기흥, 앞의 글.

Chapter 5

약 주고, 병 주고

: 진통제를 먹었는데, 왜 마약에 중독되나

1. 피터 괴체, 『위험한 제약 회사: 거대 제약 회사들의 살인적인 조직범죄』, 윤소하 옮김,

공존, 2017, 19쪽.

2. 홍지유 기자, 「완벽한 진통제 등장, 고통 없는 사회 천국일까…매운맛 보라 월드」, 《중앙일보》, 2023. 8. 30.

3. 국내 번역서는 『체리』(니코 워커 지음, 정윤희 옮김, 잔, 2020).

4. 김민주, 「약에 취한 '좀비' 출몰…미국 황폐화시킨 신종 마약 펜타닐의 심각성」, 《일요신문》 1607호, 2023. 2. 24.

5. 전성훈, 「그 많던 오피오이드는 누가 다 먹었을까」, 《의사신문》, 2023. 1. 10.

6. 폴 토머스·제니퍼 마굴리스, 『나는 중독 스펙트럼의 어디쯤 있을까?』, 조남주 옮김, 학고재, 2020, 129쪽.

7. 위의 책, 128쪽.

8. 김권제, 「아름다운 여인 양귀비가 변한 아편(阿片, opium)」, 미디어파인, 2018. 9. 9.

9. 이재담, 「19C 마취제로 쓰인 모르핀 만병통치 소문에 중독 확산」, 《문화일보》, 2003. 1. 15.

10. 김태환 기자, 「[약전약후] 진통제 명성 앗아간 중독성…금단의 약 모르핀」, 뉴스1, 2023. 6. 19.

11. 박기철, 「[박기철의 낱말로 푸는 인문생태학] (383) 모르핀과 모핑: Morphine & Morphing」, 《국제신문》, 2018. 10. 25.

12. 2023일 8월 3일 자 팜뉴스 기사 「지난 10년간 미국 내 마약성 진통제(오피오이드) 사망 3배 넘게 늘었다」에서는 미국의사협회지 《JAMA Network Open》에 게재된 논문 「Trends in opioid Toxicity-Related Deaths in the US Before and After the Start of the COVID-19 Pandemic, 2011-2021」(2023년 Vol. 6, No. 7) 을 인용해 통계 자료가 제시되었다.

13. NIDA, "Drug Overdose Death Rates", Research Topics>opioids, NIDA홈페이지. [online] https://nida.nih.gov/research-topics/trends-statistics/overdose-death-rates [접속: 2023년 9월 9일]

14. Centers for Disease Control and Prevention, "Accidents or Unintentional Injuries", NCHS>FastStats Homepage>Injuries, CDC 홈페이지. [online] https://www.cdc.gov/nchs/fastats/injury.htm [접속: 2024년 4월 17일]

15. 이형민 기자, 「되돌아온 미국 '마약성 진통제 재앙'…빈곤층이 쓰러진다」, 《국민일보》, 2020. 8. 1.

16. 이재원 기자, 「오피오이드 늪' 美 기대수명, 사상 첫 2년째 감소」, KBS뉴스, 2017. 12. 22. ; 김미향 기자, 「전쟁도 아닌데…미국인 기대수명 2.4년이나 줄어든 까닭은?」, 《한겨레》, 2022. 12. 23.

17. 황민규 기자, 「美 거대 약국, '오피오이드' 중독 사태 합의금 20조 원 낸다」, 《조선비

즈》, 2022. 11. 2.

18. 신창호 기자, 「'돈이면 다 된다'…옥시코돈 가문, 60억 달러짜리 면죄부」, 《국민일보》, 2023. 5. 31.

19. 방성훈 기자, 「美 대법, 퍼듀파마 소유주 새클러家 파산 보호 면책 '보류'」, 《이데일리》, 2023. 8. 11.

20. 피터 괴체, 위의 책, 81쪽.

21. 정준모, 「"미술관에 '나쁜 돈' 기부하는 위선자들…받아야 하나 거부해야 하나」, 《문화일보》, 2019. 3. 4.

22. 심상용, 「50만 목숨의 대가로 기부한 美 부호…그걸 거부한 미술관들」, 《한국일보》, 2023. 8. 31.

23. 정준모, 「정준모의 미술동네 톺아보기: 글로벌 미술계를 휩쓴 나쁜 돈 퇴출 운동」, 《매일경제》, 2022. 4. 28.

24. Nusaiba Mizan, 「Is fentanyl the leading cause of death?」, PolitiFact, 2023. 10. 3.

25. 김민지 기자, 「좀비 마약 '펜타닐' 별칭은 '중국 소녀'…"이 단어 들리면 접근 말아야"」, 《서울신문》, 2023. 4. 12.

26. 권영은 기자, 「"7분에 1명씩 사망"…멕시코산 '죽음의 마약' 펜타닐, 미국 공습」, 《한국일보》, 2022. 12. 14.

27. 김양혁 기자, 「"아파서 처방전 받고 투여했는데"…자신도 모르는 사이 중독된 '비자발적 마약 중독자'들」, 《조선비즈》, 2023. 9. 5.

28. 위의 글.

29. 정재우 기자, 「인생 망치고 싶으면 펜타닐 하고, 돈 벌고 싶으면 권해라」, KBS뉴스, 2021. 10. 11.

30. 이성원 기자, 「"의사가 처방했는데 뭐 어때요"…마약에 빠진 아이들」, 《서울신문》, 2021. 10. 31.

31. 박경민 기자, 「"허리 디스크 있어요" 한마디에…펜타닐 4800매 처방한 의사」, 《중앙일보》, 2023. 6. 27.

32. 대검찰청, 『2022 마약류 범죄 백서』, 2022, 102~105쪽.

33. 레이 모이니헌·앨런 커셀스, 『질병 판매학』, 홍혜걸 옮김, 알마, 2006, 13쪽.

34. 피터 괴체, 앞의 책, 81쪽.

35. 폴 토머스·제니퍼 마굴리스, 앞의 책, 129쪽.

36. Isabelle Gerretsen, 「Is there such a thing as an addictive personality?」, BBC, 2023. 5. 9.

37. 앤 케이스·앵거스 디턴, 『절망의 죽음과 자본주의의 미래』, 이진원 옮김, 한국경제신문, 2021, 11쪽.

[두 번째 이야기]
은밀하게 위대하게, 일상을 파고든

Chapter 6
찍혀서 안심이고, 찍히니 불안하다
: CCTV, 그다음은 무엇일까

1. 로빈 터지, 『감시 사회: 안전장치인가? 통제 도구인가?』, 추선영 옮김, 이후, 2013, 144쪽.
2. 위의 책, 146쪽.
3. 연희정, 「은유 분석을 통한 영유아 교사의 CCTV에 대한 인식 고찰」, 《유아교육연구》 Vol. 36(4), 2016, 358쪽.
4. 조희선 기자, 「CCTV 500여 만 대 '감시 사회' 런던」, 《서울신문》, 2014. 11. 10.
5. 김종진 기자, 「영국, CCTV가 있어서 안심된다」, KBS뉴스, 2003. 7. 2.
6. Matthew Keegan, 「The Most Surveilled Cities in the World」, U.S.News, 2020. 8. 14.
7. 류지영 기자, 「中은 '빅브러더 공화국'…런던도 세계적 감시 도시」, 《서울신문》, 2020. 7. 27.
8. Paul Bischoff, 「Surveillance camera statistics: which cities have the most CCTV cameras?」, Comparitech, 2023. 5. 23. [online] https://www.comparitech.com/vpn-privacy/the-worlds-most-surveilled-cities/ [접속: 2024년 4월 21일]
9. 가지타니 가이·다카구치 고타, 『행복한 감시 국가, 중국: 디지털 기술과 선택 설계로 만든 '멋진 신세계'』, 박성민 옮김, 눌와, 2021, 70~71쪽.
10. 황영선, 「방범용 CCTV의 해외 운용 사례」, 《시큐리티월드》 165호(2010년 10월).
11. 이창훈, 「공공 안전이냐? 사생활 보호냐? CCTV 선호도와 관련된 요인 연구」, 《경찰학논총》 10권 2호, 2015, 44쪽.
12. 로빈 터지, 앞의 책, 144쪽.
13. 안혜민 기자, 「CCTV를 유튜브로 소비하는 시대, 어떻게 생각하나요?」, SBS뉴스, 2022. 7. 10.
14. 대한민국 통계청, "공공기관 CCTV 설치 및 운영", 지표찾기>영역별 지표>범죄와 사법 정의>치안, e-나라지표 홈페이지. [online] https://www.index.go.kr/unity/potal/main/EachDtlPageDetail.do?idx_cd=2855

15. Paul Bischoff, 앞의 글.

16. 이미도, 「[이미도의 인생을 바꾼 명대사] 상상은 미래의 예고편이다(Imagination is a preview of the future)」,《문화일보》, 2010. 11. 3.

17. 이학후, 「[안방극장] 다큐멘터리 영화 〈프리 크라임〉: 알고리즘의 더러운 예측…한 남자의 억울한 희생」, 오마이뉴스, 2021. 6. 2.

18. 이유진 기자, 「美 빈곤층을 노리는 눈 'CCTV'…감시 목적으로 전락」, 뉴스1, 2023. 5. 17.

19. 주주자, 「학교 내 CCTV에 관한 학생과 교사의 인식: 경기도 소재 중·고등학교를 중심으로」,《교육사회학연구》24권 4호, 2014, 160쪽.

20. 로빈 터지, 앞의 책, 271쪽.

21. 홍혜림 기자, 「의사협회 "수술실 CCTV 반대…의사 55.7% 수술실 폐쇄 의향」, KBS 뉴스, 2023. 9. 25.

22. 연희정, 앞의 글, 368~370쪽.

Chapter 7

진화해서, 퇴보하다

: 스마트폰이 인간의 생각 회로를 바꾸다

1. 김민주 기자, 「미국 할리우드 작가들이 파업하는 이유, AI 때문이라고?」,《한경 BUSINESS》, 2023. 5. 24.

2. 임미나 기자, 「美 배우조합, 파업 결의…63년 만에 작가조합과 동반 파업 예고」, 연합뉴스, 2023. 7. 14.

3. 찰스 아서, 『소셜온난화: 더 많은 사람들이 연결될수록 세상이 나아진다는 착각』, 이승연 옮김, 위즈덤하우스, 2022, 25쪽.

4. 서정환 기자, 「"음바페는 이강인에 대해 언급한 적 없다!" 프랑스 언론, 한국인이 만든 가짜 영상에 화났다」, OSEN, 2023. 7. 11.

5. 홍지용 기자, 「"이러지 마 제발"…프랑스 방송까지 진출한 이강인 가짜뉴스」, JTBC뉴스, 2023. 7. 11.

6. 이경원 기자, 「[사실은] "메시, 이강인 무시한 중국 기자에 일침"…알고 보니」, SBS뉴스, 2023. 7. 12.

7. 요한 하리, 『도둑맞은 집중력: 집중력 위기의 시대, 삶의 주도권을 되찾는 법』, 김하현 옮김, 어크로스, 2023, 126쪽.

8. 최재붕, 『포노 사피엔스: 스마트폰이 낳은 신인류』, 쌤앤파커스, 2019, 33쪽.

9.   만프레드 슈피처, 『노모포비아 스마트폰이 없는 공포: 스마트폰은 어떻게 우리의 뇌를 망가뜨리는가』, 박종대 옮김, 더난출판사, 2020, 66쪽.

10. 김환표, "노모포비아", 네이버>네이버지식백과>트랜드 지식사전 1, 네이버지식백과. [online] https://terms.naver.com/entry.naver?docId=2070361&cid=55570&categoryId=55570

11. 찰스 아서, 앞의 책, 29쪽.

12. 임지선 기자·김회승 기자, 「'사람처럼 생각한다'는 당돌한 AI, 미래에 기회일까 위기일까」, 《한겨레》, 2023. 2. 6.

13. 권혜련 기자, 「스마트폰 10년이 바꾸어 놓은 것」, 《조선일보》, 2017. 10. 19.

14. 최재붕, 앞의 책, 66쪽.

15. 찰스 아서, 앞의 책, 26쪽.

16. 여기서의 내용은 다음의 글을 수정 및 보완했다. 오찬호, 「디지털이 친환경이라는 착각」, 《정책이 보이는 도서관》 Vol. 85, 2023. 6., 20~21쪽.

17. 기욤 피트롱, 『'좋아요'는 어떻게 지구를 파괴하는가: 디지털 인프라를 둘러싼 국가, 기업, 환경문제 간의 지정학』, 양영란 옮김, 2023, 갈라파고스, 161쪽.

18. 위의 책, 245~246쪽.

19. 위의 책, 60쪽, 307쪽.

20. 위의 책, 91쪽.

Chapter 8

가게 주인인데, 가게 주인이 아니다
: 프랜차이즈가 동네를 점령하다

1.   전상인, 『편의점 사회학』, 민음사, 2014, 13쪽.

2.   편의점 점포 수는 공정거래위원회 홈페이지의 '정책/제도>기업거래정책>가맹사업거래>정보공개서>정보공개서 열람'을 통해 확인할 수 있다. 해당 수치는 2024년 5월 16일 기준으로 2022년 자료까지 공개되어 있다. 기사에 등장하는 최근 수치는 이보다 훨씬 많다. 연합뉴스는 「편의점 5만 5천 개 시대…일본 브랜드 사라지고 '대형 4사 체제'」(2024년 1월 14일 자)에서 "국내 편의점 수는 작년 말 기준 CU 1만 7천 800여 개, GS25 1만 7천 500여 개, 세븐일레븐 1만 3천 800여 개, 이마트24 6천 700여 개 등 모두 5만 5천 800여 개에 이른다."라고 보도하고 있다.

3.   임춘한 기자, 「집·전기차 파는 편의점…초고가 상품 쏟아진다」, 《아시아경제》, 2022. 8. 13.

4. 황희경 기자, 「CU가 내놓은 설 선물 1천 600만 원 이동형 주택 팔렸다」, 연합뉴스, 2021. 1. 25.

5. 「구멍가게의 새로운 형태 「편의점」 첫 등장: 롯데쇼핑 시험 점포 23일 개점」, 《매일경제》, 1982. 11. 23. 10면.

6. 전상인, 앞의 책, 42쪽.

7. 「외국 편의점, 골목 상권 잠식」, 《경향신문》, 1991. 8. 9. 13면.

8. 공정거래위원회, "파리바게뜨" "뚜레쥬르", 정책/제도>기업거래정책>가맹사업거래>정보공개서>정보공개서 열람, 공정거래위원회 홈페이지. [online] https://franchise.ftc.go.kr/mnu/00013/program/userRqst/list.do [접속: 2024년 4월 29일]

9. 김지현 기자, 「편의점 매출, 본사 27% 늘 때 가맹점은 5% 줄었다」, 《동아일보》, 2021. 10. 6.

10. 최우철 기자, 「'떡하니' 편의점 옆에 또 편의점…'을'만 죽는 출점 경쟁」, SBS뉴스, 2017. 8. 6.

11. 통계청, "종사상 지위별 취업자", KOSIS(국가 통계 포털). 이하 자영업자 관련 수치도 KOSIS 자료를 인용했다.

12. 허남현 기자, 「최저임금 안 되는 벌이에 빚까지…자영업자 비중 20% 첫 붕괴」, 《중앙일보》, 2023. 8. 24.

13. 박상돈 기자, 「자영업자 가족 경영 갈수록 약화…무급 가족 종사자 22년 연속 감소」, 연합뉴스, 2023. 5. 2.

Chapter 9

비쌀수록, 차별하는
: 사람 위에 사람 있다, 아파트 요지경

1. 김동표 기자, 「단지명에서 'LH' 빼면 집값 8% 상승?…아파트 네이밍의 경제학」, 《아시아경제》, 2022. 11. 12.

2. 박경훈 기자, 「"안단테 뗄래" LH 입주민, 너도나도 '택갈이'」, 《이데일리》, 2023. 7. 13.

3. 류인하 기자, 「평등하지 않은 세상 꿈꾸는 당신께'…아파트 시행사, 비판 여론에 결국 사과」, 《경향신문》, 2023. 6. 6.

4. 여기에서의 일부는 다음 글에서 언급한 바 있다. 오찬호. 「갭 투자 비판 없이 전세 사기 해결은 불가능하다」, 얼룩소(alookso), 2023. 4. 17.

5. 방윤영 기자, 「'3년 전 가격'만 겨우 팔린다…서울 평균 집값 12억 붕괴 임박」, 《머니투데이》, 2023. 3. 28.

6. 박정훈, 「[직설] 요구의 자격」, 《경향신문》, 2020. 8. 19.

7. 박자연 기자, 「우리 아파트랑 이름이 왜 같은 거야!…그들이 단지명을 바꾸는 이유」, 《헤럴드경제》, 2023. 7. 8.

8. 이종배 기자, 「집값 오르나?…'신촌'서 '마포그랑자이'로 이름 바꿨다」, 《파이낸셜뉴스》, 2023. 6. 13.

9. 윤진섭 기자, 「"신촌 빼고 마포 넣자"…아파트 이름이 뭐길래?」, SBS Biz, 2023. 3. 19.

10. 김용민 기자, 「대구 모 아파트 집값 담합 여부 수사 의뢰 검토」, 연합뉴스, 2020. 10. 28.

11. 김은미 인턴 기자, 「딸뻘 차주는 고함·삿대질…비 맞으며 주차 스티커 떼는 경비원」, 《서울경제》, 2023. 7. 28.

12. 김명진 기자·조재현 기자·강지은 기자, 「입주민 벤츠 빼 주려던 경비원 12중 추돌… "급발진, 수리비 어쩌나"」, 《조선일보》, 2024. 4. 24.

13. 강주비 기자, 「'3개월 쪼개기 계약' 경비원 인권은 '제자리걸음'」, 《전남일보》, 2023. 4. 3.

14. 이세현 기자, 「"경비원이 해외여행 왜 가냐"…아파트 입주민 갑질 논란」, 《매일경제》, 2019. 12. 10."

15. 김현우 기자, 「입주민에 거수경례 경비원…미사강변신도시 황제 의전 논란」, 《여성경제신문》, 2023. 2. 2.

16. 조정진, 『임계장 이야기: 63세 임시 계약직 노인장의 노동 일지』, 후마니타스, 2020, 122쪽.

17. 이재진 기자, 「이불 털면 서민 아파트? 알고 보니 7년 전 기사」, 《미디어오늘》, 2012. 3. 24.

18. 유정열, 「'빌거' 쓰는 아이들, 나무랄 자격 있나요?」, 오마이뉴스, 2018. 11. 8.

19. 정다은 기자, 「"배달원은 화물용 승강기 타라"…아파트 배달원 출입 논란」, SBS뉴스, 2018. 11. 28.

20. 최형미, 『지은이네 아파트 놀이터는 아무나 못 들어간대요: 어린이들의 생활 속에 스며든 경제적 차별에 대해 일러 주는 생각동화』, 박현주 그림, 팜파스, 2022, 43~45쪽.

21. 옥기원 기자·송경화 기자, 「아파트 사이 건물·도로 놓아 '임대 섬'…분양이 임대를 구별 짓는 방법」, 《한겨레》, 2020. 11. 30.

22. 김주연 기자, 「'차별의 색' 짙게 바른 아파트」, 《서울신문》, 2021. 4. 12.

23. 강준만, 『부동산 약탈 국가: 아파트는 어떻게 피도 눈물도 없는 괴물이 되었는가?』, 인물과사상사, 2020, 125쪽.

24. 윤창희 기자, 「남의 돈으로 산다? '봉이 김선달식' 투자 논란」, KBS뉴스, 2015. 10. 11.

25. 정순구 기자, 「'빌라왕'보다 악성 임대인 수두룩…1명이 646억 떼먹기도」, 《동아일보》, 2022. 12. 27.

26. 조준영 기자, 「'구해줘홈즈' 출연해 깡통 전세 홍보한 빌라왕…檢, 1심 징역 12년에 항소」, 《머니투데이》, 2023. 12. 20.

27. 정헌목, 『가치 있는 아파트 만들기: 재건축 열풍에서 아파트 민주주의까지, 인류학자의 아파트 탐사기』, 반비, 2017, 21쪽.

28. 박해천, 『콘크리트 유토피아』, 자음과 모음, 2011, 56쪽.

Chapter 10

건강을 챙길 때, 건강이 강박이 될 때
: 헬스장 광고는 왜 무례한가

1. 이 글의 일부는 필자의 이전 글을 토대로 작성되었다. 「코로나 시대의 노인 소외」(《경향신문》 2020년 12월 14일 자), 「확찐자라는 표현은 언어유희가 아니다」(《나라경제》 2021년 4월호), 「달리지 않으면 나태한가」(《나라경제》 2022년 8월호), 「누구도 예민해진 노인을 탓할 수 없다」(《나라경제》 2022년 9월호).

2. 김시균 기자·홍성용 기자, 「몸짱女 헬스장서 운동만 하세요…돈 드립니다」, 《매일경제》, 2015. 7. 20.

3. 공지유 기자, 「"예쁘면 회비 안 받아"…헬스장=클럽? 성 상품화 논란」, 《이데일리》, 2019. 7. 17.

4. 김지현 기자, 「'몸매 강박' 사회…나는 왜 내 살을 혐오하나」, 《한국일보》, 2016. 8. 31.

5. 하남직 기자, 「오타니, 무릎 수술로 시즌 아웃, 2년 연속 수술대에」, 연합뉴스, 2019. 9. 13.

6. 김예나, 「심리학자의 바디 프로필 도전기: 바디 프로필의 빛과 그림자」, 내 삶의 심리학 mind, 2022. 9. 23. [online] http://www.mind-journal.com/news/articleView.html?idxno=1268

7. 러네이 엥겔른, 『거울 앞에서 너무 많은 시간을 보냈다』, 김문주 옮김, 웅진지식하우스, 2017, 111쪽.

8. Catriona Harvey-Jenner, 「This gym just released their SECOND fat shaming billboard」, 《Cosmopolitan》, 2016. 8. 11.

9. 최충식, 「지방 다이어트와 건강 산업」, 《중도일보》, 2016. 10. 20.

10. 휴머니스트 네이버포스트 《살 빼려고 운동하는 거 아닌데요》 시리즈에서 참조. 출간 전 사전 연재 형태의 글이다. 신한슬, 「뚱뚱한 게 헬스장에서 모욕당할 일인가요?」, 2019. 9. 27. [online] https://post.naver.com/viewer/postView.naver?volumeNo=25739721&memberNo=12466858

11. 다음 기사의 제목을 응용했다. 김영태 기자, 「살 빼기가 이데올로기가 된 시대: 뚱뚱 하면 유죄?」, 《매일경제》, 1996. 6. 28. 32면.

12. 러네이 엥겔론, 앞의 책, 118쪽.

13. 러네이 엥겔론, 앞의 책, 118쪽.

14. 러네이 엥겔론, 앞의 책, 117쪽.

15. 김희진 기자, 「서울 교육청 "비만 초딩들, 이대로 뒀다간…"」, 《뉴데일리》, 2016. 4. 22.

16. 최혜승 기자, 「울산 도심에 여성 엉덩이 노출 광고판, 선정성 논란 끝 철거」, 《조선일보》, 2023. 4. 26.

17. 정태웅 기자·한범수 기자, 「[사회기자M] "포르노 아냐?"」, MBN뉴스, 2023. 4. 27.

18. 김보람 기자, 「몸 뽐내려다 망치는 몸…바디 프로필 부작용 심각」, 《경향신문》, 2021. 8. 25.

19. 김예나, 앞의 글.

20. 장종호 기자, 「지방 줄이고 근육 늘려야 '무병장수'」, 《스포츠조선》, 2022. 8. 11.

[세 번째 이야기]
엄청나게 빠르고, 믿을 수 없게 편리한

Chapter 11
나는 시원해지고, 우리는 뜨거워지다
: 에어컨 덕분에, 에어컨 때문에

1. 김성곤, 「경직된 청교도주의와 체제에 과감한 도전과 고발…'미국의 정신'이 된 금 서들」, 《경향신문》, 2017. 2. 21. 이 글에서 김성곤 한국문화번역원장은 『The Air-

Conditioned Nightmare』를 '냉방된 (쾌적한) 악몽'으로 번역했다. 헨리 밀러가 다른 작품에서 보여 주었던 특유의 은유를 생각한다면 '냉방된 악몽'이라는 번역이 함축적이고 그래서 궁금증을 자아내는 것도 사실이다. 하지만 일반적으론 '냉방(장치)의 악몽'으로도 번역되는데, 이는 문법적 문제가 아니라 책 내용을 깔끔하게 제목에 담으려는 의중 때문일 거다.

2. 스탠 콕스, 『여름 전쟁: 우리가 몰랐던 에어컨의 진실』, 추선영 옮김, 현실문화, 2013, 60쪽.

3. E. C. Thom, 「The Discomfort Index」, 《Weatherwise》 vol. 12(2), 1959.

4. 국내 번역서는 『일인분의 안락함: 지구인으로 살아가는, 그 마땅하고 불편한 윤리에 관하여』(에릭 딘 윌슨 지음, 정미진 옮김, 서사원, 2023).

5. 에릭 딘 윌슨, 『일인분의 안락함: 지구인으로 살아가는, 그 마땅하고 불편한 윤리에 관하여』, 정미진 옮김, 서사원, 2023, 276쪽.

6. 위의 책, 239~242쪽.

7. 스탠 콕스, 앞의 책, 84쪽.

8. 스탠 콕스, 앞의 책, 99쪽.

9. 에릭 딘 윌슨, 앞의 책, 62쪽.

10. 에릭 딘 윌슨, 앞의 책, 121쪽.

11. 에릭 딘 윌슨, 앞의 책, 297~302쪽.

12. 에릭 딘 윌슨, 앞의 책, 426~429쪽.

13. 에릭 딘 윌슨, 앞의 책, 515쪽.

14. 이영완 기자, 「[사이언스샷] 오존층 파괴하는 프레온가스, 다시 늘었다」, 《조선비즈》, 2023. 4. 4.

15. 에릭 딘 윌슨, 앞의 책, 416쪽.

16. 스탠 콕스, 앞의 책, 67쪽.

17. 에릭 딘 윌슨, 앞의 책, 442쪽.

18. 남종영 기자, 「가진 사람만 시원한 '에어컨의 역설', 어떻게 풀까?」, 《한겨레》, 2022. 8. 11.

19. 오찬호, 『지금 여기, 무탈한가요?: 괜찮아 보이지만 괜찮지 않은 사회 이야기』, 북트리거, 2020, 27쪽.

Chapter 12

음식을 통제하고, 음식에 당하다
: 냉장고에 코끼리가 곧 들어갑니다

1. KBS 〈과학카페〉 냉장고 제작 팀, 『욕망하는 냉장고: 가전제품 회사가 알려 주지 않는 냉장고의 진실』, 애플북스, 2012, 7쪽.

2. 삼성전자, 「[삼성전자 45년, 제품 혁신의 역사를 돌아보다 3편] 냉장고」, 삼성뉴스룸. 2014. 4. 17.

3. 「가전제품 수요 패턴 고급화」, 《매일경제》, 1978. 7. 25. 7면.

4. 심효윤, 『냉장고 인류: 차가움의 연대기』, 글항아리, 2021, 86~93쪽.

5. 《경향신문》 1987년 6월 11일 자 5면 기사 「도시와 생활 격차 좁혀」에 따르면 농촌 지역 냉장고 보급률은 69.6퍼센트다.

6. 「평균 임금 8,950원」, 《조선일보》, 1968. 3. 20. 3면.

7. 헬렌 피빗, 『필요의 탄생: 냉장고의 역사를 통해 살펴보는』, 서종기 옮김, 푸른숲, 2021, 85쪽.

8. 한국갤럽조사연구소, 「마켓70 2021 (5) 주방·생활 가전제품 26종 보유율」, 갤럽리 포트, 2021. 3. 18. [online] https://www.gallup.co.kr/gallupdb/reportContent. asp?seqNo=1214

9. 대형 마트와 대형 냉장고가 골목 상권에 끼친 영향에 대해서는 다음 글을 참조했다. 이원재, 「작은 냉장고가 아름답다」, 《한겨레21》, 2021. 7. 24.

10. 이은희, 「"여름철 냉장고 무용지물!" 모르던 무서운 식중독균」, 《헤럴드경제》, 2021. 5. 16.

11. 김희준 기자, 「"스페인산 오이, 장출혈성 대장균 원인 아니다"…16명 사망」, YTN, 2011. 6. 1.

12. 「독일, 변종 대장균 사태 종료」, MBN, 2011. 7. 27.

13. 앤드루 스미스, 『음식물 쓰레기 전쟁: 안일한 습관이 빚어낸 최악의 환경 범죄』, 이혜 경 옮김, 와이즈맵, 2021, 167쪽.

14. 환경부, 「전국 폐기물 발생 및 처리 현황」(2022년), 환경 통계 현황>보고 통계>전국 폐기물 발생 및 처리 현황, 자원순환정보시스템 홈페이지.

15. 환경부에서 제작한 카탈로그 「음식물 쓰레기 줄이기! 하나뿐인 지구를 지키는 위대 한 실천입니다」에서 참조했다. 검색 시 PDF 파일로 바로 연결된다.

16. 《경향신문》 2021년 8월 6일 자 기사 「안일한 습관이 빚은 최악의 환경 범죄」는 책 『음식물 쓰레기 전쟁: 안일한 습관이 빚어낸 최악의 환경 범죄』를 소개한다. 참조 지

점은 다음과 같다. "'못생긴 농산물'이 외면받는 문제도 있다. 라틴아메리카에서는 바나나의 20%가량이 외관상 결함으로 수출되지 못한다."

17. 서울환경연합에서 제작한 YouTube "[도와줘요 쓰레기 박사] 전 세계 온실가스의 3분의 1이 진짜로 음식물 쓰레기에서 발생하나요?"(2022. 3. 17.) 편에 나온 홍수열 자원순환사회경제연구소장의 말을 참조했다. [online] https://www.youtube.com/watch?v=e-FHgnbmwJc

18. 심효윤, 「[더 오래]냉장고는 왜? 기술 발전할수록 점점 커질까」, 《중앙일보》, 2020. 5. 12.

19. 허권수, 「벌빙지가(伐氷之家)─여름에 얼음을 떼어 내어 먹을 수 있는 집안. 대부급의 귀족 집안」, 《경남신문》, 2013. 8. 6.

20. 김지룡·갈릴레오 SNC, 『사물의 민낯: 잡동사니로 보는 유쾌한 사물들의 인류학』, 애플북스, 2012, 274쪽.

21. 이도형 기자, 「냉장고 보급이 위암 줄여」, 《조선일보》, 1985. 1. 23. 6면.

22. 최은미 기자, 「한국인 위암 낮춘 주역은 '냉장고'였다」, 《머니투데이》, 2011. 10. 27.

23. 윤덕노, 「바닷가재의 천로 역정 노동자 음식에서 부자의 요리로」, 《매일경제》, 2014. 12. 19.

24. 심효윤, 위의 책, 39쪽.

25. 헬렌 피빗, 위의 책, 209쪽.

26. 헬렌 피빗, 위의 책, 221쪽. 구글에 달걀 보관법을 묻는 질문이 넘쳐 난다는 내용이다.

27. 톰 잭슨, 『냉장고의 탄생: 차가움을 달군 사람들의 이야기』, 김희봉 옮김, MID, 2016, 245~246쪽.

Chapter 13

가장 효율적이고, 가장 위험하다

: 원자력발전이 아니라, 핵발전입니다

1. 박창규, 『깨끗한 에너지 원자력 세상: 원자력 공학』, 이경택 그림, 주니어RHK, 2007년, 52쪽.

2. 세르히 플로히, 『체르노빌 히스토리: 재난에 대처하는 국가의 대응 방식』, 허승철 옮김, 책과함께, 2021, 462쪽.

3. 한국원자력환경공단, 「사용후핵연료와 반감기」, 《청정누리》 103호, 2021, 40~41쪽. [online] https://www.korad.or.kr/webzine/202112/ebook/#/40

4. 한국원자력안전기술원, 전 세계 국가별 원전운영현황, 원전운영현황>국가별 원전운전현황, 원전안전운영정보시스템 홈페이지. [online] https://opis.kins.re.kr

5. 조승한 기자,「스웨덴, 사용후핵연료 영구 처분 시설 건설 계획 승인…한국은 목표만 제시」, 동아사이언스, 2022. 1. 29.

6. 유원중 기자,「원전 대국 프랑스, 멀고 먼 '고준위 방폐장' 건립 사업」, KBS뉴스, 2022. 12. 3.

7. 김지혜·이성묵·최희정·박현영·정석희,「세계 방사성 폐기물 처리 방법 및 전망」,《대한환경공학회지》 Vol. 45(4), 2023, 213쪽.

8. 유신모 기자,「핵연료 英·日·佛만 재처리…美, 경제성 이유 포기」,《경향신문》, 2010. 10. 24.

9. 이태경 기자,「핵폐기물 둘 곳 없는 한국 vs 저장 공간 넉넉한 미국」,《중앙일보》, 2014. 9. 11.

10. 이세원 기자,「일본, 플루토늄을 원료로 쓰는 플루서멀 발전 지원 방침」, 연합뉴스, 2021. 12. 26.

11. 박수현 기자,「日, 15년 만에 플루토늄 재고 줄이기로…원폭 6000개 수준 유지」,《조선일보》, 2020. 7. 19.

12. 임용우 기자,「건설에만 37년 걸리는 고준위 방폐장…특별법 통과 당위성 커진다」, 뉴스1, 2023. 2. 10.

13. 목은수 기자·김은송 기자,「각국 포기한 파이로프로세싱, 한국은 거액 투입」, 단비뉴스, 2022. 9. 16.

14. 김봉수 기자,「"꿈의 기술 vs 돈 먹는 하마…'파이로프로세싱'의 정체는?」,《아시아경제》, 2021. 9. 3.

15. 김지윤 기자·임경민 기자,「"파이로프로세싱은 과학 아닌 소설"」, 단비뉴스, 2021. 7. 19.

16. 통계청, "사용후핵연료 발생량", 지표누리 홈페이지. [online] https://www.index.go.kr/unity/potal/indicator/IndexInfo.do?popup=Y&clasCd=2&idxCd=5106 [접속: 2024년 5월 6일]

17. 차대운 기자,「한수원 사장 "이대로면 2030년부터 사용후핵연료 저장 포화"」,《조선일보》, 2024. 2. 21.

18. 어근선,『다시 생각하는 원자력: 원자력의 올바른 이해를 위하여』, MID, 2022, 41쪽.

19. World Nuclear Association,「WIPP waste shipments resume」, World Nuclear News, 2017. 4. 11.

20. 이근영 기자,「독일 아세방폐장, 균열·지하수 침수 탓 이전」,《한겨레》, 2011. 4. 12.

소비자는 편해지고, 노동자는 무너지고
: 플랫폼 노동, 컨베이어 벨트는 멈추지 않는다

1. 이광석, 『디지털의 배신: 플랫폼 자본주의와 테크놀로지의 유혹』, 인물과사상사, 2020, 96쪽.

2. 전우용, 「[전우용의 현대를 만든 물건들] 컨베이어 벨트」, 《한겨레》, 2018. 12. 19.

3. 남종영, 「혁신이 지워 버린 생명의 눈망울: 150년 전 자본주의 혁신에 공장 부속품이 된 동물과 인간」, 《한겨레21》 1305호, 2020. 3. 22.

4. 송성수, 「마이카 시대 연 '일당 5달러'」, 《한겨레》, 2006. 9. 14.

5. 어밀리아 호건, 『노동의 상실: 좋은 일자리라는 거짓말』, 박다솜 옮김, 이콘, 2023, 71~72쪽.

6. 강준만, 「테일러가 마르크스보다 위대한가? : 프레드릭 테일러의 과학적 관리법」, 네이버캐스트>인물과 역사>주제가 있는 미국사. [online] https://terms.naver.com/entry.naver?docId=3577117&cid=59017&categoryId=59017

7. 위의 글.

8. 어밀리아 호건, 앞의 책, 72쪽.

9. 제니 챈·마크 셀던·푼 응아이, 『아이폰을 위해 죽다: 애플, 폭스콘, 그리고 중국 노동자의 삶』 정규식 외 옮김, 나름북스, 2021, 62쪽.

10. 위의 책, 122쪽.

11. 위의 책, 35쪽.

12. 위의 책, 105쪽.

13. 위의 책, 104쪽.

14. 위의 책, 105쪽.

15. 위의 책, 105~106쪽.

16. 위의 책, 80쪽.

17. 위의 책, 71쪽.

18. 위의 책, 71쪽.

19. 위의 책, 95쪽.

20. 박정훈, 『배달의 민족은 배달하지 않는다: 라이더가 말하는 한국형 플랫폼 노동』, 빨간소금, 2020, 17쪽.

21. 최나실 기자, 「플랫폼 알고리즘=취업규칙, 노동자도 알권리 있다」, 《한국일보》, 2023. 9. 5.

22. 고용노동부, 「'22년 플랫폼 종사자 규모와 근무 실태 결과 발표」, 2022. 12. 27.

23. 이찬우·김진두·이상아, 「비공식 노동의 플랫폼 노동으로의 전환 과정: 플랫폼화의 명과 암」, 《노동정책연구》 22권 2호, 2022, 53쪽.
24. 위의 글, 54쪽.
25. 위의 글, 45쪽.
26. 필 존스, 『노동자 없는 노동: 플랫폼 자본주의의 민낯과 미세노동의 탄생』, 김고명 옮김, 롤러코스터, 2022, 96쪽.
27. 위의 책, 100쪽.
28. 위의 책, 104쪽.
29. 어밀리아 호건, 앞의 책, 98쪽.
30. 박정훈, 앞의 책, 147쪽.
31. 어밀리아 호건, 앞의 책, 99쪽.
32. 필 존스, 앞의 책, 29쪽.
33. 필 존스, 앞의 책, 12쪽.
34. 강준만, 앞의 글.

Chapter 15
갈 곳이 많아지고, 간 곳은 파괴되고
: 하늘에 비행기가 빼곡해지니

1. 김병수 기자, 「英 보고서 "기후변화 대처 위해 항공 마일리지 제도 금지해야"」, 연합뉴스, 2019. 10. 14.
2. 김현대 기자, 「관광의 역습, 오버투어리즘」, 《한겨레 21》 1220호, 2018. 7. 9.
3. 이영준, 「비행기가 사라지고 있다」, 《한겨레》, 2006. 8. 17.
4. 임동욱, 「하늘로 사람을 올려 보낸 최초의 인물, 몽골피에」, 《한겨레》, 2011. 11. 14.
5. 김정은 기자, 「비행기의 발명…'하늘길을 개척하다'」, 데일리포스트, 2019. 7. 10.
6. 이영준, 앞의 글.
7. 「1910년 세계 첫 항공 화물 운송」, 동아사이언스, 2007. 11. 7.
8. 안민 기자, 「호주-영국 노선 17시간 직항 성공, 71년 전엔 55시간에 경유만 7번」, 《뉴스웨이》, 2018. 3. 26.
9. 국토교통부 홈페이지의 '정책 자료>정책 Q&A'의 게시물 "공중충돌경고장치(ACAS)의 개발 및 운용 방법은?"(2010. 12. 31.)에서 참조했다. 설명에 따르면, 1956년 그랜드캐니언 상공에서의 공중 추돌, 1978년 샌디에이고에서 공중 추돌, 1986년 캘리포니아에서의 공중 추돌이 ACAS 개발 및 의무화의 결정적 사건이었다. 우리나라

는 1998년 9월 18일 항공법 시행규칙에 ACAS 장착을 단계적으로 의무화했다.

10. 녹색연합 블로그 「제주가 사라진다 — 3. 제주 제2공항 사업의 진실」(작성자 Green korea, 2020. 8. 24.)에서 참조한 표현이다. [online] https://blog.naver.com/hlog_g00026/222069338991

11. 국토교통부·한국항공협회, 항공산업정보>항공통계>시계열통계>확정통계>항공사, 항공정보포털시스템 홈페이지. [online] https://www.airportal.go.kr/knowledge/statsnew/air/airline.jsp#

12. 김우영 기자, 「코로나19 직격탄 맞은 항공업계, 2021년엔 날 수 있을까」, 《조선비즈》, 2020. 12. 31. 해당 기사는 국제항공운송협회International Air Transport Association, IATA의 보고서를 언급하며 45억 명(2019년)이라는 수치를 제시한다. IATA의 보도 자료 「2019년 항공 업계 전망: 수요 둔화와 비용 상승으로 항공사 수익 감소」에도 2019년 추정치가 45억 명 내외다.

13. 곽노필 기자, 「세계 해외 관광객 연간 14억 명 돌파」, 《한겨레》, 2019. 8. 31.

14. 박현철 기자, 「'오버투어리즘' 시대…관광객이 무섭다」, 《한겨레》, 2018. 5. 26.

15. 하나은 기자, 「"관광 오지 마!" 관광객 때문에 몸살 앓는 베네치아」, 《아시아경제》, 2017. 7. 25.

16. 임영신, 「관광이 도시를 죽인다: 숙박촌으로 변한 유럽의 도시들…관광의 권리와 주민의 정주권 충돌로 안티투어리즘 확산」, 《한겨레 21》 1220호, 2018. 7. 9.

17. 장명훈 기자, 「코로나19로 인류 올스톱, 자연환경은 회복」, MBN뉴스, 2020. 4. 19.

18. 김윤종 기자, 「"차이나타운 같다" 오버투어리즘 신음하던 세계 명소들, 이젠 그립다?」, 《동아일보》, 2020. 2. 10.

19. 정의길 기자, 「베네치아, 당일치기 관광객에 '입장료 5유로' 부과」, 《한겨레》, 2024. 4. 25.

20. 한국항공협회, 『2023 항공 통계 국내편(2022년 기준)』, 29쪽.

21. 변지철 기자, 「365일 24시간 제주 하늘길 안내 "오늘도 이상 무!"」, 연합뉴스, 2023. 2. 1.

22. 박미라 기자, 「1인당 쓰레기 발생량 전국 최고 제주, 관광객이 버리는 양은 얼마일까」, 《경향신문》, 2022. 7. 21.

23. 오미란 기자, 「제주 해양 쓰레기 3년 새 2배로, "플라스틱이 제일 많아요"」, 뉴스1제주, 2022. 7. 27.

24. 김정호 기자, 「전국 해양 쓰레기 수거량 20%는 제주, '2만 톤 넘어'」, 《제주의소리》, 2022. 2. 12.

25. Vicky Baker, 「Tourism pressures: Five places tackling too many visitors」, BBC News, 2018. 4. 16.

26. 박소민·양승우, 「WTTC의 오버투어리즘 진단 지표를 이용한 제주도 오버투어리즘 실증 연구」, 《한국도시설계학회지》 22권 2호, 2021, 155쪽.

27. 박현철 기자, 앞의 글.

28. 김성민, 「아름다운 풍경 사진은 세상을 파괴하는가」, 《시사IN》 686호, 2020. 11. 10.

29. 김민제 기자, 「무착륙 관광 비행 탄소 배출 논란…목적지는 기후 위기?」, 《한겨레》, 2021. 4. 29.

30. 조천호, 「이륙한 가덕신공항, 기후 위기에 착륙하다」, 《한겨레》, 2021. 3. 5.

31. 안선희 기자, 「여행은 이제, 달라져야만 한다」, 《한겨레》, 2021. 6. 4.

32. 이민준 기자, 「과시의 끝 전용기, 환경오염에도 끝판왕」, 케미컬뉴스, 2022. 11. 21.

33. 「일론 머스크의 언행 불일치? 초단 거리 '9분 비행' 뭇매」, SBS뉴스, 2022. 8. 29.

34. 김용원 기자, 「일론 머스크 텍사스에 개인 공항 만든다, '5분 거리 비행'에 비판도 확산」, 《비즈니스포스트》, 2022. 7. 29.

35. 이건혁 기자, 「항공 요금 향후 10~15년간 더 오른다. 이유는?」, 《동아일보》, 2023. 6. 7.

북트리거 일반 도서

북트리거 청소년 도서

세상 멋져 보이는 것들의 사회학

그럼에도 불구하고 던져야 할 질문

1판 1쇄 발행일 2024년 7월 15일
1판 2쇄 발행일 2024년 10월 10일

지은이 오찬호
펴낸이 권준구 | 펴낸곳 (주)지학사
편집장 김지영 | 편집 공승현 명준성 원동민
책임편집 김지영 | 디자인 정은경디자인
마케팅 송성만 손정빈 윤술옥 | 제작 김현정 이진형 강석준 오지형
등록 2017년 2월 9일(제2017-000034호) | 주소 서울시 마포구 신촌로6길 5
전화 02.330.5265 | 팩스 02.3141.4488 | 이메일 booktrigger@naver.com
홈페이지 www.jihak.co.kr | 포스트 post.naver.com/booktrigger
페이스북 www.facebook.com/booktrigger | 인스타그램 @booktrigger

ISBN 979-11-93378-23-6 03330

북트리거

트리거(trigger)는 '방아쇠, 계기, 유인, 자극'을 뜻합니다.
북트리거는 나와 사물, 이웃과 세상을 바라보는 시선에 신선한 자극을 주는 책을 펴냅니다.